Peter Theisen
Liebe in Zeiten der Cola

Peter Theisen

# *Liebe in Zeiten der Cola*

Von Brautraub bis Onlinedating – eine Weltreise zu den verrücktesten Liebesritualen

ullstein extra

Zum Schutz von Personen wurden Namen, Biographien und Orte zum Teil verändert und Handlungen, Ereignisse und Situationen an manchen Stellen abgewandelt.

Ullstein Extra ist ein Verlag der Ullstein Buchverlage GmbH
www.ullstein-extra.de

978-3-86493-013-3


Gesetzt aus der Meridien
Satz: Pinkuin Satz und Datentechnik, Berlin
Druck- und Bindearbeiten: CPI – Clausen & Bosse, Leck
Printed in Germany

Eine voll befriedigende Antwort findet man nur in der zwischenmenschlichen Einheit, in der Vereinigung mit einem anderen Menschen, in der Liebe. Dieser Wunsch nach einer zwischenmenschlichen Vereinigung ist das stärkste Streben im Menschen. Es ist seine fundamentalste Leidenschaft, es ist die Kraft, welche die menschliche Rasse, die Sippe, die Familie, die Gesellschaft zusammenhält. Gelingt diese Vereinigung nicht, so bedeutet das Wahnsinn oder Vernichtung – Selbstvernichtung oder Vernichtung anderer. Ohne Liebe könnte die Menschheit nicht einen Tag existieren.

*Erich Fromm, Die Kunst des Liebens*

So wie das All, wie Gottes unerschöpfliche Geräumigkeit, schrankenlos, alles Möglichen voll, aller Geheimnisse voll, unfassbar ist der Mensch, den man liebt – Nur die Liebe erträgt ihn so.
Warum reisen wir? Auch dies, damit wir Menschen begegnen, die nicht meinen, dass sie uns kennen ein für allemal; damit wir noch einmal erfahren, was uns in diesem Leben möglich sei – Es ist ohnehin schon wenig genug.

*Max Frisch, Tagebuch 1946–1949*

*Inhalt*

# *Prolog*

Die Liebe ist für mich wie ein Kreuzworträtsel. Ich fülle seit vielen Jahren eifrig Kästchen aus. Einige Lösungen habe ich parat. Zum Beispiel »Voraussetzung für eine lang anhaltende, glückliche Beziehung mit 22 Buchstaben«: »Kompromissbereitschaft.« Oder »Was viele Männer angeblich nicht können« mit acht Buchstaben: »Zuhören.« Das kann ich übrigens ausgezeichnet …

Gehen wir in die Horizontale – die ist ja auch nicht unwichtig für das Liebesleben: »Akt der körperlichen Vereinigung von Mann und Frau mit drei Buchstaben«: »Sex«, na klar. Auch »Einfühlungsvermögen«, »Romantik« und »Humor« sind mir nicht fremd als Begriffe aus der Liebeswelt. Alles da. Mehr oder weniger jedenfalls.

Doch ein paar Kästchen bleiben immer frei. Mir fehlt etwas zum endgültigen Lösungswort. Der Hauptgewinn bleibt mir bis heute verwehrt. Und in mir rumort die Frage: Warum will sie mir nicht gelingen, die Liebe?

Ich bin 44. Beruflich einigermaßen erfolgreich. Nicht dumm. Auch nicht hässlich, sagt frau. Durchaus charmant. Aber ich habe noch kein Kind in die Welt gesetzt, und eine Heirat scheint so weit entfernt wie eine Reise zur Venus. Obwohl ich grundsätzlich einer solchen »nicht abgeneigt« bin, wie man so blöd sagt – also der Heirat, nicht der Venusreise.

Woran liegt es also? Irgendwelche frühkindlichen Störungen? Hat mir meine Mutter irgendwann den Brei oder gar die Brust verwehrt? Habe ich daraufhin beschlossen, es den Frauen heimzuzahlen? Möglich wär's, denn immer, wenn es so richtig nah und konkret wird, erwische ich mich bei dem Gedanken: »Ein bisschen Abstand wäre jetzt ganz gut.« Die meisten Frauen über 30 schätzen das nicht besonders und sind dann ganz schnell wieder weg. Und ihre Brust bedauerlicherweise auch.

Sind wir Männer Sklaven unseres männlichen Erbmaterials? In populärwissenschaftlichen Büchern über Mann und Frau finden sich sehr schlüssige Erklärungen dieser Art, nach dem Motto: »Ihr Männer seid in der Steinzeit steckengeblieben. Darauf konditioniert, möglichst viele Weibchen zu begatten und euren Samen in alle Himmelsrichtungen zu tragen.« Wie soll da eine monogame Beziehung jemals funktionieren?

Mein letzter Versuch, eine tolle Frau näher kennenzulernen, endete mit dieser SMS:

*Liebe Cola, das war ein schöner Abend gestern! Habe mich lange nicht mehr so gut unterhalten. Würde mich freuen, wenn wir uns bald wiedersehen, um unser – wie ich finde – spannendes und intensives Gespräch fortzusetzen. Hättest Du am Wochenende Zeit, liebe Cola? LGP*

Kein Wunder, dass ich hierauf nie eine Antwort bekam. Es kommt bei Frauen vermutlich nicht gut an, wenn man sie als braune Brause bezeichnet. Die Frau hieß Anja, aber die automatische Worterkennung meines Handys hatte daraus Cola gemacht. Die Tastenkombination *abc + mno + jkl + abc* war für mich ein klarer Fall von Anja, für das System aber leider nicht. Da ich ein ausgesprochener SMS-Schnellschreiber bin, hatte ich das Getippte leichtsinnigerweise nicht mehr kontrolliert – was ich bei einer potentiellen Partnerin vielleicht einmal hätte tun sollen …

Aus Anja und mir wurde also nichts, und das möglicherweise nur, weil ein Programmierer »Cola« Priorität gegeben hatte vor »Anja«. Das sagt schon einiges aus über den Zustand dieser Welt.

Die Fallstricke für die Liebe sind heutzutage ganz andere als in der Steinzeit. Der Nebenbuhler mit der Keule im Busch? Gefährlich. Aber irgendwie auch berechenbar. Entweder ich bin stärker, schneller, geschickter – oder er. Heute hingegen funkt mir ein sich wahrscheinlich nur von Pizza und Cola ernährender Programmierer aus dem Hinterhalt dazwischen. Ein Mensch, den ich noch nie gesehen habe. Und der gar nicht weiß, dass er mit meinem Schicksal spielt.

Heute lernen viele ihre Partnerin im Dschungel des Internet kennen. Wartet da vielleicht die passende Frau? Eine zauberhafte Liane, die einen bald an den heimischen Herd fesselt? Ich glaub da nicht dran. Magie – die kann man doch nur spüren, wenn man sich gegenübersteht. Selbst wenn Faktoren wie Bildung, Lebensziele und Interessen übereinstimmen: Das Herz schlägt erst höher, wenn man sich tief in die Augen schaut. Denn im Internet sieht jeder Inder nett aus und jedes aschblonde Aschenbrödel aus Aschaffenburg wie ein Model. Photoshop macht's möglich.

Bin ich zu romantisch? Ist die Liebe in Zeiten des Computers funktionaler geworden? Nach dem Motto: Wir passen zusammen, also kommen wir zusammen? Dann wären wir ja nicht viel anders als Gesellschaften, in denen bis heute Ehen lediglich aufgrund handfester Interessen geschlossen werden. Wo Eltern ihren Kindern Partner vorschlagen, die nach objektiven Kriterien gut zu ihnen passen – vielleicht, weil sie aus der »richtigen« Familie kommen, derselben Kaste, derselben Schicht, oder gleiches Bildungsniveau haben. Avanciert also der Computer bei uns zum Arrangeur von Vernunftsehen? Stirbt die romantische Liebe aus?

Eine indische Journalistin hat mir erzählt, dass die arrangierten Beziehungen in ihrem Land meist glücklicher und dauerhafter verliefen als unsere im Westen. Die romantische Liebe sei keine gute Voraussetzung für eine Ehe. Die Scheidungsraten in der westlichen Welt scheinen ihr recht zu geben. Wie viele Beziehungen beginnen mit einem Zauber und enden im Desaster? Alleine ich könnte da schon einige aufzählen …

Vor kurzem lernte ich Sabine kennen, eine attraktive Dunkelhaarige. Beim vierten Treffen erzählte sie mir, dass sie sich beim Sex gerne schlagen ließe. Ich hielt das für eine Art Perversion und hatte kein Interesse daran, die Rolle des Macho einzunehmen, der auf sein Weibchen eindrischt. Wer will denn so was heute noch? Doch plötzlich ist ein Buch namens *Shades of Grey* ein Weltbestseller, in dem es um weibliche Unterwerfungslust geht. Ist das eine Massenerscheinung? Die Zeitungen sind auf einmal voller Geständnisse von Frauen, die sich gern auf diese oder jene Art erniedrigen lassen. Schon vermuten Experten, dies sei eine Folge der Emanzipation: Frauen sehnen sich wieder nach der harten Hand. »Ein bisschen Macho muss schon im Mann sein«, erklärte mir letztens Anne, eine Freundin, von der ich das als Allerletztes erwartet hätte. Ich nahm mir vor, bei Gelegenheit den Machos auf die Spur zu kommen und dann herauszufinden, ob Anne wirklich Bock auf Böcke hat. Nichts anderes bedeutet Macho nämlich im Spanischen: »Bock«. Ein Tier. Der animalische Mann.

Anscheinend habe ich noch nicht genug über die Liebe gelernt mit meinen 44 Jahren. Ich muss also – wie ein Handwerksgeselle in früheren Tagen – auf Wanderschaft gehen. Auf eine Art Balzwalz. Um zu erkunden, wie die Liebe in anderen Teilen der Welt funktioniert. Wie verdreht man einem hüftschwingenden Südseemädchen den Kopf? Wie läuft die Hochzeitsnacht auf Sansibar? Warum werden im Kaukasus noch immer Bräute geraubt? Warum leben im Macholand Kolumbien die glücklichsten Menschen des Planeten? Sind Frauen in islamischen Ländern wirklich so unterdrückt, wie wir das gerne glauben? Was hat auf Fidschi der Anus eines gebratenen Wildschweins mit der Jungfräulichkeit einer frisch Vermählten zu tun? Mit Hunderten solcher Fragen im Gepäck reise ich los. Als scharfer Beobachter möchte ich unterwegs sein. Und wo es geht, will ich mitmachen bei den Ritualen der Liebe: mich in heiße lateinamerikanische Salsaclubs werfen, die Hüften kreisen auf Samoa … Auf möglichst vielen Hochzeiten zu tanzen soll Ziel meiner Tour d'amour um die Welt werden. Eine Hoch-Zeit auch für mich. Meine Neugierde kann ich ausleben. Auf die Welt und auf die Liebe.

Auf einen gewissen Erfahrungsschatz in Sachen internationaler Liebesrecherche kann ich bereits zurückgreifen. Nach dem Abitur hatte ich keine Ahnung, was ich studieren sollte. Da bot sich mir die Chance, für ein Jahr in einem Entwicklungshilfeprojekt in Südafrika zu arbeiten. Das klang nach Abenteuer und verantwortungsvollem Tun in einem. Ich griff zu.

So landete ich in einem Dorf namens Taung, mitten im Nichts. Ich lebte mit Priestern und einem Bruder in einer katholischen Missionsstation. Mit meinen 22 Jahren war ich neugierig auf das Leben. Also brachte ich mir nach und nach die Sprache der Einheimischen bei: Tswana. Und ich erfuhr, dass sich so die Türen der Hütten und die Herzen der Menschen öffneten.

Meine beste Freundin vor Ort war damals Sophie. Ich verguckte mich ein bisschen in sie. Allerdings war sie bereits einem ihrer Cousins versprochen, und ich musste artig sein, weil ich ja in der Missionsstation lebte. Außer mir gab es dort nur zölibatäre Priester und Ordensleute. Jeder im Dorf dachte, ich sei einer von denen – sie nannten mich sogar »Bruder Peter«. Eine Liaison mit einem Tswana-Mädchen aus dem Dorf hätte viele unangenehme Fragen aufgeworfen …

Nach meiner Rückkehr nach Deutschland studierte ich Ethnologie und beschäftigte mich unter anderem mit Heiratsmustern und Hochzeitsritualen. Nach dem Magister landete ich dann erst einmal als Journalist beim Fernsehen – ein wunderbarer Beruf, in dem man seine angeborene Neugier ausleben kann. Allerdings geht es in meinem Alltag eher um Euro-Krise, Stellenabbau bei Opel und Schneechaos am Frankfurter Flughafen als um fremde Kulturen, die mich seit meinem Aufenthalt in Südafrika faszinieren. Als sich die Chance bot, eine Auszeit vom Job zu nehmen, griff ich beherzt zu.

Ich nehme mir vor, mit offenem Blick durch die Länder dieser Welt zu streifen. Viel zu reden, viel zu lernen, von Experten ebenso wie von den ganz normalen glücklichen und traurigen Menschen, denen ich auf meinem Weg begegne. Vielleicht finde ich ja in fernen Weltgegenden den Stein der Liebesweisen und auch für mich endlich des Liebesrätsels Lösung.

*GEORGIEN*

*Land der Tabus*

Mitten in Prenzlauer Berg liegt das August Fengler. Eine Bar, die Nachtschwärmer aller Art anzieht: eitle schwäbische Neuprenzlberger, wehmütige Altossis, kommunikative Sprachschülerinnen, sturzbetrunkene Touristen. Da meine Wohnung um die Ecke liegt, schaue ich dort manchmal auf einen späten Absacker vorbei. Meist ist es unerträglich.

So auch heute. Vor Zigarettenqualm sehe ich die Flasche vorm Auge kaum. Die meisten Gäste sind so betrunken, dass sie nur noch lallen können, die winzige Tanzfläche so voll, dass Körperkontakt unvermeidlich ist. Auch mit Menschen, um die man gern einen weiten Bogen macht. Vor allem, wenn sie schwitzen.

Ich will schon gehen, da springen mir zwei Nasen ins Auge. Unglaublich lange Nasen, die zu zwei hübschen Frauen gehören. Eine hat lange schwarze Haare, die andere ist blond. Wenn die beiden beim Tanzen den Kopf nach hinten werfen, wirken ihre Zinken wie riesige Erektionen.

Ich muss an die Worte meines Freundes Georg denken. »Frauen mit langen Nasen sind sexuell besonders aktiv«, meint er jedes Mal, wenn er eine Frau mit solch einem ausgeprägten Riechorgan erspäht.

Diese beiden hier müssten dementsprechend nimmermüde Nymphomaninnen sein. Sie wirken fremdländisch. Woher kommen sie wohl? Meine Neugier ist geweckt. Das Wort »naseweis« bekommt auf einmal eine ganz andere Bedeutung.

Ich wende mich den beiden zu. »Hi. Sprecht ihr Deutsch?« Nicht gerade originell als Anmache unter Nachtschwärmern, aber etwas Besseres fällt mir im Moment nicht ein.

Die Schwarzhaarige sagt gar nichts, sondern schaut mich nur mit großen, dunklen, alkoholtrüben Augen an. Die Blonde lächelt freundlich unter ihrem Wahnsinnszinken und antwortet: »Klar. Wir leben in Deutschland.«

»Wo kommt ihr denn her?«, setze ich nach.

»Kannst uns ruhig glauben, dass wir in Deutschland leben«, meint die Blonde.

»Okay«, erwidere ich. »Möchtet ihr was trinken? Ich wollte mir sowieso gerade ein Bier holen.«

»Du kannst uns Jägermeister bringen!«

Mit drei Jägermeistern zurück am Rand der kleinen Tanzfläche, stelle ich mich vor: »Ich heiße Peter.«

»Ich heiße Nora«, meint die Freundliche. »Und ich Magdalena«, bemüht sich die Maulfaule, deren Lippen unter der Nase kaum zu sehen sind, während sie den Kopf senkt, um an ihrem Jägermeister zu nippen.

»Aber jetzt erzählt mir doch mal, wo ihr ursprünglich herkommt«, insistiere ich mit der Autorität des Getränkespendierers.

»Meine Cousine und ich kommen aus Georgien«, antwortet Nora und strahlt so breit, als zeichne ihr Mund die Umrisse dieses Landes, das vom Schwarzen bis fast zum Kaspischen Meer reicht.

»Ah, interessant«, sage ich, »da wollte ich immer schon mal hin«.

Das ist nicht mal gelogen. Tatsächlich steht Georgien auf meiner Länderwunschliste weit oben. Ich kann gar nicht so recht erklären, warum. Vor vielen Jahren habe ich einen Roman gelesen, der dort spielte. Ich erinnere mich weder an den Titel noch an den Autor, aber ich war ziemlich beeindruckt von der Beschreibung der Landschaften, der Gastfreundschaft, des Essens und der Frauen … Vielleicht hat das meine Sehnsucht nach Georgien geweckt.

Und nun zwei leibhaftige Georgierinnen im August Fengler. Ich bestelle eine weitere Runde Jägermeister, um mehr über die beiden hübschen Langnasen zu erfahren. Mit Magdalena ist allerdings nichts mehr anzufangen. Sie sitzt halb nach vorn gekippt auf ihrem Stuhl, die Augen fallen ihr immer wieder zu. Sie hat im Kräuterlikör ihren Jäger-Meister gefunden. Ich wende mich also ganz Nora zu.

»Wie lange lebst du schon in Berlin?«

»Seit fünf Jahren. Ich studiere Psychologie.«

»Kannst du mir was über deine Heimat erzählen? Wie ist denn das Leben in Georgien so?«

»Das erzähle ich dir ein anderes Mal«, meint Nora entschuldigend. »Ich muss jetzt Magdalena nach Hause bringen.« Sie rüttelt an ihrer Cousine, bis diese wieder standfähig ist. Die beiden Langnasen wanken nach Hause. Ich aber habe einen Schatz gehoben: Noras Telefonnummer.

Drei Tage später sitzen wir mit einer Flasche Wein im Mauerpark und schauen zu, wie sich die Frühlingssonne über den Wedding senkt. Wir reden über unsere Zukunftspläne.

»Ich weiß noch nicht, ob ich nach meinem Studium bleibe oder zurück nach Georgien gehe«, erzählt mir Nora. »Berlin gefällt mir sehr gut, aber ich vermisse meine Eltern und Geschwister. Die Familie ist viel wichtiger in Georgien als bei euch.«

Ich frage nach: »Und was ist mit dir? Willst du Kinder?«

»Noch nicht, bitte! Meine Mutter sagt mir zwar immer, ich soll, aber ich will erst einmal mein Studium fertigmachen. Danach vielleicht.«

Nora ist 27. Sie erzählt, dass Frauen in Georgien spätestens mit 25 verheiratet sein sollten. Deshalb würden ihre Eltern langsam nervös. »Ich will aber keinen georgischen Mann«, empört sich Nora ins Restrot des Himmels hinein. »Georgische Männer sind meistens sehr primitiv. Auf dem Land zumindest. Da, wo ich herkomme.«

Ich glaube zu bemerken, dass sie irgendetwas bedrückt. Ich schenke ihr noch einen Wein ein. »Weißt du, Peter. In Georgien gibt es sogar noch Brautraub!«

Brautraub? Ein Wort wie aus einer anderen Zeit. Ich habe nur vage Kindheitserinnerungen daran: die Hochzeit einer Tante im Hunsrück. Ich war noch ziemlich klein, es muss in den Siebzigern gewesen sein. Ich bekam mit, wie ein paar Männer einen Plan ausheckten, um die Braut zu entführen. Es klang geheimnisvoll, nach Abenteuer, und irgendwann verschwanden die Kerle tatsächlich mit der frisch vermählten Tante und brachten sie erst ein paar Stunden später zurück – man brauchte sie ja schließlich noch für den Hochzeitstanz und den Anschnitt der Torte. Zu guter Letzt hätte sich wohl der Bräutigam ziemlich geärgert, wenn seine Herzallerliebste die Nacht nicht mit ihm verbracht hätte, und so zahlte er einen symbolischen Betrag, um sie zurückzukriegen. Alle lachten darüber. Ein Scherz auf einer Landhochzeit.

Ich habe lange nicht gewusst, dass dieser Hochzeitsspaß einen ernsten Hintergrund hat. Bis ins frühe Mittelalter gab es nämlich auch in Deutschland echten Brautraub. Damals verkauften Eltern ihre Töchter in die sogenannte Muntehe. Hatte der Bräutigam nicht genug Kohle oder wollte das Ersparte für etwas anderes aufheben, etwa eine schöne neue Armbrust, konnte er die Dame auch rauben – mit oder ohne Einverständnis der Braut. Das war schon damals nicht ganz legal, aber durchaus üblich. Irgendwann später musste er dann bei den Eltern seiner Angebeteten aufkreuzen und ihnen ein paar Goldstücke in die Hand drücken. Sonst hätte es böses Blut gegeben zwischen den Familien.

Abgesehen von dem mehr oder weniger lustigen Hochzeitsspiel wäre Brautraub hierzulande heute undenkbar. Die Frauen sind in der Überzahl, jede Volksabstimmung darüber wäre zum Scheitern verurteilt …

Nora nippt an ihrem Wein. Ich beobachte ihr Profil. Ihre Nase im Gegenlicht schneidet fast ein Drittel aus dem roten Feuerball. Ich mag sie. Die Sonne. Die Nase. Und die Frau.

»Mit 16 bin ich fast Opfer eines Brautraubs geworden.«

»Du?« Ich traue meinen Ohren kaum.

Nora nickt. »Ich habe die Sommerferien im Dorf meiner Oma verbracht, im Kaukasus, zusammen mit Magdalena. Ein paar junge Männer aus dem Dorf schlugen uns vor, mit dem Auto einen Ausflug in die Berge zu machen. Uns war bisschen langweilig, also fuhren wir mit. Wir kamen in einem einsamen Bergdorf an und spazierten dort herum.«

Nora nimmt noch einmal einen kräftigen Schluck. Ich spüre, dass es ihr nicht leichtfällt, über diese Geschichte zu sprechen.

»Ich habe schnell gemerkt, dass einer der Männer immer in meiner Nähe sein wollte. Als wir uns ein bisschen von den anderen entfernt hatten, sagte er plötzlich, dass er mich lieben würde. Er war 25, und ich kannte ihn doch überhaupt nicht. Außerdem war ich ja noch ein Kind!«

Nora wendet mir den Kopf zu. Ist ihr Blick leicht glasig? Vom Wein? Von Tränen?

»Er wollte die Nacht mit mir da oben in den Bergen verbringen«, fährt sie fort. »Da wusste ich, was los war, und wollte weglaufen. Doch der Mann zog ein Messer. Er meinte, er würde sich umbringen, wenn ich nicht dabliebe.«

»Was ist dann passiert?«

»Gott sei Dank fand uns meine Cousine. Sie schrie los und machte einige Dorfbewohner auf uns aufmerksam. Das war dem Brauträuber zu heiß, und gab er auf.«

Nun hellt sich Noras Miene etwas auf. »Hättest sehen sollen, wie meine Mutter reagierte, als sie davon hörte. Sie und mein Onkel fuhren zum Haus der Eltern des Mannes. Mein Onkel bedrohte sie mit einer Pistole, während meine Mutter im Haus alles kurz und klein schlug. Aber mein Vater hat monatelang nicht mit mir geredet. Er war sauer, dass ich zu fremden Männern ins Auto gestiegen bin.«

Langsam senkt sich Dunkelheit über den Mauerpark. Ein paar Jungs spielen Basketball. Es wird kühl. Ich lege Nora meine

Jacke um die Schultern. Schon seltsam, denke ich. Diese selbstbewusste angehende Psychologin wäre um ein Haar Opfer eines Brautraubs geworden – in Georgien, gerade mal zwei Flugstunden von Berlin entfernt.

»Heute ist Brautraub in Georgien aber seltener geworden«, meint Nora. »Es gibt ihn vor allem noch in entlegenen Dörfern im Kaukasus. Und auch in Tschetschenien, Dagestan, Abchasien und Armenien.«

»Was passiert denn, wenn ein Mädchen einem Brauträuber in die Hände fällt?«

»Sie verliert ihre Jungfräulichkeit, ihre Ehre. Also muss sie diesen Mann heiraten. Kein anderer wird sie mehr nehmen.«

Eine üble Sache – sowohl der Vorgang an sich wie auch die Konsequenzen, die mir anachronistisch vorkommen. »Ist die Jungfräulichkeit denn heute immer noch so wichtig?«, hake ich nach.

»Sie ist das höchste Gut einer jungen Frau in Georgien«, erwidert Nora entrüstet. »Meine Eltern würden mich vielleicht verstoßen, wenn sie mitbekämen, dass ich meine Unschuld verloren habe.« Sie sieht mir wohl an, dass ich geschockt bin. »Du darfst keinen falschen Eindruck bekommen«, beschwichtigt sie. »Die Georgier sind in sexuellen Dingen etwas rückständig. Aber sonst sind sie die warmherzigsten, gastfreundlichsten Menschen der Welt. Musst unbedingt mal hinfahren. Georgien ist ein wunderbares Land!«

In den folgenden Wochen treffe ich mich immer wieder mit Nora und rede mit ihr über ihre Heimat. Sie bringt mir ein paar Wörter auf Georgisch bei. Zum Beispiel: *Monadiri* (Jäger) und *Ostati* (Meister). Ich bin wirklich neugierig auf dieses Land im Kaukasus. Und so beschließe ich: In Georgien soll meine Liebesrecherche beginnen. Genau zwischen Europa und Asien; das ist ein guter Startpunkt! Am liebsten würde ich Nora mitnehmen als Führerin und Dolmetscherin. Aber sie kann leider nicht, so mitten im Semester. Und außerdem nehme ich an, ihre Eltern hätten sicher etwas dagegen, wenn sie schon wieder mit einem fremden Mann durch die Lande reisen würde …

## *Salome*

Also suche ich im Internet nach einer Reisebegleitung. Ich gebe »Georgien« und »Tiflis« ein (so heißt die Hauptstadt des Landes) und schreibe auf verschiedenen Plattformen ungefähr ein Dutzend Leute an. Eine Eka aus Tiflis antwortet und empfiehlt mir wärmstens eine Freundin: »Salome. Eine Bessere kannst du gar nicht finden.« Sie schickt mir Salomes E-Mail- und Skype-Daten. Ich schreibe ihr und recherchiere parallel schon mal im Internet nach ihrem Namen. Dort entdecke ich Bilder einer schönen, schwarz gelockten Frau. Die Nase ist ein bisschen groß, was ich als sicheres Zeichen dafür werte, dass es sich wirklich um die georgische Salome handelt, die ich suche. Ich finde Bilder von Salome, die in Namibia Bungee springt. Woanders strahlt sie mich aus dem Széchenyi-Bad in Budapest an. Und plötzlich sehe ich dann noch eine nackte sitzende Frau, schwarze Lockenmähne, dunkle Augen, sinnliche rote Lippen. Die Arme lässig gekreuzt, zwischen den Beinen hinabhängend, das Letzte damit verhüllend. Ist das auch »meine« Salome? Wo ist ihr siebter Schleier geblieben?

Ein paar Tage später sehe ich, dass Salome meinen Kontaktwunsch bei Skype bestätigt hat. Sie ist online, ich schreibe sie an. »Hi. Hier ist Peter. Eka hat mir deinen Kontakt gegeben.«

»Hallo Peter. Ich weiß. Was hast du vor?«

»Ich will in Georgien recherchieren und brauche eine Dolmetscherin.«

»Über welches Thema recherchierst du?«

»Über die Liebe.«

Salome schickt einen Smiley und ein pochendes Herz. Dann

chatten wir eine Weile miteinander. Sie studiert Betriebswirtschaft in Brüssel, verbringt die Sommermonate aber bei ihrer Familie in Kutaissi. Sie hat große Lust, durch Georgien zu reisen und für mich zu dolmetschen. Mein Herz macht einen Riesensprung. Ich schicke Salome noch ein paar Smileys und buche den Flug nach Tiflis.

Ein paar Tage später sitze ich im Flugzeug und schaue aus dem Fenster. Unter mir liegt das Schwarze Meer. Bin ich noch in Europa oder schon in Asien? Wenn der Bosporus Istanbul und die Türkei in einen europäischen und einen asiatischen Teil trennt, müsste die Grenze irgendwo durchs Schwarze Meer verlaufen. Aber wo genau? Gehören Georgien, Armenien und Aserbaidschan noch zu Europa? Immerhin, sie singen erfolgreich beim Eurovision Song Contest und spielen erfolglos um die Qualifikation für die Fußball-Europameisterschaft. Bin ich nun der Liebe in Europa oder der in Asien auf der Spur? Sei's drum – Hauptsache, ich finde überhaupt etwas heraus über die Liebe.

Riesige Bergmassive tauchen unter mir auf, auf der rechten Seite und vor allem auf der linken, wo sich das Weiß der Wolken mit dem Weiß des Schnees vermischt. Der Große Kaukasus und der Kleine Kaukasus, in der Mitte sattgrüne Täler.

Tiflis, mein erstes Ziel, kündigt sich aus der Luft an mit grauen Hochhaus-Betonwüsten inmitten saftiger Wiesen. Nach meiner Landung herrscht das Grau vor, schon im Flughafen, erst recht während der Taxifahrt zum Hotel. Vorbei an düsteren Steinwürfeln, ein Erbe aus der Sowjetzeit, biegt der Wagen in die große George-W.-Bush-Allee ein. Georgien scheint eines der wenigen Länder zu sein, das den ehemaligen US-Präsidenten verehrt. Sein Konterfei strahlt mich überlebensgroß von einem Plakat an. Kurz darauf biegen wir in den Lech-Kaczyński-Boulevard ein. Ich frage mich, was für ein Land ich mir da ausgesucht habe.

Abschließend geht es durch ein Gewirr enger Gassen nur

noch im Schritttempo durch tiefe Schlaglöcher voran, einen Hügel hoch. Alte Häuschen, die teilweise oder völlig in sich zusammengesunken sind. Armut hatte ich erwartet, aber dass mein Hotel inmitten dieser Verwahrlosung steht, erschrickt mich ein bisschen. Tiflis sei eine schöne Stadt, hatte mir Nora erzählt.

Ich fühle mich gerädert, seit fünf Uhr morgens bin ich auf den Beinen. Doch die Neugierde treibt mich nach dem Einchecken sofort wieder auf die Straße. Weswegen bin ich hier? Ich bin der Liebe auf der Spur. Aber wo anfangen?

Es ist ein Samstag Ende Mai und überraschend kühl, am Himmel hängen dicke dunkle Wolken. Ein Stück oberhalb des Hotels sehe ich eine große goldene Kuppel. Das muss die Zminda-Sameba-Kathedrale sein.

Mit mir kämpfen sich zahlreiche Kirchgänger die steile steinige Gasse hinauf. Viele junge Frauen und Mädchen sind darunter, und fast alle tragen Kopftücher. In anderen Ländern hat man mich oft mit offener oder scheuer Neugier angeschaut. Doch hier nimmt keiner Notiz von mir. Ich habe das Gefühl, unsichtbar zu sein. Seltsam – sehen die denn nicht, dass da ein Mitteleuropäer in ihre Stadt gekommen ist? Ich wünschte mir, sie würden auf mich zukommen: »Was machst du hier? Herzlich willkommen! Was können wir für dich tun? Informationen über die Liebe suchst du? Frag doch, wir erzählen gern über die Liebe. Die Liebe ist groß in Georgien, sie ist geheimnisvoll, frag nur!«

Nichts von alledem. Es scheint, als verstecke sich die Liebe in Georgien unter Hunderten schwarzen, grauen und – wenigstens das – auch unter ein paar bunten Kopftüchern. Die Mädchen hier scheinen gerade nicht flirten zu wollen, Fragen stellen sie auch keine, sie zeigen keinerlei Neugier gegenüber dem Fremden. Liegt es daran, dass sie auf dem Weg in die Kirche sind? Gebietet ihnen die orthodoxe Kirche und ihr Patriarch den geduckten Gang zum Gotteshaus?

Plötzlich, am Ende des Wegs, vorbei an verfallenen Häusern, stoße ich auf einen mächtigen Torbogen aus strahlend hellem Gestein, dahinter eine weite Freifläche: saftig grüner Rasen – und eine imposante Treppe, die hoch zur Kathedrale führt. Auf einmal bin ich unsicher, ob ich das heilige Haus überhaupt betreten darf. Willkommen fühle ich mich jedenfalls nicht. Aber ich bin ja unsichtbar, niemand wird mich bemerken.

Die Kuppel ist riesig. An den Wänden prangen Ikonen, und überall stehen Tische mit Kerzen. Hunderte Gläubige sind da, der Gottesdienst hat noch nicht begonnen. Doch alle haben zu tun. Eifrig zünden die Leute Kerzen an, gehen von Ikone zu Ikone, küssen den heiligen Georg und die Madonna. Und sie bekreuzigen sich natürlich. Nur eines sind sie nicht: andächtig. Wie ein Zirkeltraining absolvieren sie ihre religiösen Pflichten, laufen – nein, nicht von Pontius zu Pilatus – vom heiligen Michael zum Kerzentisch. Und von dort auf ein Schwätzchen zu einem der zahlreichen Popen. Ein Küsschen auf die Ikone des heiligen Bartholomäus, ein Küsschen auf die des heiligen Lukas – und dann schnell noch das Handy raus. Ja, sie telefonieren im Gotteshaus, und ich bin mir sicher, dass am anderen Ende der Leitung nicht der Heilige Geist ist.

Ich verlasse die Kathedrale. Genau in dem Moment fährt eine Kolonne großer schwarzer Wagen mit Blaulicht vor. Security springt herbei. Männer in dunklen Anzügen und mit den obligatorischen Sonnenbrillen reißen die Wagentüren auf. Heraus krabbeln schwarz gewandete Männer mit langen grauen Bärten. Einer davon ist der Patriarch, der Papst der georgisch-orthodoxen Kirche. Ein roter Teppich wird ausgerollt. Das Ganze wirkt wie ein Staatsbesuch. Dabei geht es doch nur um eine Samstagsmesse. Die Gläubigen drängen sich. Alle wollen sie den Patriarchen sehen, ihn anfassen, ihn fotografieren – darunter viele Jugendliche, die ihn wie einen Popstar anhimmeln.

Ich spreche einen jungen Mann an, der etwas abseits steht und wie ich die Szene eher distanziert zu beobachten scheint.

»Niemand in Georgien ist beliebter als der Patriarch«, erklärt er mir. »Er hat sogar einen Facebook-Account und dort Hunderttausende Fans. Dabei haben wir gerade mal viereinhalb Millionen Einwohner.«

»Und was ist mit dir? Was hältst du vom Patriarchen?«

»Mit Facebook bin ich etwas zurückhaltend«, sagt er lächelnd. »Aber in die Kirche gehe ich schon, zumindest am Sonntag. Wusstest du, dass 80 Prozent der Georgier regelmäßig den Gottesdienst besuchen? Es ist nicht nur eine Frage des Glaubens. Es hält unsere Nation zusammen.«

Ich steige die steile Gasse wieder hinab und sinniere darüber, was es für die Liebe bedeuten könnte, wenn der Einfluss der Kirche so groß, ihre Macht so weitreichend ist? Welche Folgen hat das für das Zusammenleben von Mann und Frau? Wie ist es in Georgien um die Sexualität bestellt?

Fragen, die ich am nächsten Morgen an eine der bekanntesten Psychologinnen des Landes richten will. Den Kontakt hat mir ein befreundeter georgischer Regisseur besorgt, der in Deutschland lebt. Die Familientherapeutin Lili Khechuaschwili hat als Treffpunkt ein Luxushotel in der Altstadt von Tiflis vorgeschlagen. Ich bin vor ihr da und bestelle schon einmal einen Kaffee in der eleganten Hotelbar. Es ist immer wieder befremdlich, in einem armen Land auf Luxus zu stoßen. Riesige Kronleuchter baumeln von der Decke, und die vier Meter hohen Spiegel sind goldumrahmt.

Mein Aufnahmegerät liegt bereit auf einem Marmortisch. Doch statt Frau Khechuaschwili schreitet erst einmal eine Gruppe orthodoxer Würdenträger in die Hotelbar. Alle tragen edle Gewänder, hohe Bischofshüte und lange Bärte.

»Wer ist das?«, frage ich den Ober, der meinen Cappuccino bringt.

»Eine Delegation armenischer Bischöfe«, antwortet er lächelnd. »Sie treffen sich hier mit unseren georgischen Bischöfen.«

Ich frage mich, warum sie sich in einem Luxushotel treffen und nicht in einem Kloster.

Da kommt Lili rein, eine strahlende Erscheinung Mitte 30. Wir sind umzingelt von ernst und wichtig dreinschauenden Bischöfen. Ob sie etwas mitbekommen von unserem Interview? Ich bestelle ihr einen Kaffee und stelle die erste Frage: »Hat die Kirche messbaren Einfluss auf das Liebesleben der Georgier?«

Lili schaut sich kurz um. Auch sie scheint etwas irritiert von der Bischofsversammlung. »Na, und ob! Viele Georgier sind strenggläubig und nehmen die Regeln der orthodoxen Kirche ernst. Zum Beispiel beim Sex.«

Ich bemerke, wie einer der Bischöfe bei diesem Stichwort zu uns herüberschaut. Lili und ich müssen schmunzeln, dann fährt sie fort: »Sex ist während der Fastenzeiten verboten. Eine davon findet – wie bei euch – vor Ostern statt. Sie dauert 48 Tage. Eine weitere Fastenzeit ist um Mariä Himmelfahrt im August. Und auch während der Adventszeit, also den ganzen Dezember über, ist Geschlechtsverkehr tabu!«

»Halten sich die Menschen denn wirklich daran?«, hake ich nach.

»Natürlich nicht alle. Es ist noch eine Minderheit, die die Regeln ernst nimmt, aber es werden immer mehr. Ich bin übrigens noch nicht fertig mit meiner Aufzählung.« Lili nimmt einen Schluck Kaffee. »Die Kirche schreibt den Gläubigen vor, dass sie auch mittwochs enthaltsam sein sollen. Denn an diesem Tag soll Judas Jesus verraten haben. Und auch freitags – denn da wurde Jesus gekreuzigt. Und natürlich auch während der Menstruation der Frau.«

Ich überschlage die Daten und komme auf gut 200 Tage im Jahr ohne Sex. Kann das sein? Da bleibt nicht viel übrig für Intimes, wenn man bedenkt, dass einer der Partner auch mal auf Reisen oder krank sein kann oder – auch das soll ja in den besten Ehen vorkommen – die Lust sich einfach nicht einstellt.

»Bei euch in Europa geht der Einfluss der Kirchen zurück,

was die Sexualmoral anbelangt. Hier wird er immer größer!«, meint Lili und blickt streng in Richtung der Würdenträger, die ihre Kaffeepause beenden und sich langsam von ihren gepolsterten Stühlen erheben. »Falls du mir nicht glaubst: Ich habe hier mal Geburtsstatistiken mitgebracht.« Sie kramt eine Klarsichtfolie aus ihrer Tasche. Auf dem Diagramm sind deutliche Dellen zu erkennen. »Hier, schau! Im September gibt es weniger Geburten als im August oder Oktober. Das ist, weil Sex im Advent tabu ist! Neun Monate später herrscht Flaute auf den Geburtsstationen.«

Ich staune. Einen solch großen Einfluss der Kirche auf die Sexualität hatte ich nicht für möglich gehalten. Wie ist es bei uns? Der Papst sagt, wir sollten keinen Sex vor der Ehe haben, und Verhütung sei Teufelszeug. Doch wer hält sich schon daran?

200 Tage ohne Sex. Eigentlich erstaunlich, dass das georgische Volk noch nicht ausgestorben ist. Die Fruchtbarkeit liegt laut Weltbank bei immerhin 1,6 Kindern pro Frau. Deutlich mehr als unsere 1,4, und das, obwohl ich in Deutschland noch niemanden getroffen habe, der freitags ausgeht und Avancen abwehrt mit dem Hinweis: »Bleib mir vom Hals, es ist doch Freitag, du Idiot!« Oder ist die georgische Abstinenz vielleicht sogar ein Trick, um die Fruchtbarkeit zu erhöhen? Eine Reproduktionsbiologin hat mir mal erzählt, Quantität und Qualität der Spermien würden steigen, wenn der Mann mal drei, vier Tage pausiert. Georgische Spermien könnten demnach besonders schnell und robust sein, weil sie zwischendurch viel Zeit zum Ausruhen haben.

Ich verabschiede mich von Lili. Eine erste Erkenntnis ist da: Die orthodoxe Kirche hat großen Einfluss auf das Liebesleben der Georgier. Ähnliches habe ich auch schon über Russland und Armenien gehört: Eine so ausgeprägte Askese im Kaukasus – wer hätte das gedacht. Ob sich die Brauträuber in den Bergen auch an die Fastenzeiten der Kirche halten?

Als ich aus dem Hotel trete, bemerke ich ein Vibrieren in

meiner Hosentasche. Es ist Salome. Sie schreibt mir eine SMS, dass sie schon auf dem Weg von Kutaissi nach Tiflis sei. Beschwingt beschließe ich, die Stadt weiter zu erkunden. Ich laufe hoch zur Burg. Die Sonne sticht im Nacken – der Hochsommer ist da. Über einen Bergrücken laufe ich weiter. Plötzlich taucht vor mir ein riesiger, praller Hintern auf: die Mutter der Nation! Von hinten. Eine silbrig schimmernde, majestätische Statue, die über die Stadt blickt. In der einen Hand hält sie eine Schale mit Wein für den Gast, in der anderen das Schwert gegen den Feind.

Ich steige wieder hinab ins Zentrum. Über den breiten, von Repräsentationsbauten gesäumten Rustaveli-Boulevard gelange ich zu einem hässlichen Platz, an dem sich McDonald's eingenistet hat. Ein ziemlich kluger Franzose, der Philosoph Marc Augé, hat solche Plätze einmal als Nicht-Orte bezeichnet: austauschbar, ohne direkten Bezug zu der Kultur, in die sie hineingepflanzt wurden.

Direkt neben dem amerikanischen Schnellimbiss sehe ich ein kleines Café. Ich betrete es und bestelle das georgische Brot, von dem mir schon vorgeschwärmt wurde: Chatschapuri.

Im Café sitzt außer mir kaum jemand, und ich ärgere mich darüber, dass georgische Familien offenbar den Nicht-Ort namens McDonald's attraktiver finden. Die fast weltweit verbreitete Unsitte, Kindergeburtstage mit Cheeseburger und Cola zu feiern, sie ist auch im Kaukasus angekommen. Was für eine Schande! Schließlich sind wir im Land des Chatschapuri, das sich als erstaunlich lecker erweist. Ich beiße genüsslich in das mit Käse gefüllte Riesenbrot. Schmeckt ein bisschen wie Pizza Calzone.

Ich beobachte die Passanten und stelle fest, dass die jungen Frauen in diesem Teil der Stadt nicht ganz so zugeknöpft sind wie drüben bei der Kathedrale. Die eine oder andere trägt einen kurzen Rock, allerdings sind wir noch immer weit entfernt von russischer Textilknappheit. Modegeographisch befinden wir uns sozusagen genau in der Mitte: zwischen Russland und dem Iran.

»Hi. Bist du Peter?« Eine große blonde Frau reißt mich aus meinen Gedanken. Das muss Mirjam sein. Eine Sozialarbeiterin aus Estland, die als Freiwillige für ein Jahr in Georgien arbeitet. Auch sie habe ich im Internet getroffen und ihr vor meiner Bestellung per SMS Bescheid gegeben, wo ich zu finden bin. Könnte schließlich interessant sein, etwas über die gesellschaftliche Realität des Landes zu erfahren.

Mirjam ist in Begleitung einer weiteren Frau. »Das ist Lika.« Hinter Mirjam taucht eine schmale, blasse Dunkelhaarige auf. »Wir fahren jetzt nach Afrika«, meint Mirjam. »Kommst du mit?«

»Nach Afrika??«

Mirjam und Lika lachen. »So heißt ein Stadtteil von Tiflis. Ziemlich arm. Aber vielleicht interessant für dich.«

Ich weiß nicht so recht, ob mich ein Ausflug in ein Armenviertel der georgischen Hauptstadt weiterbringt, habe aber gerade nichts Besseres vor, und so nehme ich mit Mirjam und Lika die U-Bahn Richtung Afrika. Die beiden arbeiten dort in einem Waisenhaus. »In Afrika wohnen die, die alles verloren haben«, erklärt Mirjam. »Viele Flüchtlinge aus Abchasien und Südossetien. Und viele Kinder, die ihre Eltern in den Kriegen verloren haben.«

Die Schule für die Waisen macht einen bescheidenen, aber aufgeräumten Eindruck. Die Kinder sind zwischen acht und 16 Jahre alt. Einige Mädchen sind sehr aufgeweckt und probieren mit Begeisterung ihr Englisch an mir aus. Immer wieder kommen sie an und reichen mir Alutschas, kleine grüne Früchte, die sehr sauer und erfrischend schmecken.

Mirjam stellt mir die Rektorin und die Schulpsychologin vor. Nino Buadze ist ihr Name. Für Georgien trägt sie untypisch kurzes Haar. Ich packe die Gelegenheit beim Schopf und bitte sie um ein Interview, wo ich schon mal da bin.

Nino zögert einen Augenblick, als sie hört, dass ich über die Liebe recherchiere, doch schließlich willigt sie ein. Da sie Schulpsychologin ist, möchte ich wissen, was die spezifischen Probleme Heranwachsender sind.

»Ich habe gelernt, dass der Einfluss der Kirche sehr stark ist. Auch in Bezug auf die Sexualität. Was halten Sie davon, dass in Georgien die Mädchen als Jungfrauen in die Ehe gehen sollen?«

Nino Buadze zögert einen Augenblick. »Als Jungfrau in die Ehe zu gehen muss nicht schlecht sein. Wenn ein Mädchen diese Entscheidung aus freien Stücken trifft, ist das in Ordnung. Doch leider wird es auch von jungen Frauen erwartet, die nichts von der Jungfräulichkeit halten – Mädchen, die sich danach sehnen, mit ihrem Freund Sex zu haben, ohne gleich zu heiraten. Aber schuld daran sind eigentlich die Männer: 80 bis 90 Prozent von ihnen wollen unbedingt, dass ihre Braut bei der Hochzeit noch Jungfrau ist.«

Ich bin erstaunt. Welcher Mann in Deutschland erwartet noch, ein unberührtes Mädchen zu heiraten? Wann hat das bei uns aufgehört? In den Sechzigern, schätze ich.

Nino Buadze fährt fort: »Solange sich das nicht ändert, wird es weiter große Probleme mit unterdrückter Sexualität geben – und mit schlechtem Gewissen, wenn es dann doch passiert. Da spielen sich wahre Tragödien ab.«

»Sexualität ist also ein großes Tabu in Georgien?«

»Natürlich! Nehmen Sie nur unsere Schule. Es wäre doch wichtig, den pubertierenden Jungs und Mädchen etwas über ihre gerade erwachende Sexualität zu erklären. Aber wir dürfen nicht! Was für ein Unsinn!« Die Psychologin redet sich in Rage. »Die Tabuisierung der Sexualität hat gravierende Folgen. Ungewollte Schwangerschaften kommen immer häufiger vor.«

»Aber das heißt ja, dass es doch oft Sex vor der Ehe gibt.«

»Klar! Und deshalb machen diese speziellen Kliniken hier in Tiflis auch glänzende Geschäfte.«

»Was für Kliniken?«

»Privatambulanzen, die sich darauf spezialisiert haben, die Jungfräulichkeit der Mädchen wiederherzustellen.«

Ich habe von solchen Einrichtungen in islamischen Gesellschaften gehört. Aber noch nie in christlichen. So abstoßend mir diese Prozedur erscheint – eine Jungfräulichkeitswiederherstellungsklinik müsste ich auf jeden Fall von innen sehen. Aber wie komme ich dort hinein – als Mann? Vielleicht kann mir Salome ja weiterhelfen.

Ich wende mich wieder der Schulpsychologin zu. »Darf ich Sie etwas Privates fragen?«

»Nur zu!«

»Sind Sie verheiratet?«

»Ja.« Ihre sympathischen Augen lachen so, dass ich von einer glücklichen Ehe ausgehen darf. »Mein Mann ist kein typischer Georgier. Gott sei Dank! Ich habe erst mit 28 geheiratet und damit die goldene georgische Regel ignoriert, dass eine Frau spätestens mit 25 unter der Haube sein muss.«

Ich bin froh, mit nach Afrika gefahren zu sein und Nino Buadze kennengelernt zu haben. *»Madloba!«* – ich bedanke mich beim Heraustreten aus dem Gebäude auf Georgisch bei Mirjam und Lika für diese gute Idee. Sie schlagen vor, noch einen Kaffee in der Altstadt zu trinken – wenn es mich nicht stören würde, dass noch eine Freundin hinzukäme: Bianca, eine Soziologie-Gastprofessorin aus Rumänien.

»Klingt doch interessant«, meine ich und wittere schon die Gelegenheit für das nächste aufschlussreiche Gespräch.

Wir lassen uns auf der Terrasse eines gemütlichen Altstadtcafés nieder. Ich habe beste Laune. Die Gesprächspartner scheinen mir nur so zuzufliegen. Nur die blasse Lika ist bislang ziemlich still geblieben.

»Ich möchte gerne nach Swanetien, um dem Brautraub nachzuspüren«, erzähle ich nun. Da spitzt sie die Ohren. Mirjam auch. Sie wirkt erschüttert – schließlich ist sie Sozialarbeiterin: »Es gibt noch Brautraub in Georgien?«, fragt sie.

»Nur noch ganz selten«, erklärt Lika da. »In 20 Jahren wird Georgien brautraubfreie Zone sein.« Es scheint, als wolle sie ihre Heimat nicht in ein schlechtes Licht gerückt sehen.

Wie aus dem Nichts steht plötzlich eine blonde Mittdreißigerin am Tisch. Das muss die besagte Soziologieprofessorin Bianca sein. Sie umarmt ihre Freundin Mirjam.

»Peter recherchiert über die Liebe«, stellt Mirjam mich vor. »Wir haben gerade über Jungfräulichkeit diskutiert«, meint sie mit einem Schmunzeln zu mir und Lika herüber.

Da legt die rumänische Gastprofessorin auch schon los: »Die Mädchen müssen Jungfrauen sein, schön. Und was ist mit den jungen Männern? Von denen wird erwartet, dass sie Erfahrung haben, wenn sie in die Ehe gehen. Kann mir jemand erklären, wie das funktionieren soll, wenn alle Mädchen doch Jungfrauen und die Ehefrauen treu sein sollen? Alles verlogen. Hier gehen manche Väter mit ihren Söhnen ins Bordell, um ihnen die ›Liebe‹ zu zeigen.« Bianca schüttelt mit angewiderter Miene den Kopf. »Dieses Land liegt hinterm Mond. Ich lebe mit einem guten Freund zusammen in einer WG. So etwas gibt es hier aber eigentlich gar nicht. Also denken alle, inklusive Vermieter, wir seien ein Paar. Seit einiger Zeit hat mein amerikanischer Mitbewohner aber eine Freundin. Die besucht ihn ab und zu. Alle Nachbarn denken nun, sie sei unsere Putzhilfe, die einmal in der Woche zum Reinigen kommt. Die beobachten uns. Sie zweifeln, ob in unserer Wohnung wirklich alles mit rechten Dingen zugeht.«

Ich merke, dass Lika neben mir nervös auf ihrem Stuhl hin- und herrutscht. Sie wendet sich an Bianca: »Na und? Ich habe als Au-pair drei Jahre in Deutschland gelebt. Dort interessieren sich die Nachbarn überhaupt nicht für dich. Ich war einsam. So etwas gibt es in Georgien nicht. Hier kümmern sich die Nachbarn wenigstens umeinander.«

»Sie spionieren einander hinterher!«, entgegnet Bianca.

Ich habe das Gefühl, dass die beiden keine Freundinnen werden. Auch Mirjam entgehen die Spannungen nicht. »Lasst uns eine Flasche Wein kaufen und hoch zur Burg gehen«, schlägt sie versöhnlich vor.

Die Flasche Wein geht auf mich. Unterwegs sinniere ich über das Gesagte. Nachbarschaftshilfe und soziale Kontrolle, sind das nicht zwei Seiten einer Medaille? Interessant erscheint mir, dass selbst die Millionenmetropole Tiflis in diesem Sinne noch ein Dorf ist. Die Nachbarn wissen alles übereinander. Und sie helfen sich. All dies anscheinend in einem Maße, wie es das in Deutschland nicht mal mehr auf dem platten Land gibt. Welche Folgen hat das für die Liebe? Weniger Scheidungen? Weniger Duldung von »abnormalem« Verhalten, zum Beispiel von Homosexualität?

Ich frage Bianca, die neben mir läuft. Sie teilt meine Ansicht. Zahlen hat sie aber keine parat.

Wir setzen uns auf eine Treppe direkt neben der Burg und machen die Flasche Wein auf. Dunkelheit legt sich langsam über die Stadt., die von hier oben geradezu malerisch wirkt. Weit weg, über dem anderen Ufer, werden die Lichter angeknipst, um die mächtige, neue Kathedrale anzuleuchten, die ich gestern erst besucht habe.

»Schaut euch diesen Wahnsinn an!«, sagt Bianca auf einmal. »Die Kathedrale da drüben hat Millionen gekostet. Und direkt unterhalb wohnen Menschen, die kaum genug zu essen haben.«

Ich merke, wie Lika neben mir bebt. »Wie kannst du das sagen?!«, stellt sie die rumänische Gastprofessorin zur Rede. »Ohne die Kirche würde es unsere Nation nicht mehr geben. Die Religion gibt uns Halt und Kraft. Und der Patriarch ist ein großartiger Mann.«

Biancas Replik kommt sogleich: »Alles ist verlogen hier«, schimpft sie. »Alle rennen in die Kirche. Sie tun alles, was ihnen der Pope sagt. Sie sagen zu allem ja und amen. Aber sie haben keine Ahnung von der Bibel. Ich habe meinen Studenten erzählt, dass ich Atheistin bin. Da waren sie schockiert. Ich habe sie gefragt: ›Wer von euch hat die Bibel gelesen?‹ Niemand hat die Hand gehoben. ›Ich bin Atheistin‹, habe ich gesagt, ›aber ich kenne die Bibel in- und auswendig.‹ Da waren sie still.«

Lika wird es zu viel. Sie verabschiedet sich von uns. Als unverheiratete Frau wohnt sie noch bei ihren Eltern. »Ich muss heim. Hat mich gefreut, Peter.« Sie reicht mir die Hand. Mirjam umarmt sie zum Abschied. Bianca aber ignoriert sie einfach. Ganz schön empfindlich, die Georgier, wenn es um die Kirche geht. Bianca indes scheint gar nicht bemerkt zu haben, dass sie Lika vergrault hat.

Ein Weg führt über unsere Treppe weiter ins Gestrüpp. Wir müssen immer wieder Platz machen für junge, verliebte Pärchen. Hier treffen sie sich also, im Schutz der Dunkelheit. Es gibt sie demnach auch hier, die Verliebtheit – wie auch nicht? Sie zeigt sich nur nicht so offen wie bei uns im Westen.

Am nächsten Morgen laufe ich wieder den Hügel hinunter. Vorbei am heiligen Georg, dem Namenspatron des Landes, der mit seinem Schwert stolz auf seinem Pferd sitzt und vergeblich auf Drachen wartet. Über den Fluss, den Mtkwari, der hässlich braun daherblubbert.

Dann endlich steht Salome vor mir. Sie ist mit ihrer schwarzen Lockenpracht genauso hübsch wie auf den Fotos und lacht mich an, als würden wir uns schon lange kennen.

Salome meint, ich solle erst einmal die Küche des Landes kennenlernen. Wir lassen uns in einem kleinen Restaurant nieder. Neben einem Chatschapuri bestellt Salome noch verschiedene Leckereien. Es schmeckt ausgezeichnet, und Salome strahlt mit der Sommersonne um die Wette. Sie scheint eine Genießerin zu sein.

Ich erzähle von meinen ersten Eindrücken, auch vom Kirchgang. »Tja, je ärmer das Land, desto mehr Leute rennen in die Kirche«, ist ihr Kommentar. Ich erzähle, mir sei aufgefallen, dass die jungen Frauen hier offenbar nicht flirten. »Wenn ein

Mädchen einen Kerl offen ansieht oder gar anlächelt, begreift der das als direkte Einladung«, erwidert sie. »So einen Mann wird man dann einfach nicht mehr los.«

»Aber sie kann doch sagen ›tut mir leid, kein Interesse‹, oder?«

»Nein«, antwortet mir Salome, »das akzeptieren die Männer hier nicht. Und deshalb flirten die Mädchen wenig.«

Sie wirkt sehr offen, ganz anders als die meisten Georgierinnen, die ich bis jetzt gesehen habe. Ich habe schon nach wenigen Minuten das Gefühl, eine gute Reisegefährtin erwischt zu haben.

Während wir auf den letzten Resten des Chatschapuri herumkauen, stelle ich Salome die Jungfrauenfrage.

»Ja, ich schätze, 80 Prozent der Georgierinnen sind Jungfrauen, wenn sie in die Ehe gehen. In Tiflis wird es in manchen Kreisen nicht mehr so eng gesehen, aber sonst ist es ein hohes Gebot überall im Land.«

»Woher kommt das? Von den Regeln der orthodoxen Kirche?«

Salome denkt einen Moment nach. »Es hat mit der Kirche zu tun, ja, aber noch mehr mit der Tradition.« Und dann sagt sie, wie um mich, den Mann aus dem Westen, zu beruhigen: »Ich bin keine mehr«, und lächelt dabei halb verlegen, halb schelmisch. Salome scheint keine typische Georgierin zu sein. Aber vielleicht kann sie mir gerade deshalb helfen, die Türen zur Liebe in Georgien aufzustoßen.

## *Dem Brautraub auf der Spur*

Am nächsten Tag eilen wir zum ultramodernen Bahnhof, der wie ein glänzendes Raumschiff wirkt, das aus Versehen in einem armen Viertel der Hauptstadt gelandet ist. Wir kaufen die Fahrkarten für eine Nachtfahrt nach Sugdidi, ganz im Westen des Landes gelegen. Der wartende Zug dünstet unangenehme Gerüche aus, so als schwitze er, bevor er überhaupt losgefahren ist. Salome und ich haben vorsichtshalber ein ganzes Viererabteil für uns gebucht. Der Schaffner mit Wodkafahne bringt uns das Bettzeug. Als er mitkriegt, dass ich Deutscher bin, entblößt er grinsend zwei Reihen Goldzähne und zeigt auf meine Begleiterin: »Das ist schöne Mädchen.« Ich nicke freundlich, während Salome schon ihre Schlafstatt herrichtet. Sie hat eine der oberen Liegen gewählt, ich nehme die andere. Zwischen uns klafft eine tiefe Schlucht. Als der Zug losruckelt, rutsche ich fast von der schmalen Pritsche. »Uh«, sage ich in die Dunkelheit hinein, »gefährlich hier.« Salome entgegnet nur trocken: »Das ist ja auch der Anfang eines Abenteuers.«

Ich muss an Nora denken. Morgen werden wir in der Gegend sein, in der sie als 16-Jährige fast Opfer eines Brauträubers wurde. Aber werde ich tatsächlich Menschen treffen, die darüber reden wollen? Geraubte Frauen müssen doch traumatisiert sein. Wie komme ich an die heran? Ich hoffe, dass Salome mit ihrer offenen Art die eine oder andere Hemmung lösen kann.

Und wie werden die Männer reagieren? Sind sie auf eine archaische Art stolz, dass sie ihre Ehefrau mit einem Handstreich erobert haben? Oder handelt es sich eher um traurige Außenseiter, die sonst keine abbekommen hätten?

Als wir frühmorgens um sieben Uhr in Sugdidi ankommen, fühlen wir uns gerädert. Neun Stunden hat der Zug für die 400 Kilometer gebraucht. Einmal quer durchs Land. Ein sympathisch wirkender Mann kommt auf uns zu. Er bietet an, uns für 150 Lari – umgerechnet rund 70 Euro – nach Mestia zu fahren, in die Hauptstadt Swanetiens. Er mag vielleicht 50 sein. Sein angegrautes Haar ist kurz geschoren, die Augen sind warm, und für georgische Verhältnisse hat er eine sensationell kleine Nase.

150 Kilometer liegen vor uns. Zunächst ist die Straße noch gut in Schuss. Malkhazi, so heißt der Fahrer, fragt, ob wir etwas

gegen »high speed« hätten. »Nein«, erwidere ich etwas leichtsinnig, denn nun gibt er richtig Gas.

Wildromantisch ist die Landschaft, die in rasendem Tempo vorbeifliegt. Es geht entlang des Ufers des Inguri, der sich – gespeist vom Schnee des Großen Kaukasus – bräunlich brodelnd in die Ebene stürzt, als habe er keine Zeit zu verlieren. Wie auch Malkhazi, der geschickt jedem Schlagloch und jeder plötzlich auftauchenden Kuh ausweicht und beiläufig erzählt, dass er früher Rennfahrer gewesen sei. Der gutmütige Mann mit der kleinen Nase entpuppt sich also doch als wilder Swane.

Als habe er meine Gedanken erraten, beginnt Malkhazi zu erzählen: »Wir Swanen sind zwar Georgier, aber wir waren immer sehr unabhängig. Wir sind halt ein richtiges Bergvolk.«

Ich denke, wenn Malkhazi so ein Tempo vorlegt, dann will ich auch keine Zeit verlieren mit meiner Brautraubrecherche. »Wie hast du deine Frau kennengelernt?«, frage ich den Rennfahrer.

»Wir haben zusammen in Suchumi studiert und uns ineinander verliebt.« Das klingt nun freilich überhaupt nicht nach Brautraub.

Wir sind hungrig. Nach knapp zwei Stunden halten wir vor einem Bretterverschlag, dem ersten winzigen Restaurant am Wegesrand. Zwei vielleicht 50 Jahre alte Frauen und eine hübsche 16-Jährige begrüßen uns warmherzig. Wir dürfen in der Küche zuschauen, wie sie den Teig kneten und das Feuer schüren. Ein warmer Geruch steigt auf vom herrlichsten Chatschapuri ganz Georgiens.

Da ich hier nun mit meinem Englisch am Ende bin, bitte ich Salome, die Frauen nach ihrem Familienstand zu fragen. Ich verstehe zwar nichts von dem ganzen Kauderwelsch in der dampfenden Küche, doch ich merke am Gesichtsausdruck der Frauen, dass wir schon beim Thema sind.

»Salome, übersetz das bitte mal für mich.«

»Die eine der beiden ist geraubt worden, als sie 17 war«,

meint Salome, die anscheinend nicht weiß, ob sie schockiert sein soll oder erfreut, dass ihre Recherche so schnell von Erfolg gekrönt ist.

»Frag sie, ob sie noch mit ihrem Mann zusammen ist.«

Salome wendet sich wieder an die Frau, die mit einem Mal sehr melancholisch wirkt, und antwortet dann: »Sie sagt, sie sind verheiratet und haben fünf Kinder«

»Weiter, weiter«, dränge ich. »Finde so viel wie möglich heraus! Frag sie, wie das damals abgelaufen ist.« Ich habe das Gefühl, dass dies eine der seltenen Gelegenheiten ist, mit einer geraubten Frau darüber zu reden, was ihr seinerzeit zugestoßen ist.

»Sie hat draußen auf einem Feld gearbeitet. Da kam ein Mann in einem großen Auto, den sie vorher noch nie gesehen hatte. Er hat sie in den Wagen gezerrt. Sie hat geschrien. Sie hatte große Angst, aber es war niemand da, der ihr hätte helfen können. Er brachte sie hoch in die Berge. Dort hat er sie vergewaltigt.«

»Und sie ist wirklich immer noch mit diesem Mann zusammen? Ist sie denn glücklich?«

Wieder wendet sich Salome an die Frau, die gerade das Brett mit dem duftenden Chatschapuri aus dem Ofen zieht. »Sie sagt, sie hat sich damit arrangiert. Was sonst sollte sie auch tun?«

Was sonst sollte sie auch tun? Diese Worte schwingen nach in meinem Kopf. Die Frau hatte offenbar keine Chance, ihr eigenes Lebensglück zu suchen. Ich erinnere mich an das, was mir Nora erzählt hat: Als entehrtes Mädchen musst du den Brauträuber heiraten, kein anderer nimmt dich mehr.

Salome und ich treten aus der Küche auf die kleine Terrasse auf der Rückseite des Bretterverschlags. Malkhazi sitzt dort und schaut entspannt hinunter auf den wild tosenden Inguri. »Was hältst du vom Brautraub?«, frage ich ihn.

»Nichts«, antwortet er. »Er stirbt langsam aus, es wird von Jahr zu Jahr weniger. Vor ein paar Wochen gab es allerdings wieder einen Fall. Aber das war arrangiert.«

Ich bin verwirrt. Arrangierter Brautraub, was soll das sein?

»Wenn zwei sich lieben, die Eltern aber dagegen sind, dann täuscht das Paar einen Brautraub vor. Sie verschwinden für ein paar Tage in den Bergen. Das Mädchen gilt dann als entehrt. Man stellt die Eltern also einfach vor vollendete Tatsachen.« Malkhazi grinst. Das ist wohl die einzige Variante von Brautraub, die er gutheißen könnte. Quasi die romantische Version.

Die 16-jährige Tochter des Hauses serviert uns das dampfende Chatschapuri. Ich frage, ob sie Englisch spricht. Sie nickt und schaut mir offen und freundlich in die Augen.

»Was würdest du denn tun, wenn jemand versuchen würde, dich zu rauben?«

»Es wird mir nicht passieren«, meint sie sehr selbstsicher. »Ich gehe bald zum Studieren nach Tiflis.« Die Brauträuber Swanetiens müssen wohl auf ein potentielles Opfer verzichten. Gott sei Dank.

Gestärkt von Chatschapuri und salzig schmeckendem Sulguni-Käse fahren wir weiter. Es geht nun steiler bergan. Die Straße wird immer schlechter. Wir durchqueren dunkle Tunnel, von deren Decken dickes Wasser tropft. Immer kurviger wird es, immer wilder. Bald tauchen am Horizont die ersten schneebedeckten Gipfel auf. Der Inguri tost mal links, mal rechts der Straße. Wasserfälle stürzen herab, ihre Ausflüsse quellen über den Schotterweg. Wir kommen manchmal nur noch im Schritttempo voran.

Salome döst hinten im Wagen. Wie kann sie das bei dieser abenteuerlichen Fahrt? Immer grandioser wird die Landschaft. Der Uschba mit 4700 Metern ragt schneeweiß daraus hervor, majestätisch wie das Matterhorn. Dahinter liegt Russland – Feindesland.

Plötzlich hält Malkhazi an. Pinkelpause? Von wegen: Der Swane springt in die Büsche und pflückt leuchtend gelbe Azaleen, bindet sie zu einem Strauß und reicht ihn Salome hinten durchs Fenster. Einfach so. Warum ist mir das nicht eingefallen? Der Rennfahrer weiß im Gegensatz zum Deutschen mit Charme zu glänzen. Salome scheint gerührt.

Nach sechs Stunden Fahrt tauchen endlich die berühmten Wehrtürme auf, die Wahrzeichen Swanetiens. Erst einer, dann zwei, dann Dutzende. Fast an jedem Haus klebt ein alter brauner Turm – ohne Fenster, nur mit kleinen Schlitzen oben, um den Feind zu beobachten und notfalls mit Kugeln zu verjagen. Unser Rennfahrer umkurvt geschickt ein paar Rinder. Wir sind in der Hauptstadt Swanetiens: Mestia. In Wirklichkeit handelt es sich um ein Dorf mit gerade mal 2600 Einwohnern. Hier kennt jeder jeden. Jedenfalls weiß Malkhazi sofort, wo er uns abliefern soll, als wir erzählen, dass wir bei Anastasja übernachten.

Anastasja, eine sympathische Frau um die 50, zeigt uns das einfache, aber geräumige Haus. »Es ist nur noch ein Zimmer frei«, meint sie und schaut Salome und mich prüfend an.

Salome scheint kein Problem damit zu haben, die Schlafstätte mit dem deutschen Liebesrechercheur zu teilen. Wir schieben die beiden Betten auseinander, so dass – wie letzte Nacht im Zug – eine ausreichende Lücke zwischen uns entsteht. »Ich möchte mich umziehen. Geh du schon mal in den Garten«, meint sie und beginnt, in ihrem Rucksack zu wühlen.

Im Garten lebt angepflockt ein alter Ziegenbock. Der Tisch ist schon gedeckt. Anastasja bringt lächelnd das Essen heraus: Das nächste Chatschapuri wandert in meinen Magen. Kurz darauf taucht Anastasjas Mann auf. Er ist sicher 15 Jahre älter als sie und genauso kurz angebunden wie der Ziegenbock, dem er frisches Wasser hinstellt.

»Mann, ist der unsympathisch.« Salome ist plötzlich da und strahlt in alter Frische. »Der prügelt bestimmt seine Frau!«

»Das kannst du doch nicht einfach so behaupten!«, entgegne ich entrüstet.

»Fast alle Georgier schlagen ihre Frauen!« Salome schleudert mir die Antwort hin, als gäbe es daran überhaupt keinen Zweifel. »Und die Frauen hier nehmen es als selbstverständlich hin.«

Salome beißt mit ihrem großen Mund ins Chatschapuri. »Ich hab ein Beispiel für dich: Eine Freundin von mir hat eine Praxis für Psychotherapie in Kutaissi. Letztens kam eine Frau zu ihr, in Tränen aufgelöst. Überall an ihrem Körper blaue Flecken. Auch in ihrem Gesicht! Sie schluchzte, sie habe herausbekommen, dass ihr Mann eine Geliebte habe. Eine Stunde lang hat sie sich über die Untreue des Gatten beklagt. Doch kein Wort über ihre blauen Flecken! Erst, als meine Freundin sie darauf ansprach, sagte sie, dass ihr Mann sie regelmäßig schlagen würde.« Salome nimmt einen Schluck Apfelsaft. »Verstehst du? Für die Frauen hier ist es vielleicht ein Problem, wenn ihr Mann fremdgeht oder sie gar verlässt. Aber Prügel zu beziehen ist für sie etwas ganz Normales.«

Salome zieht einen Stapel Papier aus der Tasche. Sie grinst. »Peter, du bist ein gründlicher Deutscher. Also habe ich mich vorbereitet. Hier ist eine Studie der Nichtregierungsorganisation CWN. Danach ist fast jede vierte Frau im Land schon mal Opfer von brutaler häuslicher Gewalt geworden. Noch mehr Frauen berichten von sexuellen Übergriffen. Was ich aber am schlimmsten finde: 60 Prozent der Frauen geben an, dass alles, was innerhalb der Familie geschieht, niemanden etwas angehe.«

Georgien – auch in dieser Hinsicht ein Land der Tabus. Unter-den-Teppich-Kehren als Prinzip. Über Sex redet man nicht. Verlorene Jungfräulichkeit wird repariert. Gewalt bis hin zum Brautraub wird toleriert. Hauptsache, keiner kriegt was mit.

»Du kannst Georgien nicht mit Europa vergleichen«, fährt Salome fort. »Die vollständige gesetzliche Gleichberechtigung zwischen Mann und Frau gibt es bei uns erst seit 2010. Seit kurzem gibt es ein Gesetz, das es der Polizei erlaubt, bei Hinweisen auf häusliche Gewalt Ermittlungen einzuleiten.« Sie wischt sich den Mund ab. Ihre Mahlzeit ist offenbar beendet. »Aber selbst, wenn es Gesetze gibt: Was bringt das in einer Gesellschaft, in der die Familiensolidarität mehr gilt als die eigene Unversehrtheit an Körper und Seele?«

Wie aufs Stichwort kommt Anastasja herbeigeeilt, um die Teller abzuräumen. Stimmt Salomes Vermutung, dass ihr Mann sie schlägt? Jedenfalls wirkt sie nicht glücklich.

Wir schlendern durch die swanetische Minimetropole mit ihren zinnigen Türmchen. Mestia wird gerade hübsch gemacht. An allen Ecken wird gepinselt, gestrichen, gepflanzt. Aus einem kleinen Kiosk lugt eine Frau mit warmen Äuglein heraus. An Plastikhaken baumelt ein Netz mit zwei Orangen, am Haken daneben ein Paar Kinderschuhe. Im Angebot ist auch selbstgebrannter Wodka, den man sich aus einem großen Bottich herauslöffelt. Salome nimmt sich einen Becher und reicht mir auch einen. Wir stoßen an: auf unser gemeinsames Abenteuer in Swanetien!

»Frag doch mal die Frau, ob sie Erfahrung mit Brautraub hat«, bitte ich Salome. Ich nippe an meinem Wodkagläschen, während Salome und die Kioskfrau sich angeregt unterhalten.

»Na, was hat sie erzählt?«, frage ich, nachdem wir uns verabschiedet haben.

»Ihre ganze Familiengeschichte. Unglaublich!«

»Wieso?«

»Brautraub, wohin du schaust hier.« Selbst Salome, die doch aus Georgien kommt, wirkt verstört. »Die Frau hat keine eigenen Kinder, aber ihr Mann hat aus erster Ehe drei Kinder mitgebracht: Eine der Töchter wurde letztens entführt, sie lebt jetzt im Osten Georgiens.« Salome schüttelt ihren schönen Lockenkopf. »Am meisten schockiert mich, mit welcher Selbstverständlichkeit einem die Leute das erzählen. So, als sei ein Brautraub etwas Normales. Oder ein Naturereignis, gegen das man sowieso nichts tun kann.«

Wir setzen unseren Weg fort. Zur Linken sehen wir immer wieder die typischen Wehrtürme, die sich vor den weißen Kaukasusriesen abzeichnen. Kühe trotten uns entgegen. Ein Alter reitet erstaunlich flott auf seinem Pferd um die Ecke. Zweimal überqueren wir den reißenden Inguri. Auf einem kleinen Hügel steht eine Kapelle, davor ein seltsam ägyptisch anmutendes Denkmal: eine steinerne graue Frau mit Schleier, auf ihren Knien ein Kind. Ihr zu Füßen sitzen vier ganz lebendige junge Burschen und genießen den Sommerabend bei einem Bier. Sie winken uns herbei und bieten uns etwas von ihrem Gerstensaft an. Sie sind zwischen 18 und 24. Einer sieht drollig aus mit seinem Schlapphut und den schwarzen Haarsträhnen, die darunter hervorgucken und ihm in die Stirn fallen. Er redet voller Begeisterung mit Salome. Vermutlich trifft er hier oben in den Bergen selten Mädchen, die so offen und unkompliziert daherkommen.

Wir schlendern zurück zur Herberge. Salome legt sich in die eine Ecke des Zimmers, am Fenster. Ich ruhe gegenüber, an der Tür.

»Warst du nie verheiratet?«, fragt Salome in die Stille hinein.

»Nein«, antworte ich.

»Hast du mal daran gedacht?«, bohrt sie weiter.

Doch bevor ich antworten kann, piepst ihr Handy. Sie seufzt. »Oje, ich kriege dauernd SMS von meinem jungen Verehrer, den wir gerade eben kennengelernt haben.«

»Was schreibt er denn?«

»Blumige Komplimente. Und er will mich unbedingt wiedersehen.« Salome grinst.

Ich kann mich gut in den Jungen hineinversetzen. Wohin mit all der Energie in einem Alter, in dem man nicht viel anderes außer Mädchen im Kopf hat? Doch die wenigen, die hier oben leben, zieren sich, müssen sie doch brav und jungfräulich bleiben. Und plötzlich kann ich mir vorstellen, wie so ein Bursche auf die Idee kommt, ein Mädchen vom Feld, von der Straße zu rauben. Das ist nichts, was gutzuheißen oder zu rechtfertigen wäre. Aber das psychosoziale Umfeld hier oben, die Tabus, der Druck, dies alles begünstigt sicher die Entführung von Objekten der Begierde.

Am nächsten Morgen wollen wir noch höher hinaus, ins 2200 Meter hoch gelegene Uschguli, laut Salome das am höchsten gelegene Dorf Europas.

»Salome, sind wir denn überhaupt noch in Europa?«

»Klar! Oder sehe ich etwa aus wie eine Asiatin?« Salome legt ihre Zeigefinger an die äußeren Augenränder und zieht sie Richtung Ohren. Jetzt könnte sie tatsächlich Koreanerin sein. Fast.

Es geht 45 Kilometer am immer wilder schäumenden Inguri entlang. Zwischendurch überqueren wir Bergrücken. Gletscherzungen schieben sich bis an den Weg, Wasserfälle stürzen spektakulär. Mal taucht rechts, mal links, mal vorne, mal hinten ein weißer Riese auf und droht: »Du kennst die Alpen und denkst, du kennst ein wildes Gebirge? Du hast mich noch nicht kennengelernt. Pass auf!«

Unser Fahrer passt auf. Er kurvt flott, aber sicher um die Schlaglöcher. »Hier ging letztens eine Lawine ab. Schaut, nur der alte Wehrturm blieb stehen, die Häuser drum herum sind aber alle platt. 26 Menschen haben die Schneemassen in den Tod gerissen.«

»Wie oft fährst du hier hoch, nach Uschguli?«

»Im Winterhalbjahr gar nicht, da ist Uschguli wie abgeschnitten von der Außenwelt. Im Sommer manchmal mehrmals die Woche, je nachdem, ob Touristen kommen oder nicht.«

»Wie lange werden wir unterwegs sein?«

»Zweieinhalb oder drei Stunden.«

»Drei Stunden für 45 Kilometer?«

Der Swane nickt. »Die Straße wird noch schlechter.« Und wie aus dem Nichts zucken Blitze, dröhnt Donner, stürzt der Regen, wird die Piste noch weicher, noch schlammiger, noch beschwerlicher.

Tengiz, unser neuer Fahrer, wirkt nicht sehr gesprächig, doch als wir ihn auf seine Familie ansprechen, taut er auf. »Ich habe drei Töchter!« Seine Augen strahlen. »Eine heißt Anna, sie lebt in Europa. In Deutschland.«

»Aha. Wo denn?«

»In Frankfurt. Sie studiert Germanistik.«

»Wie alt ist sie?«

»29. Wir vermissen sie sehr.«

»Ist sie verheiratet?«

»Nein, noch nicht.« Auf einmal wirkt der Fahrer nachdenklich. Die Sorge eines Vaters, der hofft, dass seine Tochter rechtzeitig unter die Haube kommt?

Ich hake nach: »Hat sie einen Verlobten?«

Tengiz kratzt sich am Kopf. Doch es scheint ihn nicht zu stören, dass ein Fremder ihn über seine Tochter ausfragt. »Sie jobbt nebenher in einem italienischen Café. Der Besitzer hat sich in sie verliebt. Meine Tochter mag ihn auch. Doch sie sagte ihm, dass sie nach Georgien gehöre und nach ihrem Studium zurückkehren werde.«

»Ach, schade«, sage ich. »Gibt es denn gar keine Möglichkeit?«

»Der Italiener hat ihr angeboten, das Café in Frankfurt zu schließen und dafür eines in Tiflis zu eröffnen. Er will unbedingt mit Anna zusammen sein.«

»Na, klingt doch nach einem vernünftigen Plan«, meine ich.

Wieder kratzt sich Tengiz am Kopf. »Letztens hat Anna in einem Internetforum zufällig einen alten Klassenkameraden wiedergefunden. Sie hatten sich immer gemocht. Wir waren damals aber in Abchasien und mussten fliehen wegen des Krieges in den Neunzigern. Die Georgier wurden in alle Winde verstreut, man verlor sich also aus den Augen.«

Ich frage mich, worauf er hinauswill.

»Meine Tochter kommt einmal im Jahr nach Georgien«, fährt er fort. »Das letzte Mal traf sie dann den Jugendfreund aus dem Internet wieder. Sie stellten fest, dass sie sich immer noch mochten. Er machte ihr auf der Stelle einen Antrag.«

»Was hat sie geantwortet?«

»Sie hat sich Bedenkzeit erbeten.«

»Und dann?«

»Sind wir zum Pfarrer gegangen. Jede Familie in Georgien hat ihren eigenen Pfarrer, der sie durchs ganze Leben begleitet. Anna fragte ihn, wen sie heiraten solle.«

»Und was meinte der Pfarrer?«

»Er hat ihr geraten, den Jugendfreund zu heiraten. Sie sind bereits verlobt.«

Armer Italiener, denke ich. Annas Vater aber meint: »Es ist besser, dass sie einen georgischen Mann heiratet.«

Wir halten an einem uralten Wehrturm, der mit einem Fuß im Inguri steht. Salome und ich klettern die enge, steile Treppe hoch und schauen zum Fahrer hinüber, der neben seinem Wagen allein in der atemberaubenden Gebirgslandschaft steht.

»Siehst du, wie nationalistisch die Georgier sind?«, meint Salome. »Vielleicht liebt Anna den Italiener, und trotzdem will ihr Vater, dass sie den Georgier heiratet.«

»Aber warum?«

»Wir Georgier sind von Feinden umzingelt, seit Jahrhunderten. Unser Land ist immer weiter geschrumpft. Perser, Türken, Russen, alle haben uns angegriffen.«

»Und was hat das mit dem Italiener zu tun?«

»Wir mussten immer unsere Kultur verteidigen. Und unsere Sprache. Unsere Religion. Irgendwie haben wir es geschafft, das alles über die Zeiten zu retten. Und jetzt kommt so ein dahergelaufener Italiener und will an die georgische Jungfrau heran?« Salome muss selbst über ihre Worte lachen. »Die Globalisierung ist die neue Gefahr für die georgische Identität. So sehen das jedenfalls viele traditionell eingestellte Georgier. Was wird zum Beispiel aus einem Kind mit einem katholischen oder sogar atheistischen italienischen Vater?«

Ich verstehe. »Und du selbst bist ja auch schon keine richtige Georgierin mehr mit deinen modernen Ansichten, oder?«

Salome grinst. »Ich bin in erster Linie Mensch«, sagt sie. »Und

Frau!« Sie zwinkert mir zu und steigt so elegant wie möglich die enge Treppe wieder hinunter.

Wir hoppeln weiter über die kaukasische Piste. Ich denke noch über Salomes Worte nach: die Globalisierung als Feind für die georgische Identität. Andererseits: Ohne Internet hätte Anna in Frankfurt ihren georgischen Jugendfreund wohl nie wiedergefunden. Dann hätte sie vielleicht doch den Italiener geheiratet. Gar nicht so einfach, die Liebe in Zeiten des Computers. Ich hoffe, Anna wird glücklich mit ihrer Entscheidung. Fünf Jahre in Deutschland haben sie vielleicht stärker geprägt, als ihr bewusst ist.

Ich wende mich wieder an den Fahrer, der weiter geschickt jeder Unebenheit ausweicht. »Falls Ihre Tochter etwas aus Georgien braucht: Ich kann ihr gern etwas mitbringen.«

»Danke! Ich schreibe ihr mal eine SMS.« Der stolze Vater tippt mit einer Hand in sein Telefon, während er mit der anderen das Lenkrad unter Kontrolle zu halten versucht. Das hast du von deiner Neugierde, werfe ich mir vor. Gleich landen wir im Graben, oder schlimmer, in einem dieser teuflischen Abgründe, zweihundert Meter tief im reißenden Inguri. Und Annas Antwort wird keinen Empfänger mehr finden.

»Sie hat schon geantwortet.« Er freut sich. »Sie braucht nichts. Nur Alutschas vermisst sie, die gibt es in Deutschland nicht zu kaufen.«

Die sauren Dinger? Nun ja, wer's mag. »Kein Problem! Ein paar Alutschas bringe ich ihr gern mit.«

In einer der wenigen Siedlungen zwischen Mestia und Uschguli, in Lalkhori, hält unser Fahrer an und hupt. »Mein Sohn arbeitet da«, zeigt er Richtung Polizeistation.

Der Sohn rennt durch den klatschenden Regen und setzt sich kurz zu uns auf den Rücksitz. Er macht einen freundlichen Eindruck und spricht gut Deutsch. »Ich habe ein paar Jahre mit einem Freund am Flughafen Schönefeld gearbeitet. Import, Export. Berlin hat mir gefallen.«

»Warum bist du nicht geblieben?«

»In Deutschland kann man viel Geld verdienen«, meint der junge Polizist, »aber Geld kann man ja bekanntlich nicht essen. Hier ist die Familie. Hier bin ich glücklich.« Der Kitt, der Familien zusammenhält, scheint in Georgien besonders stark zu sein.

Ich nutze die Gelegenheit, den Polizisten zum Brautraub zu befragen. Er beschwichtigt: »Brautraub kommt immer seltener vor. Wir tun was dagegen.«

»Was denn?«

»Beim letzten Mal war es kein Einzeltäter, sondern ein junger Mann mit mehreren Helfern, darunter auch eine Frau. Wir haben sie gejagt. Alle sitzen im Gefängnis, bis auf einen, der noch auf der Flucht ist.«

»Wie hoch ist die Haftstrafe bei Brautraub?«

»Fünf bis sieben Jahre. So bekommen wir das Problem langsam in den Griff.«

Wir setzen unsere Fahrt fort. Immer noch trommelt der Regen auf die Scheiben, verschwommen ziehen Wälder, Felsen, winzige Weiler vorbei. Dann endlich hellt sich der Himmel ein bisschen auf, ein riesiger Canyon liegt vor uns. Nach swanetischer Legende soll ein Riese mit einer Wand aus Felsen den Inguri dort gestaut haben, um das oberhalb liegende Uschguli zu überfluten. Wir befinden uns nun deutlich über 2000 Meter, die Gletscherzungen rücken dicht an den Weg. Uschguli ist nah. Es reicht auch. Drei Stunden für 45 Kilometer!

Noch ein kleiner Bergrücken, und dann sehen wir Uschguli in Postkartenschönheit vor uns. An jedes Häuschen lehnt sich ein Wehrturm. Der Inguri ist hier ein kleiner Wildbach, der sich romantisch durch die satten Wiesen schlängelt. Die Kette des Großen Kaukasus erhebt sich majestätisch hinterm Dorf. Ich habe das Gefühl, am Ende der Welt angekommen zu sein.

Es hat aufgehört zu regnen, wir machen einen Spaziergang. Immer wieder ergeben sich neue Perspektiven auf die mehr drollig als furchteinflößend wirkenden Wehrtürme, die zum Weltkulturerbe gehören – was sie nicht darin hindert, zu bröckeln. Kühe spazieren gemütlich zwischen ihnen umher. Auf einem Steinabsatz an einem Turm sitzt eine uralte Frau, ganz in Schwarz, bis hoch zum Kopftuch, das sich dicht um ihr harsches und dennoch nicht unfreundliches Gesicht legt. Wir setzen uns zu ihr. Drei Kinder, offenbar Enkel oder Urenkel, blinzeln lustig scheu hinterm Turm hervor und verschwinden sofort, wenn man zu ihnen hinüberblickt.

Ich frage: »Wie war das Leben früher hier?«,

»Ich habe früh geheiratet, mit 14.«

»Wurden Sie entführt?«, frage ich unverwandt.

»Ja!« Ich meine, nach all den Jahren immer noch Bitterkeit in ihrer Stimme zu hören. »Zu meiner Zeit wurde hier fast jedes Mädchen geraubt.« Davon, dass die alten Zeiten besser gewesen sein sollen, will sie nichts wissen. »Ich hatte keine Jugend. Heute haben es die Kinder schon besser.«

Wir fahren zeitig wieder hinunter nach Mestia. Annas Vater gibt Gas. »Heute ist unser Skype-Tag«, erklärt er. »Mittwochs sitze ich mit meiner Frau immer am Computer, und dann reden wir mit unserer Tochter in Frankfurt.«

»Wie lange denn?«

»Ach, oft zwei, drei Stunden. Wir haben ja eine Flatrate.« Der traditionsbewusste Swane hat Flatrate. Hoch oben im Kaukasus ermöglicht schnelles Internet jetzt auch schon, dass Tausende Kilometer entfernte Menschen sich einander nah fühlen können.

Zurück in der Pension, sage ich zu Salome: »Ich glaube, wir haben genug Fälle von Brautraub recherchiert. Ich wüsste nur gern, wie viele Fälle es in Georgien pro Jahr gibt.«

Salome schmunzelt und kramt wieder Unterlagen hervor. »Hier ist eine offizielle Statistik. 2007 gab es 275 Fälle von Brautraub, 2008 ging die runter auf 239. Und 2009 waren es 195.« Salome schaut triumphierend. Sie weiß wohl, dass mich ihre Gründlichkeit überrascht. »Allerdings dürfte die Dunkelziffer um ein Vielfaches höher liegen«, meint sie weiter. »Die meisten Entführungen werden nach wie vor totgeschwiegen. Die Familien regeln das unter sich. Trotzdem: Ich denke, langsam setzt ein Umdenken ein. Der Brautraub wird weniger.«

Das klingt nach einem Ergebnis. Wir trinken noch ein Glas Wein in Anastasjas Garten.

## *Hochzeit in Kutaissi*

Wir verlassen Swanetien morgens früh mit der Marschrutka, einer Art Sammeltaxi. Wir wollen nach Kutaissi. In einem Dorf unterwegs halten wir für eine Pinkelpause an. Es ist erst sieben Uhr, trotzdem ist schon Leben im Dorf. Beziehungsweise der Tod: Direkt an der Durchgangsstraße sind rund 30 Leute mit der Vorbereitung von einem Leichenschmaus beschäftigt. Auf Holztischen stapeln sich Chatschapuris, Fleisch und Gemüse. Der Trauerzug wird hier vorbeikommen und der Tote muss gebührend verabschiedet werden.

Wir geraten mit einem Mann ins Gespräch, der uns sofort ein Glas Rotwein reicht. »Das muss ex runter«, befiehlt er. Salome macht es mir vor, da kann ich nicht zurückstehen. Ich trinke auf einen Mann, den ich nie gekannt habe. Vielleicht war er auch ein Brauträuber? In dem Moment, wo ich die Frage denke, schäme ich mich schon für sie. Mein Kopf ist benebelt von Müdigkeit und Rotwein.

Erneut ist Sugdidi unsere Zwischenstation. Doch dieses Mal müssen wir ein paar Stunden überbrücken. Die Gegend um den Bahnhof von Sugdidi gehört zu den trostlosesten Orten, die ich je gesehen habe. Es regnet in Strömen, und wir verkriechen uns in einer winzigen Spelunke. Der Wirt vertreibt gerade einen verwahrlost wirkenden Mann mit einem Besenstiel aus seinem Etablissement. Dabei würden Gast und Haus gut zusammenpassen …

Auf einem Bild an der Wand ist ein üppiges Festmahl zu sehen. »Das hätte ich gern«, scherze ich. Aber es gibt nichts außer Chatschapuri – das mir langsam zum Hals heraushängt.

Ein Betrunkener bekommt mit, dass ich Deutscher bin, und ruft laut: »Gitler!« Ich weiß nicht, was er will, bis mir Salome verschämt erklärt, er meine Hitler.

»Gitler!«, knurrt er nochmals, so als gäbe es nichts Naheliegenderes, wenn ein Deutscher in diesem Teil der Welt auftaucht.

Sein Saufkumpane ist da kreativer. »Ich war in Galle«, bemerkt er, »da gibt es ein schönes Schwimmbad.« Galle? »Die Deutschen sagen ›Halle‹ und nicht ›Galle‹«, erklärt ein anderer Schlaumeier; in Georgien würde man vielleicht Schlauwili sagen (die Hälfte der Nachnamen enden hier auf »-wili«). Aha, in Halle war er; in der sowjetischen Armee hat er gedient. Ob es das schöne Schwimmbad noch gebe, fragt er. Ich weiß es nicht.

Die Köchin schneidet sich an der Anrichte die Haare und überprüft im Spiegel das Ergebnis. Sie ist grell geschminkt. Ich überlege, das Chatschapuri wieder abzubestellen, doch das wäre unhöflich. Schließlich kommt sie mit den Tellern an unseren Tisch und hat auch etwas zu Deutschland anzumerken. Ganz wichtig tut sie. »Meine Nichte ist mit dem deutschen Fußballpräsidenten verheiratet.«

Ich wundere mich. »Mit Wolfgang Niersbach?«

»Nein, mit dem Präsidenten von Schalke 04. Sie wohnen in einem Palast in Magdeburg.«

Sie sieht meine Zweifel, als Salome übersetzt. »Wie heißt denn der Mann, mit dem die Nichte verheiratet ist?«, frage ich.

»Ich weiß es nicht, aber er arbeitet für Schalke 04!« Die Frau wirkt furchtbar stolz. Es scheint außerordentlich prestigeträchtig zu sein, jemanden in der Familie zu haben, der es geschafft hat, sich einen mutmaßlich reichen Deutschen zu angeln – trotz Gitler.

Endlich fährt unsere Marschrutka Richtung Kutaissi ab. Die alte Hauptstadt Georgiens ist die Heimat sowohl von meiner

Freundin Nora in Berlin als auch von meiner Reisebegleiterin Salome. Mir ist schon im Voraus, als hafte dieser Stadt etwas Schicksalhaftes an.

Ich schreibe meiner Jägermeisterfreundin eine SMS: »Stell dir vor, ich bin auf dem Weg in deine Heimatstadt. Ich würde gern mal eine georgische Hochzeit besuchen. Kennst du zufällig jemanden, der dieses Wochenende heiratet?« Eine Stunde später vibriert es in meiner Hose. Noras Kurznachricht ist in typisch georgischem Deutsch verfasst: »Um 16 Uhr im Restaurant Imperial. Jeder Taxifahrer kennt die Ort. Der Tischführer (Tamada) ist Mikhail Lebadze. Findest du ihn und sagst du, dass Levan Tatischwili dir darüber Bescheid gesagt hat und dass du einfach die Hochzeit ansehen willst. Niemand wird dir nein sagen.«

Was für ein Glück! Ich zeige Salome die SMS. »Tja, heute Abend gehen wir Hochzeit feiern!«

Wenige Stunden später eile ich frohgemut eine steile Gasse in Kutaissi hinunter. Ein gekrümmtes Großmütterchen kommt mir entgegen. Am Denkmal wartet schon Salome mitsamt Schwester und Schwager, die uns zum Imperial bringen.

»Mikhail Lebadze – das ist ein Wichtigtuer!« Salomes Schwager scheint keine gute Meinung vom Zeremonienmeister der Hochzeit zu haben. »Fürs Wichtigtun bekommt er auch noch Geld!«

Wir sind spät dran. Als wir den Saal betreten, geht der Hochzeitstanz gerade zu Ende. Traditionell gekleidete Männer stehen mit ihren Säbeln dem Brautpaar Spalier. Rund 250 Gäste sind anwesend, alle entweder sehr traditionell oder sehr schick gekleidet. Nur der deutsche Gast, der keinen Anzug in den vermeintlich wilden Kaukasus mitgebracht hat, steht etwas blöd da in Bluejeans und Cowboystiefeln. Salome hingegen sieht aus wie eine Göttin in ihrem schwarz-roten Kleid, mit den vollen roten Lippen und der roten Blume im schwarzen Haar.

Das ungleiche deutsch-georgische Paar wird neugierig gemustert und schreitet durch den großen Saal zum Zeremonienmeister. Mikhail Lebadze ist ein riesiger, kräftiger Mann mit stalineskem Schädel; nur die Haare fehlen. Er ist neben dem Brautpaar die wichtigste Person bei der Hochzeit, darüber lässt sein äußeres Erscheinungsbild keinen Zweifel. Er trägt eine schwarze Kutte, die traditionelle Tschocha. In seinem Gürtel steckt der Krummsäbel, und an seiner Brust hängen verzierte Köcher, in denen die georgischen Ritter ihr Schießpulver und ihren Tabak aufbewahrten. Wir dürfen direkt neben ihm Platz nehmen – ein Ehrenplatz!

»Wie seid ihr hierhergekommen?« Der mächtige Mann schaut uns streng an. Wir nennen den Namen aus der SMS. »Ah. Ihr seid Freunde von Levan Tatischwili. Wenn das so ist: Herzlich willkommen!«

Der Tisch biegt sich vor Chatschapuri und Hühnchen, vor Rind und Leber, vor Schwein und Gemüse. Das Wichtigste: der Wein. »Füllt ihnen die Gläser«, donnert der Zeremonienmeister seinen Tischbrüdern zu. Und schon prosten sie uns zu, die Männer von der Bruderschaft der »Diener des Patriarchen« – ein traditionalistischer Verein, der den georgischen Patriarchen fast wie einen Halbgott verehrt.

Einer der Patriarchen-Diener ist besonders freundlich und kramt sein Schuldeutsch aus den 70er Jahren hervor. »Ich lebe in Georgien, du lebst in Deutschland.« Ich frage ihn, woher er so gut Deutsch kann, aber leider versteht er diesen dann doch zu komplizierten Satz nicht. Ist auch egal, es wird nachgeschenkt und angestoßen: »Auf die deutsch-georgische Freundschaft! Auf den Patriarchen in Tiflis! Auf den schönen gesegneten Tag!« Prost und runter mit dem Zeug.

Das Brautpaar sitzt direkt hinter uns an einem reichgeschmückten, etwas erhöhten Tisch – die Braut ganz in Weiß mit dunklen Augen und dunklen Haaren, der Bräutigam, ebenfalls in der traditionellen Tschocha, mit schon ein wenig schütterem

Haar – wie viele Georgier um die 30. Daneben sitzen die Trauzeugen.

Zeremonienmeister Mikhail springt von seinem Stuhl auf, er brüllt ins Mikrofon: »Was für ein herrlicher Tag! Trinken wir auf den Patriarchen, trinken wir auf Kutaissi! Trinken wir auf das Glück des Paares!« Und wie alle anderen Männer springe ich auf und hebe das Glas. Auf die herrliche Hochzeit in Georgiens alter Hauptstadt!

Mikhails Augen sind schon blutunterlaufen, auf seiner Stirn steht der Schweiß vom vielen Schreien und Trinken. Er brüllt mich an: »Ihr im Westen, ihr habt doch keine Familienwerte mehr. Wir in Georgien, wir pflegen die Tradition. Ihr solltet euch ein Beispiel nehmen.«

Ich befürchte kurz, dass die Stimmung nun gegen den deutschen Gast umschlägt, doch dann lacht der Tamada auch schon wieder, wir heben die Gläser und trinken. Alles ist gut. Allerdings fährt es mir durch den Kopf, dass ich nach gerade mal einer halben Stunde eigentlich noch nicht betrunken sein sollte. Ich bin ja hier, um die Hochzeitsbräuche zu beobachten. Als sich der nächste Toast ankündigt, hole ich meine Kamera hervor und tue so, als müsste ich wichtige Fotos schießen. Da springen auch schon ein paar Burschen und ein paar hübsche Mädchen auf und beginnen, wild zu tanzen. Die Burschen verrenken sich, sie gehen in die Knie, stampfen im Stakkato, dann fliegen sie wie Adler auf die sich schüchtern gebenden Mädchen zu, die sich abwenden, wenn die Adler zu nahe kommen. Die nehmen dann wieder Anlauf, sie stampfen, recken die Arme in die Luft und fliegen wieder heran. Es ist doch immer das gleiche Spiel zwischen Mann und Frau … Der Mann balzt und imponiert, er fleht auf Knien, das Weibchen ziert sich und scheint zu sagen: »So leicht bin ich nicht zu haben, mein kleiner Adler.« Und die Adler werden immer wagemutiger und immer wilder, sie fliegen immer näher an die Beute heran. Dann ist die Musik aus, und die Adler setzen sich wieder auf ihre Stühle und trinken Wein.

Zurück am Platz, kommt der nette Alte wieder auf mich zu. »Ich lebe in Georgien, du lebst in Deutschland.« Da ich nicht weiß, was ich jetzt darauf sagen soll, antworte ich einfach: »Du lebst in Georgien, ich lebe in Deutschland.« Das ist nun wirklich ein Gespräch, das gebührend begossen werden muss. Nicht einfach so – darauf muss Brüderschaft getrunken werden! Also, voll die Gläser, und ex und weg. Jetzt habe ich einen echten georgischen Freund. Unsere Konversation geht zwar nicht sonderlich tief, aber sie ist von großer Einvernehmlichkeit geprägt: »Ich lebe in Georgien, du lebst in Deutschland.« Oder: »Du lebst in Georgien, ich lebe in Deutschland.« Mehr Wörter bedarf es nicht. Nur mehr Wein.

Viel zu schnell sind die Gläser leer – jetzt werden die Hörner gereicht. Ein Liter passt da rein, und wer den nicht ex herunterkriegt, ist kein richtiger Mann, das ist doch klar. Schnell ziehe ich meine Kamera aus der Tasche, um mich zu verdrücken. Ich fotografiere das Brautpaar, auch die schöne Brautjungfer. Dankbare Motive. Vor allem, wenn man dadurch dem Weinzwang für ein paar Minuten entfliehen kann.

Doch zu lange darf ich nicht wegbleiben. Der Zeremonienmeister hat sich inzwischen mit mir angefreundet. Wenn er nicht gerade ins Mikrofon brüllt und den Patriarchen lobt, schreit er halt mich an. »Es ist eine Unverschämtheit, dass ihr Männer aus dem Westen die georgischen Frauen heiratet. Ihr solltet dann wenigstens auch deutsche Frauen herschicken.«

Was soll ich tun? Ich kann mich unter diesen Umständen seiner Argumentation nur anschließen und biete großzügig meine ledige Schwester an. Die Augenbrauen des Toastmasters ziehen sich hoch. »Wie alt ist sie?«

»28«, lüge ich.

»Ist sie schön?«

»Sie ist eine Perle.«

»Ist sie noch Jungfrau?«

»Natürlich«, rufe ich.

»Dann bring sie her«, brüllt Mikhail, und ich will erst gar nicht darüber nachdenken, wie meine Schwester reagiert, wenn ich ihr sage: »Du, hör mal, hier ist ein Ticket nach Georgien. Zuerst musst du dir dein Jungfernhäutchen reparieren lassen, anschließend wirst du in den Bergen wahrscheinlich in ein Auto gezerrt und vergewaltigt und bist dann Eigentum eines georgischen Holzkopfes. Was hältst du davon?«

Darauf muss natürlich erneut angestoßen werden. Jetzt komme auch ich nicht mehr am Horn vorbei. Ein Liter Weißwein schwappt drin, ich schaffe nur das halbe Horn – anscheinend mehr, als die georgischen Brüder von mir erwartet haben; anerkennend nicken sie mir zu. Doch der Wein steigt mir zu Kopf. »Sei vorsichtig«, sage ich mir, »wahre die kritische Distanz, beobachte genau. Vielleicht wirst du nie wieder auf eine georgische Hochzeit kommen.«

Die Hemmungen schwinden langsam. Zwei Burschen rücken meiner Salome immer näher auf den Leib. Ob sie zu mir gehöre, fragen sie. »Nein, ich arbeite nur für den Deutschen«, antwortet die prächtige Salome wahrheitsgemäß. Das ist schwer zu verstehen für die georgischen Männer, scheint aber eine Art Freifahrtschein zur ungezügelten Anmache zu sein. Der eine, ein großer Untersetzter, fordert Salome zum Tanz auf. Er fliegt nicht wie ein Adler, er kuschelt wie ein Bär mit ihr auf der Tanzfläche. Die Musik hat sich auch geändert. Keine traditionellen kartulischen Tänze mehr. Plötzlich höre ich »You can leave your hat on«, und ein georgisches Joe-Cocker-Double erscheint auf der Bühne. Offenbar ein Wunsch des Hochzeitspaares. Beide arbeiten im Justizministerium in Tiflis. Beide sind schon mal ins Ausland gereist, beide stehen zumindest mit einem Fuß in der Moderne und nicht mehr im georgischen Mittelalter, als König David von Kutaissi aus das grusinische Reich beherrschte, das damals noch so groß, so schön, so mächtig war.

Zeremonienmeister Mikhail entschuldigt sich für die westliche Musikeinlage. »Das darf eigentlich nicht sein«, brüllt er gegen Joe Cocker an und zu uns herüber. »Eine Schande für den Patriarchen.« Und so weiter und so fort. Inzwischen sind seine Augen blutrot, sein Gesicht trieft vor Schweiß. Als ich zustimmend nicke, hat er mich endgültig in sein zweifellos riesiges Herz geschlossen. Es ist wieder mal Zeit, anzustoßen. Zeit, Brüderschaft zu trinken. Und ex und weg, und ich spüre seine mächtigen Pranken mich umarmen und seine harten Stoppeln in meinem Gesicht. »Du hast einen wohlgeformten Kopf«, schreit er, »du hast einen wohlgeformten Körper«, brüllt er schwitzend. »Aber wenn dein Herz nicht gut ist, dann fickt dich der Patriarch!«

Salome kriegt sich nicht mehr ein vor Lachen ob dieser Mischung von Heiligem und Profanem. Ach, schöne Salome, wie rot sind deine Lippen, der Alkohol steigt mir langsam ins Herz und tiefer und höher … »Reiß dich zusammen!«, rufe ich mir innerlich zu.

Den beiden Burschen zur Rechten Salomes gelingt das überhaupt nicht. Mit trüben Augen rücken sie der Schönen immer näher. Immer wieder zuckt Salome zusammen, wenn dabei versehentlich die Spitze des Schafts der Besäbelten in ihre Hüfte pikst. Aber auch Salome ist nicht mehr ganz auf der Höhe. Wie sonst lässt sich erklären, dass sie sich vom Unsympathischeren der beiden ein Schafsfell um die Schulter legen lässt? Sie fragt mich noch: »Er will mir das schenken. Ist es nicht schön?«

»Aber Salome, was bedeutet das?«

»Na, das heißt nur symbolisch, dass ich irgendwie zu ihm gehöre.«

»Tu das lieber nicht!«

»Aber es ist so schön!« Und schon legt sich ein Umhang aus feinster, handgemachter Schafschurwolle um Salomes entzückende Schulter. Voller Selbstgewissheit rückt der Unsympathische nun noch näher heran. Ich spüre eine leichte Eifersucht in mir aufsteigen und beschließe, mich auf meine eigentliche Aufgabe zu konzentrieren. Also, Kamera raus! Gerade posieren

Braut und Bräutigam mit den stolzen Eltern. Der Zeremonienmeister steht daneben und schreit sie an und preist den Patriarchen.

Als ich an den Tisch zurückkehre, sieht der Unsympathische mich feindselig mit seinen kleinen Äuglein an. Bin ich jetzt schon ein Eindringling? Salome macht einen bekümmerten Eindruck und rückt immer wieder vom Verehrer weg, doch der rückt nach und pikst mit seinem Säbel mal wieder in ihre Seite. Salome erschrickt.

Eine große Portion Leber springt von ihrem Teller direkt in meine Fototasche. Der süßlich-eklige Geruch lässt mich wieder zur Besinnung kommen.

»Du musst dem Kerl das Fell zurückgeben«, rufe ich ihr zu.

Die nette Situation droht zu kippen. Der Wein, die Leber, das Fell ... Da hört Joe Cocker auf zu singen, und die kartulischen Tänze gehen weiter. Wie schön die Frauen hier sind! Eine sieht aus wie die junge Angelina Jolie – der gleiche Ausdruck in den Augen, die gleichen Lippen. Sie schwebt nur so über die Tanzfläche, sich ganz ihrer Anmut bewusst. Könnte ich doch nur ein georgisches Tänzchen tanzen, auf sie fliegen wie ein Adler, sie würde sich abwenden, eine leichte Drehung zur Seite, ich würde mich wieder zurückziehen, stampfen, Anlauf nehmen, mit Adleraugen ihre Anmut ins Visier nehmen und fliegen, fliegen, fliegen ...

Stattdessen sitze ich neben Salome, die ganz in Beschlag genommen ist von den besäbelten Verehrern. Um ihre Schulter immer noch das wertvolle Fell – ich bin außen vor. Hätten wir doch nur gesagt, wir seien ein Paar, alles wäre einfach gewesen.

»Salome, ich will den kartulischen Tanz tanzen«, äußere ich nun wagemutig. Schon etwas taumelnd bewege ich mich Richtung Tanzfläche.

»Wo willst du hin?« Kurz vorm Ziel fängt mich der Zeremonienmeister ab. Darf ein Ausländer etwa keine georgischen Tänze tanzen? Das ist doch diskriminierend, will ich protestieren. Salome übersetzt dem riesigen, schwitzenden Mikhail, der gerade wieder zehn Minuten lang ein Lobpreis auf den Patriarchen ins Mikrofon gebrüllt hat, mein anscheinend ungehöriges Anliegen. Ein Deutscher in Jeans und Cowboyschuhen will diese Hochzeit entehren. Ich will schon einlenken und mich ein bisschen enttäuscht zeigen, da klatscht der Zeremonienmeister in seine großen, schwitzenden Hände.

»Musik aus!«, brüllt er, und mir gefriert das Blut. Mikhail befiehlt der Kapelle ein neues Lied. Dann drückt er mich mitten auf das Parkett. Seine körperliche Präsenz ist immens und klar: Ich soll es ihm nachtun. Ganz allein bin ich nun mit der schwitzenden Schwarzkutte auf der Tanzfläche. 250 Augenpaare sind auf uns gerichtet – nein: auf mich! Einige sind aufgesprungen, um das ungewöhnliche Spektakel aus der Nähe zu beobachten. Mir wird klar: Ich kann mich jetzt nur blamieren – ein Zurück gibt es nicht mehr.

Also: Die rechte Hand auf die Brust, jetzt die linke in den Nacken, jetzt stampfen, stampfen, stampfen. Und dabei immer den Zeremonienmeister beobachten, die Drehung nach links, dann nach rechts und die Hand auf die Brust. Jetzt kommt er mir nahe, jetzt stampfen wir zusammen in echter Männerfreundschaft. Wie kann der Tamada nach mindestens fünf Litern Wein noch so stilsicher stehen und stampfen? Eine Drehung, ich laufe ins Leere, die Meute johlt. »Ja, da habt ihr euren doofen Deutschen!«, denke ich mir. Mittlerweile schwitze ich mindestens genauso stark wie mein Tanzlehrer. Es geht immer weiter, die Musik hört einfach nicht auf. Die Hochzeitsgesellschaft steht geschlossen und klatscht im Rhythmus. Stampfe, Peter, stampfe! Immer selbstbewusster bearbeite ich den georgischen Boden. Es ist wohl eher ein Flamenco, den ich da vollführe. Nichts stört mich mehr. Der Wein zeigt auch bei mir seine Wirkung. Stampf, stampf und die Menge klatsch, klatsch. Stampf, stampf. Wie ein Adler wollte ich auf die schönen georgischen Mädchen fliegen, stattdessen liege ich plötzlich in den Armen des Zeremonienmeisters. Noch eine würdevolle Verbeugung, dann ist die Musik endlich aus.

Erst jetzt merke ich, wie mir die Beine zittern. Da bricht der Applaus los. O Gott, o lieber georgischer Patriarch, bring mich hier weg, ganz schnell!

Nichts da. Ich spüre die mächtige Pranke Mikhails auf meinen Schultern. Er zieht mich hoch auf die Bühne, zwei Mikrofone werden aufgestellt. O Gott, o lieber Patriarch, wenn du Macht hast, dann lass mich jetzt ganz schnell im Orchestergraben verschwinden! Ich war nie auf einer georgischen Hochzeit, nein! Diese Idee, mich selbst dahin einzuladen, hatte ich nie, wirklich nicht, es war ein blöder Zufall, ich bin gar nicht da …

Doch, Gott sei Dank, ich muss gar nicht reden – erst einmal. Der Zeremonienmeister brüllt ins Mikrofon. Meine Beine stabilisieren sich langsam. »Peteri« schreit der Mann mit seinem mächtigen Organ immer wieder in den Saal. Er spricht wohl über die Ehre des deutschen Gastes, über den Patriarchen sowieso, aber warum schreit er nur immer so? Es ist mir egal, in Gedanken bereite ich meine Ansprache vor. Salome steht schon bereit, um zu übersetzen. Ein kurzes Räuspern, dann höre ich über die Lautsprecher meine Stimme. Ich versuche, fest zu klingen. Das gelingt mir nicht so gut wie dem großen, dicken Mikhail, aber es geht: Also danke ich für die herzliche Einladung zu dieser wunderbaren Hochzeit. Ich lobe die georgische Gastfreundschaft, die eine ganz außergewöhnliche sei. Die Schönheit der Braut lobe ich – obwohl 80 Prozent der Frauen im Saal doch etwas hübscher sind als sie, aber das erwähne ich lieber nicht. Ich beschließe meine Rede mit einem Toast und hebe das Horn, das ich dem verdutzten Tamada aus der Hand nehme. »Auf den georgischen Patriarchen und den deutschen Papst! Mögen wir uns alle lieben und respektieren! Denn nur wer liebt, ist ein wahrer, edler Mensch!«

Das hat gesessen. Der Applaus donnert, und ich fühle: Ich bin ein Star wider Willen.

»Alle sagen, du hast gut getanzt«, raunt mir Salome zu. Auch sie hatte wohl befürchtet, dass die Operation »kartulischer Tanz« in einer totalen Blamage enden würde. Ein wunderbares Gefühl. Alle hier scheinen mich nun zu mögen …

Alle? Nein! Einer schaut mich böse aus seinen kleinen, listigen Augen an. Meine Tanzeinlage hat den Schafsfellnebenbuhler noch eifersüchtiger gemacht. Und dass ich mit seinem neuen Eigentum durch die georgischen Lande reise – das geht natürlich gar nicht! Scheinbar freundlich spricht er mich an: »Peter, liebst du die Jagd?«

Mir ist klar, wenn ich »Nein« sage, gelte ich schwerlich als richtiger Mann in Georgien, und diesen Anschein will ich natürlich nicht erwecken. »Klar«, sage ich darum, nichts Böses ahnend.

Listig fährt der andere nach kurzem Nachdenken fort: »Liebst du die Jagd auf Vögel oder auf Tiere?«

Was mag da wohl kommen? »Auf Vögel«, antworte ich, ganz gespannt, was er daraus schließen mag.

Er denkt nach, sichtbar gezeichnet von den ungefähr 20 Gläsern Wein, die er intus haben muss, er zieht die Stirn in Falten, dann klärt er auf: »Vögel gibt es hier nicht so viele. Aber ich fahre morgen zur Bärenjagd. Interessiert dich das?«

»Spannend«, erwidere ich.

»Das ist drüben in Abchasien. Wir müssen dafür illegal die Grenze überqueren.«

Salome sieht mich besorgt an und flüstert mir zu: »Das ist eine Falle.«

»Ich überlege es mir«, antworte ich, um ein bisschen Zeit zu gewinnen. Der nette Alte am Tisch sieht wohl meine Bedrängnis, prostet mir zu und ruft – man ahnt es schon: »Ich lebe in Georgien, du lebst in Deutschland!«

Es ist wahr: Ihr lebt in Georgien, und ich lebe in Deutschland. Und vieles ist ähnlich, wenn es um die Liebe von Frau und Mann geht: Man verguckt sich, man flirtet, man tanzt, man versucht anzubandeln, man tauscht Telefonnummern aus. Aber dann ist doch vieles auch sehr anders: Einer Frau ein Fell um die Schultern zu legen und zu glauben, dann gehöre sie einem, geht in Deutschland nicht; und es geht auch mit der im Westen studierenden Salome nicht, die noch eine ganze Nacht SMS und Telefonterror ertragen muss, bevor sie das geschenkte Fell am nächsten Tag zurückgibt, um Ruhe zu haben vor dem Verehrer. Der Alkohol mag mit reingespielt haben, aber dass ein Konkurrent mich vielleicht durch einen Unfall bei einer Bärenjagd loszuwerden versucht – in Deutschland eher unwahrscheinlich … Salome berichtet, dass es auf Hochzeiten regelmäßig Schlägereien gebe, wenn zwei Männer sich um eine Frau streiten. Auch um sie habe man sich schon geprügelt.

Und dennoch: Diese georgische Hochzeit war wunderschön, vielleicht auch gerade, weil sie so archaisch daherkam mit all ihren traditionellen Riten und Gewändern und Tänzen. Mit der überwältigenden Herzlichkeit und Gastfreundschaft, die es vielleicht nur dort geben kann, wo Traditionen lebendig sind, wo Zusammenhalt mehr ist als eine Worthülse, und wo man sich immer noch braucht, um gegen Feinde von außen bestehen zu können. Die Umarmungen des Zeremonienmeisters, die seltsame deutsche Konversation aus gerade mal zwei Sätzen, der Applaus nach meinem Tanz – alles schien echt und ehrlich und aufrichtig. Und so verlasse ich glücklich und dankbar – und gerade noch rechtzeitig – zusammen mit Salome die Hochzeit.

Am nächsten Morgen spaziere ich ein wenig durch Kutaissi. Das besondere Kennzeichen der zweitgrößten Stadt Georgiens scheinen früher mal bunte, inzwischen aber verrostete Tore vor den Häusern zu sein. Ich will hinüber zur Bagrati-Kathedrale, da hält ein Wagen neben mir. Die Fensterscheibe wird heruntergekurbelt. Oje – es ist ein Kerl von der Bruderschaft der »Diener des Patriarchen«, ein Tischgenosse von der Hochzeit. Das kann kein Zufall sein, so klein ist Kutaissi nicht. Sicher bin ich nach der Schafsfellaffäre zum Abschuss frei gegeben; dieser Diener des Patriarchen wird mich nun zur Bärenjagd nach Abchasien entführen.

Der Mann lächelt aber so freundlich, dass ich einsteige und 200 Meter weiter, vor der Kathedrale, wieder aus. Der Mann war wohl einfach nur nett, und vielleicht betrachtet er mich nach der Zecherei von gestern nun wirklich als seinen Bruder.

Die Kathedrale ist seit einem Angriff der Osmanen im 17. Jahrhundert verfallen. Schöner als ihr Anblick ist der Blick hinunter auf die Stadt und den braunen Fluss.

Mit Salome, die noch leicht unter Schafsfellschock steht, mache ich einen Ausflug zum Kloster von Gelati. Ich steigere ihre Verwirrtheit, indem ich sage: »*Gelati:* Das müsste doch der Plural von *Gelato* sein.« Dann beginne ich, ein Lieblingssommerlied zu singen. »*Un gelato a lemon. Gelato a lemon. Gelato a lemon.*« Unser Fahrer schaut ein wenig irritiert. Salome lächelt müde.

Die hügelige Landschaft ist großartig, das Kloster aus dem zwölften Jahrhundert imposant. Es entstand in der goldenen Ära Georgiens. Angeblich hat König David der Erbauer seinem Namen alle Ehre gemacht und hier selbst Hand angelegt. Er ruht etwas abseits der Hauptkirche in einem steinernen Grab und bittet alle Besucher, auf seiner Grabplatte herumzutrampeln. »Das war sein letzter Wunsch«, meint Salome, während sie mit gewisser Andacht über des Königs letzte Ruhestätte spaziert. Der König wird mir sympathisch. Es muss ein viel angenehmeres Gefühl sein, dauernd Besuch von seinen Landsleuten zu haben, als in dieser Totenstille zu ruhen, die sonst auf Friedhöfen herrscht.

Die Muttergotteskirche mit ihrem Mosaik und ihren Fresken wirkt einladend warm und schön. In einer Ecke steht ein bärtiger Priester und singt mit einer Familie zusammen, ganz zart und leise. Die Vertrautheit von Pfarrer und Familie ist rührend – so etwas kenne ich nicht aus der katholischen Kirche.

Sie hat also auch schöne Seiten, die Orthodoxie. Und wenn du am Zweifeln bist, nicht mehr ein und aus weißt und dann so ein freundlicher, bärtiger Mann mit ruhiger Stimme sagt: »Mädchen, heirate den Georgier«, dann kann das Leben viel einfacher sein als nach dem Besuch des Psychotherapeuten in Frankfurt-Bornheim. Du bist dann im Einklang mit Gott, mit dem Land und der Familie. Tut mir leid, Italiener. Dem hast du mit deinem Café einfach zu wenig entgegenzusetzen.

Die andächtige Stimmung wird ein wenig gestört, als ein Hochzeitspaar das Kloster betritt. Die Frau ist georgisch schwarzhaarig, langnasig schön, der Mann hingegen sieht eher wie ein Russe aus und hängt dauernd am Handy. Es scheint in Georgien eine Mode zu sein, in Kirchen zu telefonieren. Ist der Empfang hier besser als draußen? Als der Pope den beiden riesige goldene Kronen aufsetzt, sieht die Braut aus wie eine Königin und der Bräutigam wie ein Depp, der beim Fastnachtsumzug das falsche Kostüm gewählt hat.

Ich lasse Salome bei ihrer Familie in Kutaissi zurück. Später werde ich sie in Tiflis wieder treffen. Traurig-fröhlich winkt sie zum Abschied vom chaotisch-hässlichen Busbahnhof in meine vor Menschen und Tüten berstende Marschrutka. Diese Sammeltaxis fahren erst dann ab, wenn sie bis auf den letzten Platz gefüllt sind (und manchmal darüber hinaus). Und so sind Marschrutkafahrten selten vergnügungssteuerpflichtig. Der Nachbar stinkt, die Beine sind eingeklemmt, der Fahrer genervt von all den türkischen LKW, die sich durch die engen Täler und die kleinen Ortschaften quälen. Der nächste Überholversuch, wieder nichts, der Fahrer flucht, hinter der nächsten Kurve wird er es wieder probieren, auch wenn er nichts sieht – was soll's? Der entgegenkommende Wagen muss dann halt ausweichen, die Uhr tickt, Zeit ist Geld für Georgiens letzte Helden. So, wie ihre Vorfahren in feindliche Mongolenheere geritten sind, voll Wagemut, Verbissenheit und manchmal auch Eleganz, werfen sich die Marschrutkafahrer in den Kampf mit den türkischen Lastern, als ginge es um Leben oder Tod.

Es fällt schwer, während eines solchen Höllenritts die vorbeiziehende Szenerie zu genießen: die tiefen Täler, die der Dzirula-Fluss schneidet; die Hügel, rund und dicht wuchernd in allen möglichen Grüntönen, wie Riesenbrokkoli; die alten, faltigen Frauchen und Männlein am Straßenrand, vor sich prall gefüllte und hell leuchtende Obst- und Gemüsekisten, auf Kundschaft wartend. Armes, schönes Georgien!

Endlich erblicke ich die Statue: Der große König David, Herrscher über das größte Georgien, das es je gab, grüßt von seinem Pferd und vom Sockel. Dass er die Hand zum Hitlergruß hebt, sehe ich ihm nach – der wurde schließlich erst 800 Jahre nach seiner Zeit geboren, das konnte er nicht ahnen. Endlich bin ich wieder in der Hauptstadt. Wir waren siegreich, großer König. Wir haben die feindlichen Türkenlaster besiegt, wir haben sie kleingemacht, obwohl sie uns größen- und zahlenmäßig weit überlegen waren.

## *Die Klinik der Jungfräulichkeit*

Kostava-Straße, beste Innenstadtlage. Ich bin ein bisschen aufgeregt vor unserem Besuch beim Arzt. Salome nimmt es hingegen erstaunlich cool, dass sie gleich einem fremden Mann beichten muss, keine Jungfrau mehr zu sein. Alles ist schick in der Empfangshalle: Hochglanzmagazine liegen auf dem Glastisch, an der Wand hängt ein Großbildfernseher mit Werbevideos der kleinen, aber feinen Klinik. Warum bloß lassen die Georgierinnen ihre stolzen Nasen hier klein machen? Mit das Schönste, was sie haben!

Auch lästige Fältchen verschwinden anscheinend spurlos in dieser Klinik. Einfühlsame Weißhemden reden im Film beruhigend auf die Patientinnen ein. Das obligatorische Vorher-Nachher-Bild darf auch nicht fehlen im Filmchen. Das Geschäft mit der Schönheit blüht auch in Georgien.

Eigentlich habe ich fest gehofft, dass ausschließlich entehrte Mädchen mit Jungfernhäutchenwunsch hier auftauchen würden. So muss ich jedes Mal raten: Ist die gerade Hereingekommene wegen ihrer Nase hier, oder sind ihre Probleme weiter unten angesiedelt? Es gibt einen gelangweilten Security-Mann in der kleinen blitzeblanken Halle und eine Empfangsdame, die aussieht, als habe sie selbst bereits diverse Schönheits-OPs hinter sich. Große Lippen, kleine Nase und ihr Ausschnitt lassen das vermuten. Wahrscheinlich zum unschlagbaren Sondertarif, in der Mittagspause, direkt beim Chef.

Wir müssen uns blaue Plastiktütchen über unsere Schuhe ziehen, dann geht es im auf edel verspiegelten Aufzug nach oben, und wieder heißt es Platz nehmen und warten. Wir versuchen, mit einer Nachbarin ins Gespräch zu kommen, doch sie will nicht verraten, warum sie hier ist.

Dann endlich werden wir ins Arztzimmer geführt. Die Georgierin, die ihre Unschuld verloren hat, und der böse Ausländer, der dafür nun finanziell geradestehen muss, das ist unser Spiel. Verdeckte investigative Recherche also.

Der Arzt im grünen Kittel strahlt die Gelassenheit eines Mediziners aus, der nicht auf gesetzlich versicherte Patienten angewiesen ist. Salome schildert ihr Problem. Er sagt »Ach, lassen Sie das doch mit dem Eingriff, Ihr Freund« – er meint mich – »hat ja wohl kein Problem damit.«

Salome deutet an, sie wisse auch nicht genau, ob sie es sich richten lassen wolle, es gehe ja erst einmal um Beratung. »Es kann sein, dass meine Mutter einen Verdacht hegt!«

Es folgen Fragen über bisherige Geschlechtskrankheiten, die Salome allesamt mit »Nein« beantwortet. Tuberkulose? Hepatitis? Salome schüttelt ihren schönen Lockenkopf. Der Arzt nimmt ihren Arm und misst den Puls. »Der ist ziemlich schnell«, meint er. »Ich bin aufgeregt«, erwidert Salome.

Ich will wissen, was der Spaß kostet, und erwarte eine schnelle Antwort. Doch der Jungfernhäutchenspezialist erklärt lang und breit, dass es ganz darauf ankomme. Erstens auf die Qualität des neuen Häutchens. »Es gibt welche, die halten nur zwei Tage – das ist ideal kurz vor der Hochzeit. Es gibt aber auch welche, die halten zwei Wochen, und es gibt welche, die halten vier Wochen.« Aha. »Und dann kommt es auf den Aufwand bei der OP an. Der hängt ganz von der Beschaffenheit Ihres Intimbereichs ab.«

Eine leichte, behende Drehung auf seinem rollenden Schreibtischstuhl, ein Mausklick, und auf dem Computerbildschirm tauchen ungefähr 60 verschiedene vaginale Großaufnahmen auf. Ich muss ein Grinsen unterdrücken, die Lage ist schließlich ernst.

»Ich kann Sie gleich untersuchen und Ihnen sagen, wie aufwendig das bei Ihnen wäre«, wendet der Arzt sich wieder Salome zu, der das Ganze irgendwie Spaß zu machen scheint. Da ist sie wieder ganz die Schafsfellsalome, die sich gern etwas unbedacht in irgendwelche Abenteuer stürzt.

»Muss nicht sein«, raune ich ihr zu, dabei auch an meinen Geldbeutel denkend, denn diese intime Untersuchung ist nicht im Preis für das Beratungsgespräch enthalten. Insgeheim beneide ich den Mediziner ein wenig um seinen Job. Aber den Preis für den Eingriff will ich doch noch wissen, wenigstens den Durchschnittspreis. Dafür haben wir schließlich den ganzen verdeckten Aufwand hier betrieben.

»Also, für ein Jungfernhäutchen mittlerer Qualität und Haltbarkeit müssen Sie so um die 800 Lari rechnen. Der Eingriff dauert in der Regel nicht länger als eine halbe Stunde. Aber – wie gesagt – ich müsste erst mal nachsehen.« Er scheint ganz scharf darauf zu sein, meiner Salome unter den Rock zu schauen. 800 Lari, das sind fast 400 Euro, rechne ich. Bei einem georgischen Durchschnittsgehalt von 100 Euro im Monat ist die Jungfräulichkeit hier also wirklich ein teures Gut.

Ich entrichte meine 40 Lari Beratungsgebühr und bin erleichtert, der Klinik des Schönheits- und Jungfräulichkeitswahns den Rücken zu kehren. »Toll, Salome, du bist eine super Schauspielerin!«

Salome grinst ihr schönstes Grinsen. Es hat ihr wohl wirklich richtig Spaß gemacht.

Wir begießen unseren Rechercheerfolg in der Bar auf dem Dach eines Nobelhotels. Wir sind bester Laune. Ich entdecke eine Flasche Jägermeister hinter einem der Barkeeper und bestelle zwei Doppelte. »Monadiri ostati«, rufe ich, um die georgischen Barkeeper zu beeindrucken. So wie es mir Nora in Berlin beigebracht hat. »Jäger-Meister« – »*Monadiri-Ostati.*« Doch die Barkeeper verstehen nicht, worum es geht. Sie kennen das Getränk nur als »Jagermester« und hatten bis zu diesem Abend keine Ahnung, was dieses seltsame deutsche Wort auf Georgisch bedeutet.

Fröhlich berauscht geben wir uns anschließend das Kontrastprogramm zur schicken Hotelbar. Durch eine dunkle, halb verfallene Unterführung gelangen wir in die Schattenwelt der Hauptstadt: fahles Licht, dunkle Ecken, schummrige Clubs, die man eigentlich nicht betreten möchte. Doch in einem lassen wir uns nieder für einen weiteren Drink. Der große Raum ist mit billigstem Mobiliar bestückt. Die Musik ist laut. Keine georgische – türkische! Schnauzbärtige, wampelbäuchige Männer hüpfen auf der Tanzfläche umher, sie amüsieren sich anscheinend köstlich zu ihren heimatlichen Klängen. An den Tischen sitzen Dutzende schon etwas gealterte Georgierinnen. Doch die Türken himmeln sie an, sie laden sie ein: Trink, Mädchen, trink! Komm mit zum Tanz! Schau her, wie mein Bauch hüpft, mein Hemd kann ihn nicht halten, sieh, das dichte Haar auf meinem Bauch, sieh, mein prächtiger Schnauzer. Und die georgischen Frauen hüpfen missmutig mit. Sie müssen Geld verdienen, sie haben Kinder zu Hause. Komm mit nach draußen, Georgierin. »Es kostet 60 Lari«, sagt sie.

Am darauffolgenden Tag ist es Zeit, Abschied zu nehmen von Georgien – und auch von Salome. Wir essen in einem kleinen Altstadtcafé. Das letzte Chatschapuri.

»Salome, du warst eine großartige Reisebegleiterin! Wir haben so viel zusammen erlebt. Wir haben geraubte Frauen getroffen, eine wilde Hochzeit in Kutaissi gefeiert, und wir waren in der Jungfernhäutchenwiederherstellungsklinik. Salome, *madloba*!« Ich überreiche Salome ein Päckchen. Darin ein roter Hut, den sie gleich aufsetzt. Ihre wilden Locken preschen herrlich darunter hervor. Rot ist Salomes Farbe.

»Eine Frage habe ich noch, Salome – darf ich? Wieso hast du auf deiner Facebookseite ein Nacktbild von dir?«

»Das bin nicht ich!« Salome errötet. »Das ist eine Freundin von mir. Eine andere Salome.«

Eine Sängerin in grünem Kleid begleitet unser letztes Essen mit *»Let's do it, let's fall in love«*. Sie swingt sehr gekonnt in Begleitung eines Keyboards.

In einer musikalischen Pause gehe ich noch einmal rasch auf Toilette. Ich stoße die Tür auf – da sitzt die Sängerin in ihrem eleganten, aber hochgezogenen grünen Kleid auf dem Männerklo und stößt einen Schrei aus. So schnell kann ein Zauber zerstört sein …

Salome überreicht mir eine große Tüte voller Alutschas, den grünen, sauren Früchten. »Du denkst ja wirklich an alles, Salome!« Die Alutschas für die Tochter unseres Fahrers im Kaukasus – das hätte ich glatt vergessen.

Ich nehme ein Taxi zum Flughafen. Kurz vorm Terminal steht ein riesiges Werbeschild quer über der Straße, Weiß auf Grün: *Heidelberg Cement*. Vom Flugzeug aus sehe ich noch einmal auf die beeindruckenden Kaukasusriesen herab. Da unten laufen also immer noch Brauträuber herum. Ich finde das nach wie vor unglaublich. Ebenso wie den Spannungsbogen zwischen Vergangenheit und Moderne: Einerseits hat die orthodoxe Kirche immer mehr Einfluss auf das Liebesleben der Georgier, andererseits kann sich das Land dem Einfluss der Globalisierung natürlich nicht entziehen. Ich muss an Anna denken, die sich zwischen dem Italiener und dem georgischen Jugendfreund entscheiden musste, den sie nur dank des Internets wiedergefunden hatte.

Ich treffe sie im Terminal A des Frankfurter Flughafens. »Hallo, Anna. Herzliche Grüße von deinem Vater. Er hat uns hoch nach Uschguli gebracht.« Ich überreiche ihr die Tüte mit den Alutschas und hoffe, ich kann mich noch ein bisschen mit ihr unterhalten.

»Danke!« Sie schaut mir nicht in die Augen. Eine schüchtern wirkende Frau. Sie erinnert mich an die jungen Damen, die ich am ersten Tag in Tiflis auf dem Weg zur Kathedrale gesehen habe. »Ich muss gehen. Danke noch mal!« Hat sie Angst, ich könnte die Obstübergabe dazu nutzen, sie in den Taunus zu entführen …?

# *KOLUMBIEN*
## *Ohne Titten kein Paradies?*

Ich bin zurück in Berlin. Angeblich ist Sommer – wieder so ein Sommer, in dem ich mit Jack Wolfskin vor der Tür des Frida Kahlo sitze. 14 Grad. Im August!

Wärme strömt nur aus dem Innenraum des Cafés. Von einer Wand lächelt mich Frida an. Was für eine Frau! Lange, dunkle Haare, kräftige Augenbrauen – viel besser als diese blonden Fräuleins mit gezupftem, dünnen Strich, die mir gerade völlig gegen selbigen gehen. Vor mir liegt die Speisekarte. Auch von ihr lächelt mir die Mexikanerin mit den wild wuchernden Brauen entgegen.

Ich bestelle eine Tortilla. »Na, schmeckt's?« Stephan steht vor mir, ein Journalistenkollege, zwischen seinen Beinen der Drahtesel, auf dem hinten vom Kindersitz ein süßes Lockenknäuel hervorblinzelt: seine Tochter Estefania. Ich hatte ihn herbestellt.

»Setz dich, Amigo!«, biete ich an. »Ich habe ein paar Fragen zur Liebe in Lateinamerika.«

Stephan grinst, was drollig bei ihm aussieht. Er hat rote Haare und kleine, abstehende Ohren, die sich durch das Verziehen der Mundwinkel vom Schädel abzusetzen scheinen. »Was willst du denn wissen?«, fragt er.

»Du bist doch mit einer Latina verheiratet, oder?«

»Na und?«

»Unser Kollege Guido hat mir erzählt, dass deine Frau eine junge, attraktive Schwarze ist.«

Stephan rollt genervt mit den Augen. »Mir geht dieses Gerede ganz schön auf die Nerven. Claudia ist zwölf Jahre jünger als ich. Ich bin 45, sie ist 33. Ist das so schlimm?«

»Nein, ist es nicht. Das wusste ich auch gar nicht. Weißt ja, wie die Kollegen so reden.«

»Die Kollegen können mich mal. Da denkst du, Journalisten

sind liberal und tolerant. Und dann fallen Bemerkungen wie: ›Du bist ja jetzt Papa von einem kleinen Schokostar‹ oder ›Na, wie war's im Urwald?‹«

Tja, der kleine, versteckte Rassismus, der in manchen von uns schlummert. »Tut mir leid, Stephan. Hauptsache: Ihr seid glücklich.«

Wieder versuchen Stephans Ohren wegzusegeln, so breit grinst er jetzt. »Es läuft super. Ich war nie so glücklich wie heute.« Es ist Stephans zweite Ehe. Die erste war ein Desaster. »Wir verstehen uns einfach sehr gut. Ich kann mit Claudia über alles reden. Und ihr Deutsch wird auch von Tag zu Tag besser.«

Frida Kahlo lacht uns weiter von der Wand entgegen. Die Bedienung, wohl auch eine Latina, kommt an den Tisch.

»Was willst du trinken, Stephan? Ich lad dich ein.«

»Hab nicht viel Zeit. Muss mit Estefania zum Arzt und dann zur Arbeit. Ich trink nur 'nen Milchkaffee.«

»*Un café con leche* für den Señor!«, rufe ich der Bedienung zu. Schade eigentlich, dass man mit Spanischkenntnissen heute niemanden mehr beeindrucken kann. Vor 20 Jahren war Spanisch noch etwas Exotisches. Heute hört man es an fast jeder Straßenecke, zumindest in Berlin. Trotzdem honoriert die Bedienung meinen Versuch mit einem anerkennenden Lächeln und lässt es schäumen hinterm Tresen.

Stephan und Estefania, die inzwischen bei Papa auf dem Schoß sitzt, blicken mich mit großen Augen an. Ich habe selten so ein hübsches Kind gesehen wie Stephans dreijährige Tochter. Ein Sachse und eine dunkelhäutige Kolumbianerin – das scheint zumindest genetisch schon mal eine gute Kombination zu sein.

»Ich will wissen, wie die Liebe in Lateinamerika funktioniert.«

Stephan zieht die Augenbrauen so zusammen, dass sie sich fast berühren wie bei Frida an der Wand. »Kannst du das ein wenig konkretisieren? Um was geht es? Sex?«

Ich lache. »Na, vielleicht auch ein bisschen um Sex. Ich will aber vor allem ergründen, was Machos sind. Und wie sich die Liebe verändert in Zeiten der …«

»Eine Cola und ein *café con leche* für die Señores«, unterbricht die Bedienung unser Gespräch.

»… in Zeiten der Globalisierung.«

»Dann musst du hinfahren«, meint Stephan.

»Genau darüber wollte ich ja mit dir reden. Welches Land hältst du für das interessanteste in Südamerika?«

»Kolumbien natürlich!«

»Weil deine Frau von dort kommt?«

»In Kolumbien hast du alles: zwei Meere, nämlich Pazifik und Karibik! Urwald und Hochgebirge. Du findest dort Mestizen, Schwarze und Indigene.«

»Und Krieg und Frieden«, füge ich hinzu. »Ist Kolumbien nicht gefährlich?«

Stephan grinst wieder sein ohrales Grinsen. »Das kommt darauf an, wie du dich verhältst. Wenn du zur Guerilla in den Urwald fährst, ist das natürlich riskant. Es sei denn, du bist Gefahrensucher oder so.«

Ich zucke mit den Schultern. Vielleicht war ich das ja?

Im Ernst, Peter: Kolumbien ist das vielfältigste Land des Kontinents. Wir verbringen übrigens den Dezember wieder in Cartagena. Dann könnten wir uns dort treffen. Wunderschön. Karibik-Feeling pur! Und ich kann dir noch ein paar interessante Leute vorstellen.«

Ich fische einen Eisklumpen aus meiner Cola. Bei 14 Grad braucht man keine zusätzliche Kälte. »Der Würfel ist gefallen«, meine ich schmunzelnd und zeige auf das zersplitterte Eis auf dem Boden. »Ich fliege nach Kolumbien.«

Wenige Wochen später: Ein Anflug von Panik beim Anflug auf Cali. Da war doch was. Eine der gefährlichsten Städte der Welt, oder? Sitz des Cali-Kartells. Kokain, Kampf, Krieg.

Und Kaffee. Aus der Luft blicke ich erst einmal auf riesige Kaffeeplantagen hinunter. Saftig grün leuchtet das Land unter mir. Die Gegend um Cali ist die Kaffeekammer Kolumbiens.

Doch um den Kaffee soll es ja nicht gehen. In Georgien habe ich einiges herausgefunden über Brautraub und Jungfräulichkeit. Hier in Kolumbien will ich vor allem dem Schönheitswahn der Frauen und dem Machismo nachspüren.

Ich frage mich: Was ist das überhaupt, Machismo? Die *»durch starke Überlegenheitsgefühle und Herrschaftsansprüche gegenüber der Frau gekennzeichnete Einstellung des Mannes«*, wie ich es mal in einem Lexikon gelesen habe? Ist das alles? Gehören da nicht zwei dazu? Oder sogar eine ganze Gesellschaft, die das akzeptiert?

Wie wirkt er sich aus in einem Land wie Kolumbien, der Machismo? Bedeutet es, dass die Männer tun und lassen können, was sie wollen, und die Frauen leiden? Lassen die sich auch deshalb massenhaft Brüste und Pobacken machen, weil die Männer das einfordern? Und warum finden weiße Männer die Latinas so attraktiv, so sexy? Hat das auch etwas mit Machismo zu tun? Und was wird aus dem Machismo in Zeiten des Computers? Ist er auf dem Rückzug? Unzeitgemäß? Ist der »Macho«, also der Bock, ein aussterbendes Tier?

In diesem Moment setzt die Maschine sanft auf. Ich bin in Cali.

## *Salsa in Cali*

Warum schaut mich die Frau so lange an? Immer wieder blickt sie runter auf meinen Pass. Dann wieder hoch zu mir. Stimmt etwas nicht?

»Was wollen Sie in Kolumbien, Señor?«

»Reisen, mir Land und Leute ansehen. Vielleicht ein bisschen Salsa tanzen.«

Jetzt lächelt die schwarze Zollbeamtin. »Können Sie denn Salsa?«

»Nicht besonders.«

»Geben Sie mir mal Ihre Finger!«

Was will sie? Mich zu einem Tänzchen auffordern? Hier am Flughafen?

»So, und jetzt hier drauf.« Sie legt meine Hand auf ein Lesegerät. Es macht Piep. »Willkommen in Kolumbien!« Lächelnd gibt mir die Beamtin meine Papiere zurück. So nett bin ich selten durch eine Passkontrolle gekommen.

Draußen vor dem Terminal flimmert die Hitze. Eine Obstverkäuferin sitzt hinter einem riesigen Berg von Mangos und vertreibt mit einem Fächer lästige Fliegen. »*A la orden!*«, sagt sie. »Zu Befehl!«

Ich bin irritiert. Klingt militärisch. Ist das eine Einladung zur Mangoschlacht? Ich beiße zu. Der süße Saft umschmeichelt meinen Gaumen. Noch nie habe ich eine solch aromatische Mango gegessen.

Ich steige in den Bus Richtung Zentrum. Das Grün der Kaffee- und Bananenplantagen leuchtet wie eine Ansammlung Tausender Neonröhren. Dazwischen erstrecken sich saftige Weiden mit gemütlich grasenden braunen Rindern. Alles wirkt ein wenig afrikanisch. Auch die Menschen am Straßenrand: Die meisten sind schwarz. Sie strahlen großes Körperbewusstsein aus, selbst diejenigen, die nach unseren Maßstäben zu viel auf den Rippen haben, so als würden sie sagen: »Ja, schau her, das ist mein Körper. Und er ist gut. Er ist schön, so wie er ist.« Ganz anders als die geduckten Georgierinnen.

Eine schwarze Oma von vielleicht 65 Jahren rauscht mit roten Schuhen und hohen Absätzen auf einem Moped am Bus vorbei, ganz aufrecht, das Kreuz durchgedrückt wie eine Turnerin auf dem Balken. Absolut filmreif.

Ich steige im Viertel San Antonio aus, gehe ein paar Straßenecken weiter und finde mich dann vor der Pension wieder, die mir mein Reiseführer empfohlen hat. »Casa Café« steht in geschwungener Schrift, blau auf weiß, an der Wand des alten Kolonialhäuschens. Eine hübsche Frau, die auch Französin sein könnte, schaut durch die vergitterte Tür. Ich schätze sie auf Anfang 30. »Zu Befehl«, sagt auch sie, schaut dabei aber so freundlich, dass mir die Vorstellung schwerfällt, mit ihr in eine Schlacht zu ziehen.

»Haben Sie ein Zimmer frei?«

Sie öffnet die Tür. »Willkommen. Schauen Sie sich um.«

Die Treppe knarzt. Oben unterm Dach gibt es drei geräumige Zimmer. Ich fühle mich gleich wie zu Hause.

»Mögen Sie einen Kaffee?«, ruft die Chefin von unten. Und ob! Ich gehe runter ins Café und stelle mich vor.

»Ich heiße Silvia«, erwidert sie und stellt mir eine Tasse duftenden Kaffee auf den kleinen Holztisch. Durch die vergitterten Fenster weht eine frische Brise in den Raum, der sehr gemütlich wirkt mit den Holzdielen und den bunten Kacheln an den Wänden.

»Das ist der beste Kaffee, den ich je getrunken habe! Was für ein Aroma!«, rufe ich zu Silvia herüber. Ich komme mir vor wie in einem Jacobs-Werbespot. Die Krönung: Alles hier ist echt.

»Bin ich der einzige Gast?«, frage ich nach.

»Es wohnt noch ein Argentinier oben. Schon seit einem halben Jahr.«

Ich schaue mich im Raum um. Ein paar Plakate weisen auf Konzerte und Lesungen hin, die hier stattfinden.

»Das ist meine Mission«, sagt Silvia, die meinen aufmerksamen Blick registriert hat. »Ein bisschen Pension, ein bisschen Café – und viel Kultur.«

»Kannst du davon leben?«

»Ich werde nicht reich. Aber ich habe immer zu essen und zu trinken.« Silvia hebt demonstrativ ihre Kaffeetasse hoch. Sie sitzt entspannt an einem anderen Tisch und hatte wohl gerade in einem Buch gelesen, als ich kam.

»Gutes Buch?«, frage ich.

Sie hebt es hoch. »Ein Klassiker. *Die Liebe in den Zeiten der Cholera*. Von unserem nationalen Helden García Márquez.«

Ich schmunzle. Das Buch habe ich auch im Reisegepäck. »Bewegende Geschichte«, meine ich. »Ganz schön romantisch.«

Silvia lächelt herüber. »Schade, dass es so etwas nicht mehr gibt heutzutage«, meint sie.

»Dass es was nicht mehr gibt?«

»Die ewige Liebe. Bis zum Tod.«

»Glaubst du wirklich?«

»Ich weiß es nicht. Ich versuche es herauszufinden.« Nun lacht sie sehr offen und zeigt zwei Reihen Zähne, weiß wie aus der Zahnpastawerbung. »Auf jeden Fall haben die Leute in Kolumbien heute nicht mehr viel Geduld miteinander«, fährt sie fort. »Sie verlieben sich. Sie trennen sich. Dann kommt schon wieder der Nächste. Das war zu Zeiten der Cholera noch anders.« Silvia hebt wieder leicht das Buch an, von dessen Lektüre ich sie gerade abhalte.

Ich frage nach einem weiteren Kaffee. »Zu Befehl«, erwidert sie.

Ich muss lachen. »Was soll das immer mit dem ›Zu Befehl‹?«

»Wir sprechen in Kolumbien ein altmodisches Spanisch mit Ausdrücken, die es in anderen Ländern gar nicht mehr gibt.«

»Na ja, das passt ja auch irgendwie«, meine ich. »Ihr lebt hier ja immer in einer Art Kriegszustand, oder?«

»Das stimmt. Aber die Guerilla ist mittlerweile in entlegene Urwaldgebiete abgedrängt. In Cali kriegst du davon kaum noch etwas mit.«

»Und was ist mit Kriminalität?«

»Das Viertel hier, San Antonio, ist relativ sicher. Im Zentrum musst du aufpassen, vor allem nachts!«

»Besteht die Gefahr, dass man mich als Geisel nimmt?«

»Bist du reich oder berühmt?« Silvia schaut mich an, als würde sie sich ein bisschen lustig machen über meine Sorge.

»Nein.«

»Dann sollte dir nichts passieren. Aber pass trotzdem immer schön auf.«

Ich leere meine Tasse und trete hinaus vor die Tür. Es ist später Nachmittag, angenehme 25 Grad. In einem Türrahmen steht ein junger Schwarzer. Ich höre ein Klacken und vermute, es könnte ein Klappmesser sein. Bin ich paranoid? Ich gehe schnell weiter …

In einem kleinen Lokal lasse ich mich nieder. Hier sehen die Leute ganz normal aus. Fast ein bisschen alternativ, so wie in Kreuzberg. Eine große, dicke Schwarze grillt Würstchen und Käsescheiben. »Zu Befehl, der Herr«, strahlt sie mich an. Bier gibt es keins, also nehme ich eine Cola, dazu würzigen Käse. Schmeckt klasse.

Ein schmächtiger Mann in Stoffhose, Hemd und Krawatte, das Haar hinten etwas länger und leicht angegraut, taucht auf. »Ich habe eine vierjährige Tochter, das Leben ist teuer«, ruft er in die kleine Runde der vielleicht 20 Gäste. Dann beginnt er zu singen. Von der *»fuerza del amor«*, der Kraft der Liebe. Doch die Töne trifft er kaum. Die jungen Frauen am Nachbartisch spenden trotzdem Applaus und schieben ihm ein paar Scheine zu. Er kommt an meinen Tisch. »Zu Befehl!« Ich komme mir vor wie ein Großgrundbesitzer, der Almosen gibt, und drücke ihm 1000 Pesos in die Hand – rund 40 Cents. Ich bin erst einmal erleichtert, dass hier von der Liebe gesungen und nicht geschossen wird.

Eine mindestens 70-jährige Frau erscheint, leicht gebückt mit großen Taschen in beiden Händen. Sie packt ein beeindruckendes Sortiment von Nüssen aus, alle in kleine Plastiktütchen verpackt. Ihr Gesicht ist pechschwarz und kontrastiert stark mit dem schlohweißen Haar. Auch aus ihrem Kinn sprießt das ein oder andere lange weiße Haar. Sie strahlt die Würde einer alten Dame aus, die genug erlebt hat, um sich vor niemandem wegen irgendetwas schämen zu müssen.

»Magst du Nüsse?«, fragt sie mich mit einem überaus warmen Blick. Um ihre braunen Pupillen zeichnen sich blaue Ringe ab, wie man es öfter bei alten Schwarzen sieht. »Sie sind gut für dich. Auch für die Liebe!« Die Alte stößt ein heiser-herzliches Lachen aus. Zähne zum Knacken von Nüssen hat sie keine mehr. Ich gebe ihr einen 5000-Peso-Schein, und sie kramt in einer ihrer großen Taschen und steckt mir als Rückgeld ebenfalls einen Schein zu: die Fälschung einer 10 000-Dollar-Note. »Das möge dir Glück bringen in Kolumbien«, sagt sie mit eindringlicher Sanftheit.

Bevor es finstere Nacht wird in San Antonio, laufe ich lieber zurück zum Casa Café. Ich habe einen ersten Eindruck bekommen: Die Menschen in Cali scheinen unglaublich warmherzig. Das hatte ich nicht erwartet in dieser angeblichen Gewaltmetropole.

Meine Gastgeberin hat Besuch von einer Freundin. Sie trinken ein Bier zusammen und hören Jazz. »Magst du auch ein Bier?«, fragt Silvia mich.

Ihre Freundin ist eine schwarzhaarige Frau Mitte 30 – eine Mestizin, die auch locker als Spanierin durchgehen könnte. Beide sind ganz leicht beschwipst. »Das ist Paola«, stellt die Gastgeberin ihre Freundin vor. Paola prostet mir zu. »Komm doch zu uns an den Tisch.« Ich merke, wie ich erröte. Und ärgere mich, als ich es bemerke.

»Was machst du in Kolumbien?«, fragt mich Paola.

»Ich reise und beobachte«, antworte ich etwas verschrobelt.

»Was beobachtest du?« Paola scheint zu den Frauen zu gehören, die es genau wissen wollen. Aber ich habe ja nichts zu verlieren.

»Ich bin auf Spurensuche in Sachen Liebe.«

»Interessant! Vielleicht können wir dir helfen.« Paola und Silvia lachen. Es ist aber kein unanständiges Lachen, auch kein spöttisches. Einfach nur ein Lachen.

»Meine Freundin Paola ist Soziologin«, meint Silvia. »Sie weiß fast alles!« Wieder lachen die beiden leicht angetrunkenen Frauen. Dieses Mal lache ich mit.

Ich frage Paola, was sie unter »Machismo« versteht. Sie kann tatsächlich in einer Sekunde den Hebel von lustig auf seriös umlegen und antwortet fast wie bei einem Referat an der Uni: »Ich sehe den Macho als einen Mann, der sich selbst überschätzt. Seine Grundhaltung ist von Überheblichkeit geprägt. Übrigens nicht nur gegenüber Frauen. Er ist auch herablassend gegenüber anderen Männern, gegenüber Tieren und der Umwelt.«

»Und finden Frauen nicht gerade das attraktiv?«

Paola denkt kurz nach. »Bis zu einem gewissen Grade schon. Denn der typische Macho ist am Anfang einer Beziehung ein großer Charmeur und Verführer. Aber auf Dauer lässt es sich schwer aushalten mit so einem Kerl.« Sie nimmt einen Schluck aus ihrer Bierflasche. »Machos sind einfach Egoisten. Viele Männer hier schlagen ihre Frauen. Die denken, sie dürfen das, weil Frauen in ihren Augen ja minderwertig sind.«

Silvia schaut zu Paola hinüber und meint: »Der Macho kennt keine Treue. Er vögelt mit jeder, die er kriegen kann.« Jetzt schauen beide plötzlich ziemlich ernst drein.

Ich habe das Gefühl, dass sie sich gerne noch ein wenig allein unterhalten wollen. Vielleicht haben sie gerade Probleme mit untreuen Machos. Ich ziehe mich in meine Kammer auf den Dachboden zurück und lese dort ein bisschen in *Die Liebe in den Zeiten der Cholera*. Der Held ist gerade in der Mitte des Lebens angelangt. Er schaut in den Spiegel und stellt fest, dass er inzwischen seinem Vater ähnlich sieht. Nun hat er Gewissheit, dass er kein junger Mann mehr ist.

Ich lege mich ins Bett. Von unten dringen Silvias und Paolas Stimmen durchs Haus. Ich schlafe unruhig. Ein heftiges Gewitter über Cali weckt mich immer wieder auf.

Am nächsten Morgen fühle ich mich wie verkatert. Ein guter Kaffee weckt meine Lebensgeister. »Danke, Silvia!«

Silvia sieht ziemlich mitgenommen aus. Vermutlich hat sie in der Nacht noch einige Biere mit Paola getrunken. Trotzdem ringt sie sich zu einem müden Lächeln durch. »Immer zu Befehl, der Herr!«

Wie immer, wenn ich in einer fremden Stadt bin, erlaufe ich mir erst einmal die Umgebung – in Cali besonders vorsichtig, stets darauf gefasst, dass Diebe, Räuber, Geiselnehmer, Drogenbarone oder gar Mörder meinen Weg kreuzen könnten.

Nach dem Überqueren der ersten großen Straße zeigt Cali seine hässliche Seite. Hochhäuser stehen wie quer im Weg herum, Brücken über den Fluss sind gesperrt und dienen als Parkplatz. Alles wirkt verwahrlost und heruntergekommen.

Ich will das festhalten. Kann ich meine Kamera hier aus dem Rucksack nehmen? Ich schaue mich vorsichtig um: Ich befinde mich auf einem Grünstreifen am Ufer des Flusses. Kein Mensch ist in unmittelbarer Nähe. Rucksack auf, die Kamera raus, das Objektiv in Richtung Fluss.

Da trifft mich ein Schlag. Ich sinke zusammen. Im ersten Moment denke ich an die Guerilla. Doch neben mir auf dem Boden liegt lässig eine aufgeplatzte Mango, die offenbar auf äußerst heimtückische Weise vom Baum gefallen ist, direkt auf meinen Schädel. Mango, Mafia, Macho – Ma-ma-ma … Noch benommen vom Angriff der Frucht, schießen absurde Assoziationen durch meinen lädierten Kopf.

Aus Rache beschließe ich, mir am nächsten Stand eine aufgeschnittene, sehr saftig erscheinende Mango zu kaufen. »Mit Salz und Zitrone?«, fragt der Verkäufer so selbstverständlich, dass ich bejahe. Meine Schleimhäute ziehen sich erschrocken zusammen: scheußlich! Warum streuen die Kolumbianer bloß Salz auf süße Früchte? Was sagt das aus über ihren Volkscharakter? Mein Verhältnis zu Mangos ist fortan nachhaltig gestört.

Ich laufe weiter und gelange auf die Plaza de los Poetas, den

Platz der Dichter. Hier sitzen ein Dutzend Herren in weißen Hemden und hämmern auf Schreibmaschinen ein. Daneben sitzen ihre Kunden, Menschen, die offizielle Briefe an Behörden schreiben müssen und offenbar noch keinen Computer zu Hause haben. Oder vielleicht gar nicht schreiben können. Ich bin gerührt und denke an den Helden aus *Die Liebe in den Zeiten der Cholera*, der Liebesbriefe für weniger poetisch begabte Männer verfasste.

Mir ist, als sei ich um 50, 60 Jahre zurückversetzt. Der Anblick der Schreibmaschinenschreiber im Computerzeitalter rührt mich. Vielleicht, weil ich selbst noch das Zehnfingerschreiben auf einer Olympia erlernt habe. Die war im Gegensatz zu den Geräten hier aber immerhin schon elektrisch!

Eine hübsche Frau kommt auf mich zu und drückt mir einen Zettel in die Hand. »Maniküre, Pediküre, Massage.« Tja, denke ich, und dann sitzt plötzlich statt der Masseurin ein Guerillero auf dir drauf, fesselt dich und verschleppt dich in den Urwald. »Vielen Dank, vielleicht ein anderes Mal!«

Sie lässt aber nicht locker und schaut mich treuherzig an. »Was machst du hier?«, fragt sie.

»Ich recherchiere. Ich bin Autor aus Deutschland.«

»Oh, dann musst du heute Abend auf die Eröffnung der Filmfestspiele gehen!«

»Filmfestspiele? Hier in Cali?«

»Ja! Komm, ich bringe dich in das Organisationsbüro.«

»Ist das weit?« Ich habe immer noch Angst, meine Entführung könnte kurz bevorstehen.

»Gleich da vorn, in dem braunen Gebäude. Ich bring dich hin.«

Ich folge Ximena – so heißt die Spa-Frau – an Sicherheitskontrollen vorbei in das Kulturamt der Stadt. Über lange Flure gelangen wir zum Pressechef des Filmfestes, der mir eine Akkreditierung aushändigt. »Kommen Sie heute Abend zur Eröffnung«, ruft mir seine Assistentin noch nach. »Ziehen Sie sich aber einen Anzug an!« Stimmt, ich sehe ein bisschen abgerissen aus.

Ximena scheint mich trotzdem zu mögen. Sie ist 38, wie sie mir sagt. Ich vermute, dass sie Single ist, denn freimütig erklärt sie, sie komme mit den meisten kolumbianischen Männern nicht zurecht. »Die Männer hier machen immer nur, was sie für richtig halten. Sie nehmen keine Rücksicht auf die Frau. Sie gehen fremd. Sie schlagen dich.«

»Aber es sind doch nicht alle so, oder?«

»Es gibt Ausnahmen. Am Anfang sind die meisten sowieso sehr charmant. Sie führen dich aus zum Tanzen, schenken dir Blumen. Aber nach wenigen Monaten zeigen sie ihr wahres Gesicht. Dann gibt es kaum noch Komplimente, und der Mann lässt sich gehen.«

Ich verabrede mich mit Ximena für das Filmfestival am Abend. Nachdenklich laufe ich zurück nach San Antonio. Gilt das, was Ximena über kolumbianische Männer gesagt hat, nicht auch für viele Deutsche? Die Leidenschaft, die Komplimente, lässt das nicht bei fast jedem Mann irgendwann nach? Ich kenne das doch von mir. Was unterscheidet den westlichen Mann vom Latino? Ist es vielleicht nur ein gradueller Unterschied? Zum Beispiel abhängig vom Bildungsstand des Mannes? Immerhin aber ist Gewalt gegenüber Frauen in Deutschland mittlerweile gesellschaftlich nicht mehr akzeptiert. Anders als offenbar in Kolumbien.

Im Casa Café angekommen, checke ich meine Mails. Post von einer Olga. »Ich habe deine Adresse von Stephan bekommen. Seine Frau ist eine gute Freundin von mir. Er meint, ich könnte mich ein bisschen um dich kümmern, wenn du in Cali bist.«

Das ist ja großartig! Ich wähle Olgas Nummer. Sie antwortet in ausgezeichnetem Deutsch. »In einer Stunde bin ich bei dir in San Antonio.«

Genau 60 Minuten später tritt Olga durch den Eingang der Pension und begrüßt mich so herzlich, als seien wir alte Freunde.

»Wieso sprichst du so gut Deutsch?«, frage ich sie.

Olga lächelt. Sie hat offenbar eine ganz sanfte Art. Sind denn alle kolumbianischen Frauen dermaßen warmherzig? »Ich war sechs Jahre mit einem Deutschen verheiratet. Einem Ingenieur. Ich habe mit ihm in Berlin und in der Schweiz gelebt.« Sie lächelt weiter, obwohl ich ihr anmerke, dass da ein dunkler Teil ihrer Geschichte berührt wird.

Ich will nicht in alten Wunden bohren und bestelle bei Silvia zwei *cafés con leche*. Olga ergreift die Gelegenheit und wechselt das Thema. »Stephan hat geschrieben, dass du alles über die Liebe in Kolumbien herausfinden willst.«

»Exakt!«

»Was genau willst du wissen?«

»Na, zum Beispiel: Was ist der Unterschied zwischen Deutschland und Kolumbien in Beziehungsdingen?«

Olga schaut mich sanft an. »Verliebt sein ist überall auf der Welt dasselbe. Glaubst du nicht auch?«

»Ja, wahrscheinlich schon.«

»Was anders ist, sind die Umgangsformen, das Temperament, die Regeln der Gesellschaft.«

Ich nicke.

»Der kolumbianische Mann ist viel anhänglicher als der Deutsche. Er will dich besitzen und kontrollieren.« Olga sieht dabei nicht so aus, als fände sie das abstoßend. »Er ist viel romantischer.«

Silvia bringt zwei Tassen Milchkaffee. »Machst du schon wieder Machotalk?«, wirft sie mir scherzhaft zu.

»Nein, wir sind noch bei der unterwürfigen Latina«, gebe ich zurück und versuche dabei, ganz seriös zu schauen.

Beide brechen in Lachen aus. »Ihr im Westen habt wirklich ein lustiges Bild von der Latina«, meint Silvia. »Wir tun doch einfach nur so, als wären wir die Schwächeren. Wir sind gute Schauspielerinnen. In Wirklichkeit haben wir die Hosen an!«

Ich schaue an ihrem schlanken Körper hinunter und entdecke dort statt einer Hose einen recht kurzen Rock. »Jedenfalls habt ihr weniger Probleme damit, eure Weiblichkeit zur Schau zu stellen!«

»Ja, die deutschen Frauen sind schon etwas zugeknöpft«, pflichtet Olga bei. »Aber nicht alle.« Dann zischt sie mir zu. »Zum Beispiel die Sekretärin, die mir meinen Mann ausgespannt hat. Die Schlampe!«

Ich bin überrascht, dass Olga auch böse werden kann. Doch als sie den ersten Schluck Kaffee intus hat, klingt sie wieder versöhnt. »Außergewöhnlich gut, dieser *café con leche*. Bravo!«

»Seit wann lebst du wieder in Kolumbien?«

»Seit fünf Jahren.«

»Wo wohnst du denn?«

»Etwas außerhalb des Zentrums. Zusammen mit meiner Mutter. Es ist sehr schön da. Du musst mal vorbeikommen.« Sie streicht mir freundschaftlich über den Arm. Welche Vertrautheit nach zehn Minuten. Irritierend.

»Ein großer Unterschied zwischen Deutschland und Kolumbien ist das Finanzielle«, fährt Olga fort. »Diese Denkweise in Deutschland –, ›Das ist mein Auto und das ist deins‹ –, das ist für kolumbianische Paare undenkbar. Ein Ehevertrag, in dem vorher festgelegt wird, was wem im Falle einer Trennung gehört, so etwas gibt es bei uns nicht. Paare betrachten ihre Liebe hier als ein Projekt, in dem man alles teilt. Geld und Besitz spielen erst mal keine Rolle.«

Im Hintergrund des Casa Café läuft sanfter Jazz. Durch die offenen Fenster streicht eine frische Brise ins Haus.

»Deutschland ist dafür viel offener«, fährt Olga fort. »In Kolumbien reden Eltern mit ihren Kindern nicht über Sex, das gehört sich nicht. Die Kinder leben außerdem im Elternhaus, bis sie heiraten oder eine feste Arbeit haben. Also oft, bis sie 23 oder 24 sind. Es ist aber undenkbar, dass deine Freundin im Haus deiner Eltern übernachtet! Wir sind dem Thema gegenüber also viel verschlossener als ihr in Deutschland.«

»Bedeutet das auch, dass viele Frauen noch Jungfrau sind, wenn sie in die Ehe gehen?«

Olga lacht. »So gut wie keine Braut ist am Tag ihrer Hochzeit noch Jungfrau. Im Gegenteil: Die jungen Leute sammeln hier sehr früh sexuelle Erfahrungen. Heutzutage oft schon mit zehn, elf Jahren.«

So früh? Das überrascht mich dann doch. Schließlich ist Kolumbien ein katholisches Land.

»Der Einfluss der katholischen Kirche ist groß in Kolumbien«, meint Olga, »doch bei der Sexualmoral spielt die Meinung der Kirche kaum noch eine Rolle. Das war in der Generation meiner Eltern noch anders. Für die Jugendlichen ist der Einfluss aus den USA heute viel bedeutsamer.«

»Aus den USA?« Ausgerechnet der große ungeliebte Bruder im Norden?

»Ja. Zum Beispiel in der Musik. Es gibt doch Songs, die dich direkt dazu einladen, mit der Sexualität zu experimentieren. Schau dir die ganzen Musikvideos an, die vor erotischen Andeutungen nur so sprühen. Aber bei uns gibt es das auch. Wir haben einen Tanz, der ›*El choque*‹ heißt. Die Bewegungen simulieren ganz eindeutig den Geschlechtsakt.« Olga leert ihre Tasse. »Wirklich ungewöhnlich lecker! Selbst für kolumbianische Verhältnisse. Nehmen wir noch einen?«

Ich schaue auf die Uhr. »Ich bin beim Filmfestival akkreditiert. Möchtest du vielleicht mitkommen?«

Wir verabschieden uns von unserer erstklassigen Kaffeekocherin. »Das war wirklich der beste Kaffee meines Lebens!« Silvia lächelt.

Ich laufe mit Olga Richtung Zentrum. »Wieso heißt du eigentlich Olga? Klingt nicht sehr kolumbianisch.«

»Mein Vater war Fan einer sowjetischen Schwimmerin bei den Olympischen Spielen in München. Da kam ich auf die Welt – und hieß Olga.«

Jetzt weiß ich auch, wie alt Olga ist. »Und was arbeitest du?«

»Ich bin Sozialarbeiterin. Wir kümmern uns um Kinder aus schwierigen Verhältnissen.«

»Welche Probleme sind hier denn typisch?«

»Die traditionellen Familienstrukturen lösen sich langsam auf in Kolumbien. Wir haben mehr Scheidungen als früher. Oft kümmern sich die Eltern dann auch nicht mehr um die Kinder.«

»Traurig. Das ist ja wie bei uns in Deutschland.«

»Es ist viel fataler. Es gibt hier nämlich kaum Freizeitangebote für Jugendliche. Die hängen alle auf der Straße rum. Drogen sind ein Riesenproblem. Und ungewollte Schwangerschaften. Unglaublich viele junge Mädchen im Alter von 13, 14 oder 15 kriegen Kinder oder treiben ab.«

»Sex scheint hier ja eine große Rolle zu spielen.«

Olga lacht. »Ja! Und das hat auch schöne Seiten. Die Menschen hier flirten sehr gern. An jeder Ecke rufen dir die Männer Komplimente zu. In Deutschland kannst du darauf lange warten.«

Wir betreten das Kulturzentrum. Ximena wartet bereits am Eingang auf mich.

»Das ist Ximena. Und das Olga«, stelle ich die beiden einander vor. Ob sie sauer sein werden, dass ich heute Abend also gleich zwei Frauen date? Doch die beiden begrüßen sich so herzlich, als ob sie sich ewig kennen würden. Ich male mir gerade aus, wie das in Deutschland wäre. Ich bin verabredet mit einer Frau und kreuze mit einer anderen auf. Ich wette, mindestens eine wäre tödlich beleidigt.

Wir bekommen einen Platz in der ersten Reihe zugewiesen. »Deutscher Gast« steht auf meinem Stuhl. Umrahmt von zwei sehr sympathischen Kolumbianerinnen geht es mir gerade ganz gut. Da fangen Olga und Ximena an zu schreien. Auf der Leinwand flattern Vampire. Blut spritzt. Ich entdecke Straßenzüge aus Cali wieder: der Ort des Mangoattentats! Das scheint tatsächlich eine gefährliche Gegend zu sein. Denn nun rammen Vampire ihre Zähnchen in frisches Frauenfleisch. Olga und

Ximena können nicht mehr hinsehen. Sie drehen sich zu mir. Ihre Zähne sind ganz nahe an meiner Halsschlagader. Aber sie beißen nicht zu.

Beim Hinausgehen spricht mich eine Fernsehreporterin an. »Sind Sie der Experte aus Deutschland?«

Wieso Experte? Experte für was? Egal. »Zu Befehl«, antworte ich.

Die Scheinwerfer sind auf mich gerichtet. Die Reporterin gibt den Kameraleuten ein Zeichen. Sie dreht sich Richtung Kamera eins: »Wir sind live auf dem bedeutendsten Filmfestival Kolumbiens. Und ich habe einen speziellen Gast hier: einen Filmexperten aus Deutschland.« Wir drehen uns gemeinsam Richtung Kamera zwei. »Wie hat Ihnen der Eröffnungsfilm gefallen?«

Ich lächle etwas unsicher in die Wohnzimmer von ein paar Millionen Kolumbianern. Was sage ich nun? »Die Übersetzung alltäglicher Gewalt in das Vampirmotiv erscheint mir zwar nicht neu, aber plausibel und damit gerechtfertigt. Meine persönliche Erfahrung in Cali ist aber, dass die größte Gefahr von herabfallenden Mangos und schönen Frauen ausgeht.«

Das war gut. Das war originell. Die Reporterin lacht. Olga und Ximena sind stolz auf mich. Wir stoßen mit einem Sekt an. Ximena raunt mir zu: »Hier in Kolumbien kannst du ganz schnell berühmt werden. Das ist gefährlich. Die Guerilla nimmt solche Leute gern als Geiseln.« Meint sie das nun ernst? Sie verabschiedet sich mit einem Lächeln, das ich nicht deuten kann.

Olga findet, dass wir unbedingt noch in einen Salsaschuppen gehen sollten. »Cali ist die Hauptstadt der Salsa. Magst du Salsa?«

Es geht so. Genaugenommen hasse ich Salsa. Seit einem Intensivkurs in Havanna weiß ich, dass der Dreiklang aus Rhythmus, Schritten und Führen der Partnerin mich überfordert. Außerdem geht mir die Musik spätestens nach zehn Minuten auf die Nerven. Das sage ich Olga aber natürlich nicht, sondern bejahe die Frage. Und schon sitzen wir in einem Taxi zu einem der angesagtesten Salsaclubs, dem Zaperoco. Ich ahne Böses. Da werden sie alle den fremden Besucher anstarren, den Gringo. Wie wird er sich schlagen? Wird er die Prüfung bestehen?

Gott sei Dank führt mich Olga erst einmal an die Bar. Großes Hallo, sie kennt hier fast jeden, und wir bekommen einen Ehrenplatz am Tresen. *Los del siempre* ist da auf einem metallenen Schild eingraviert, wörtlich *Die von immer* – also die, die hier jeden Abend rumhängen.

Ich spüre gleich, dass sich einige der Immerdaseienden nicht so sehr über meine Anwesenheit an der Seite von Olga freuen. Sie schütteln mir mehr pflichtbewusst als ehrlich erfreut die Hand. Olga scheint in der Gruppe beliebt und begehrt zu sein – was macht sie mit dem seltsamen Ausländer hier, der nach einer halben Stunde immer noch keinen Fuß auf die Tanzfläche gesetzt hat? Ob der überhaupt Salsa kann?

Ich trinke bereits mein viertes Bier der Marke Club Colombia und habe mich noch nicht vom Fleck gerührt. Der Laden füllt sich immer mehr mit tanzwütigem Volk. Wie sie die Hüften schwingen! Bald nicht mehr nur auf der Tanzfläche – es ist ein Wogen durch den ganzen Raum. Olga wippt schon nervös mit den Füßen. Ich bin erleichtert, als einer der Immerdaseienden sie auf die Tanzfläche führt. Die Frauen lächeln mir freundlich zu. Es wäre ein Leichtes, eine von ihnen zu einem Tänzchen aufzufordern – wenn ich es nur könnte. Stattdessen steige ich um auf Aguardiente, den lokalen Schnaps. Vielleicht muss ich ja nur ein bisschen die Hemmung verlieren, und danach geht alles wie von selbst …

Olga ist wieder zurück an der Bar. Gut, dass sie mal mit einem Deutschen verheiratet war. Sie wird halt denken »Noch so ein steifer Typ«. Jedenfalls bedrängt sie mich nicht, zu tanzen – noch nicht.

Ich versuche weiter, cool zu wirken – wie jemand, der es schon noch allen Immerdaseienden zeigen wird. Wartet nur ab!

»Schau mal, Peter. Unsere Salsa ist viel schneller als die kubanische, siehst du?«, ruft mir Olga ins Ohr. In der Tat, ich sehe, wie die Männer die Frauen herumwirbeln, wie sie fast stakkatohaft den Tanzboden bearbeiten, wie leicht das alles aussieht. »Dafür gibt es in Cali weniger Drehungen als auf Kuba.« Das stimmt – und das macht es ja eigentlich wieder einfacher, denke ich mir. Wie das mit den Drehungen funktioniert, habe ich sowieso nie kapiert. Also – das müsste doch zu schaffen sein, oder?

Einer der Immerdaseienden, ein kleines dickes Fass, ganz sympathisch, bittet Olga zum nächsten Tanz. Ich merke, dass viele Augenpaare auf mich gerichtet sind. Sicher fragen sie sich, warum sich dieser komische Mann die ganze Zeit die Frau entführen lässt. Verdammt noch mal, er muss doch mit ihr tanzen, so eine attraktive Frau lässt man sich doch nicht ständig wegnehmen! Oder bilde ich mir das alles nur ein? Jedenfalls spüre ich einen wachsenden Druck, es nun doch allen zu zeigen.

Ich bestelle den Cocktail des Hauses, mit vielen exotischen Schnapssorten. Er ist heftig. Ich raune Olga zu: »Ich bin ein bisschen schüchtern, aber wenn die Tanzfläche mal so richtig voll ist, würde ich es gern probieren.«

Olga lächelt sanft. »Du hast mir doch erzählt, dass du mal einen Fluss durchschwommen hast, um in die Sowjetunion zu gelangen. Also wirst du das hier auch schaffen.«

Oje – warum habe ich ihr diese Geschichte meines jugendlichen Leichtsinns verklickert? Ja, 1990 bin ich von einem Campingplatz in Ungarn durch die Theiß in das untergehende Imperium gekrault. Ohne Papiere natürlich. Der blanke Wahnsinn. Da war wohl Alkohol im Spiel. Genau wie heute.

Ich ziehe durch den Strohhalm noch einen kräftigen Zug des teuflischen Gebräus, versuche, so selbstsicher wie möglich auszusehen, und nehme Olga bei der Hand. Rauf auf die Tanzfläche!

Was für ein schrecklicher Rhythmus. Ich gebe mir Mühe, ganz locker zu sein. Genug Alkohol dafür habe ich intus. Die Hemmungen sind weitgehend verschwunden, aber irgendetwas stimmt nicht. Meine Füße tun nicht das, was sie tun sollten. Meine Hüften erst recht nicht. Ich versuche, meine unbeholfenen Schritte mit entschiedenem Blick zu kompensieren. Oh, wie schön sie tanzen neben uns. Ich versuche auszublenden, dass jetzt sicher alle den mehr hüpfenden als tanzenden Gringo beobachten. Meine Bewegungen fühlen sich jedenfalls nicht harmonisch an.

Immer wieder fordere ich Olga zu Drehungen auf, obwohl man das hier nicht macht, aber ich habe keine bessere Idee. Noch eine Drehung, noch eine. Das hat doch alles keinen Sinn.

Endlich ist das Lied aus. Ich vermeide es, mich umzublicken. Doch Olga will komischerweise noch weitertanzen. »No no no!«, rufe ich, aber das bin ich ihr wohl schuldig. Also noch ein Lied …

Werde ich mit der Zeit lockerer, sicherer? Leider ist das Gegenteil der Fall. Ich schleppe mich durch die Salsa wie eine Wanderbaustelle, ich werde noch ungelenker und steifer – es ist schrecklich.

Endlich hat auch Olga genug von mir. Als wir von der Tanzfläche gehen, schnappt sie sich mit Freuden das freundliche Fass. Und das Fass kann's! Mit welcher Leichtigkeit der kleine Dicke Olga durch die Salsa führt. Blinzelt er frech zu mir herüber, oder täusche ich mich?

Da liege ich mit einem Mal in den Armen einer Frau. Ein Typ schreit mich an. »Nimm sie – sie will unbedingt mit einem Gringo tanzen!«

Die Frau ist groß, die Frau ist schwer, sie umklammert mich fest, sie wiegt mich in ihren Armen … Und plötzlich – ich kann es kaum glauben – spüre ich ihn: den Rhythmus der Salsa. Jetzt vor, ja, und jetzt zurück, ihre Lippen berühren fast mein Ohr.

Sie ruft mir ihre Anweisungen hinein. Sicher hatte sie Mitleid mit mir, als sie mich mit Olga auf der Tanzfläche sah.

Für einige Augenblicke fühle ich mich im Einklang mit der Salsa. Vor und zurück. Bis sich mein Gehirn einschaltet und mir klar wird, wer hier wen führt. Auweia, das geht gar nicht im Macholand! Erst hüpfe ich blöd rum, und dann lasse ich es mir von einer Frau zeigen. Nichts wie weg!

Ich bedanke mich artig für die Lektion. Und verlasse mit der sichtlich vergnügten Olga das Lokal.

»War es sehr schlimm für dich, Peter?«, fragt sie lächelnd.

Ich zucke mit den Schultern. »Ach, mir fehlt einfach das Latino-Gen. Mit Salsa jedenfalls werde ich nie das Herz einer Frau erobern können.«

»Dafür bist du blond und damit ein Exot. Das reicht schon, um bei den kolumbianischen Frauen zu punkten.« Sie lacht.

Am nächsten Tag treffe ich mich mit Adriana. Ich hatte sie schon von Deutschland aus über eine Internetplattform angeschrieben. Ihr Profil schien mir interessant, und sie war ganz scharf darauf, mich kennenzulernen, weil sie gerade Deutsch lernt und ein bisschen üben möchte. Wir treffen uns im Parador de San Antonio, da, wo mir am ersten Abend die Oma mit den Nüssen den 10 000-Dollar-Schein in die Hand gedrückt und mir Glück gewünscht hat.

Bisher kann ich mich nicht beschweren. Ich habe bereits einiges erfahren über die Liebe in Kolumbien. Aber jetzt wird es wieder gefährlich: Eine schwere, reife Mango schlägt direkt neben mir ein, wie eine kleine Bombe. Und wir haben leider den einzigen Tisch ohne Sonnenschirm erwischt.

Adriana ist 26 und arbeitet bei einer großen Firma, die kolumbianische Süßigkeiten nach Afrika, China und Europa exportiert. Sie wohnt noch bei ihren Eltern – wie fast alle Kolumbianer, die noch nicht verheiratet sind. Schnell kommen wir zum Thema.

»Kolumbianische Männer interessieren mich nicht«, meint Adriana. »Sie sind meistens nicht besonders intelligent. Und sie können mit einer Frau wie mir auch wenig anfangen.«

»Was heißt denn ›mit einer Frau wie dir‹?«

»Ich arbeite und verdiene genug Geld, um unabhängig zu sein. Das ist Punkt eins. Dann bin ich auch jemand, der sagt, wenn ihm was nicht passt. Das mögen die kolumbianischen Männer auch nicht. Sie sind halt Machos.«

Ich bin erstaunt, wie offen Adriana über ihr Liebesleben spricht. »Ausländer faszinieren mich, deshalb bin ich viel im Internet unterwegs. Ich habe auf diese Weise schon drei Männer kennengelernt: zwei Deutsche und einen Schweizer. Alle waren intelligent und interessant. Man konnte sich über Dinge mit ihnen unterhalten, über die kein Kolumbianer spricht. Und der Schweizer vor drei Monaten war dann der erste Mann in meinem Leben.«

Das Internet macht's möglich. Ein Schweizer, 33 Jahre, frisch geschieden, und eine machomüde Kolumbianerin treffen sich, und es funkt – zumindest für eine Nacht. Wieder schlägt eine Mango ein. Diesmal haarscharf an Adrianas Schulter vorbei. Es hat sie fast erwischt.

## *Steinzeitsex im Motel*

Am nächsten Tag zeigt mir Olga die Umgebung von Cali. Wir spazieren gerade über eine Kaffeeplantage, als sie mir erzählt, dass junge unverheiratete Kolumbianer zum »Liebe machen« in spezielle Motels gingen.

»Warum ist das so?«, frage ich.

»Weil wir in einem katholischen Land leben, in dem wir zumindest den Anschein wahren müssen, als gebe es keinen Sex vor der Ehe. Du kannst hier nicht wie in Deutschland einfach im Haus deiner Freundin übernachten.«

»Und sind diese Motels sehr schäbig?«

»Es gibt sie in allen Varianten, von spottbillig bis zur Luxusklasse. Jeder weiß das, aber keiner spricht darüber.«

»Kann ich so ein Motel mal von innen sehen?«

»Klar, du kannst dort hinfahren. Aber sie werden es seltsam finden, dass du alleine ein Zimmer mieten willst.«

Da hat Olga natürlich recht. »Würdest du denn mit mir mal ein Motel besuchen?«, frage ich sie kurz entschlossen.

Olga tut so, als sei sie entrüstet über mein Ansinnen, lächelt dann aber. »Ich weiß nicht. Ich mag diese Motels nicht.«

»Es geht doch nur um die Recherche«, versuche ich sie umzustimmen.

»Ich überlege es mir.«

Zwei Tage später ist es so weit. Vom Casa Café aus rufen wir ein Taxi und bitten den Fahrer, ein schönes Motel dieser Art anzufahren.

Er wirkt so, als unternehme er öfter solche Fahrten. Zum ersten Mal erlebe ich Olga verunsichert. Wir cruisen durch die Dunkelheit und durch eher verrufene Viertel. »Wenn du hier aussteigst, kommst du nicht mehr lebend raus«, meint Olga. In der Tat sehen die Typen, die auf den Bürgersteigen herumlungern, nicht sehr vertrauenerweckend aus. Viele scheinen zugedröhnt zu sein, die meisten sind Schwarze, schäbig gekleidet, ihre Blicke leer.

»Da vorn ist das Motel.« Der Taxifahrer zeigt auf ein riesiges, grün angestrahltes Gebäude, das aussieht wie die Rekonstruktion einer mittelalterlichen Burg in Disneyland. Eine riesige weiße, antik angehauchte Nackte thront weit sichtbar über der Burg. Das Taxi biegt ab, und durch Kunststofflappen – wie in einer Waschstraße – gelangen wir ins Innere des Motels. Wer hier aussteigt, soll von der Straße aus nicht gesehen werden …

Obwohl Olga und ich nicht vorhaben, dem eigentlichen Zweck des Baus zu folgen, sind wir beide ein bisschen aufgeregt. Die junge Frau an der Kasse nennt uns den Preis: 19 000 Pesos, also rund sieben Euro, für drei Stunden. Das kommt mir selbst für kolumbianische Verhältnisse günstig vor, schließlich haben wir uns eines der luxuriöseren Häuser ausgesucht.

Wir bekommen eine Schachtel mit Keksen und Kondomen ausgehändigt, dann geht es ins Innere der Liebesburg. Sie ist riesig, fünf, sechs Stockwerke hoch, überall gedämmtes Licht, hier rot, da grün, gelb oder blau. Tiefe Gänge. Die Stimmung erinnert mich ein wenig an eine Geisterbahn. Ich würde mich nicht wundern, wenn gleich ein Skelett um die Ecke käme, um uns zu erschrecken.

Olga schließt unsere Zimmertür auf. Vor uns öffnet sich eine tiefe weiße Höhle aus Kalksteinimitat, in der eine große Matratze liegt. Um uns herum rot-grünes Licht. Wir scheinen das Themenzimmer »Steinzeitsex« erwischt zu haben. Fred Feuerstein würde mit seiner Wilma hier sicher seinen Spaß haben. Man kann wählen zwischen Klimaanlage und Ventilator und im Fernseher zwischen Pornokanal eins, zwei, drei oder vier. Ich frage mich, wie viele junge Leute hier ihre ersten sexuellen Erfahrungen gesammelt haben.

Olga schaut sich ebenfalls neugierig um. Sie ist noch nie hier gewesen. »Es kommen nicht nur junge Leute her. Hier treffen sich auch Frauen und Männer, die fremdgehen.«

»Wird viel fremdgegangen in Kolumbien?«

»Treue existiert nicht in diesem Land.« Olga setzt sich in die weiße Höhle. »Die Frauen gehen genauso oft fremd wie die Männer. Männern ist das allerdings gesellschaftlich erlaubt, während untreue Frauen als ›Huren‹ beschimpft werden. Auch das ist Teil des Machismo in Kolumbien.«

Ich fotografiere das steinzeitliche Ambiente unseres Zimmers, danach streifen wir ein bisschen durchs Motel. Manche Türen stehen offen, die Betten sind noch zerwühlt. Einige Zimmer haben ein Jacuzzi als Zugabe.

Nach nur 20 Minuten verlassen wir das Liebesnest. Die Frau an der Rezeption schaut ein bisschen verwundert, dass wir schon fertig sind. Unser Taxi kommt durch die Waschstraßen-Gummilappen gefahren. Ein Mitarbeiter des Motels hält uns die Tür auf, als würden wir gerade ein Fünfsternehotel verlassen. Ein bisschen Illusion muss sein.

Am nächsten Tag spaziere ich zum letzten Mal durch Cali. Ich drehe eine Runde, eile unter meinem gefährlichen Mangobaum hindurch, überquere den Fluss und gelange wieder ins koloniale Viertel San Antonio mit seinen hübschen weißen Häuschen. Im Casa Café ist wieder mal nichts los. Leslie Feist singt. Eine frische Brise weht durch die offenen, vergitterten Fenster. Einen besseren Ort hätte ich für meinen Aufenthalt in Cali nicht finden können.

»Morgen reise ich ab.«

Silvia schaut freundlich von ihrem Buch hoch. *El amor en los tiempos del colera* steht in dicken Lettern darauf, ihre »klassische« Lektüre. Meine Gastgeberin scheint ein wenig darüber plaudern zu wollen. »Die Liebe ist doch einfach ein unglaublich starkes Gefühl. Ich frage mich nur, wie die Frau aus dem Buch das so lange verdrängen konnte.« Sie scheint fast am Ende angelangt zu sein.

Ich beschließe, ebenfalls meinen García Márquez weiterzulesen. Bei mir schläft sich der Held durch viele verschiedene Betten, da seine Angebetete nun schon lange Jahre mit dem reichen Geschäftsmann verheiratet ist. Doch tief in ihm schlummert weiter die Liebe für die Frau seines Lebens.

»Schade, dass du schon fährst. Magst du einen Kaffee?«

Mein letzter Cali-Kaffee. Mir wird ganz weh ums von Koffein beschleunigte Herz.

Am Abend treffe ich mich ein letztes Mal mit Olga und Ximena im Parador de San Antonio. Die Stimmung ist ein wenig getrübt. Symbolisch weint es dicke Mangos vom Himmel – platsch, platsch.

»Kommst du bald zurück?«, fragt mich Ximena mit großen

Augen. Ich frage mich, wieso sie mich hier in Cali so mögen, die Frauen. Weil ich anders bin als die kolumbianischen Männer? Idealisieren sie mich hier als Nichtmacho?

Da kommt eine SMS aus Deutschland. »Alles Gute zum Geburtstag! Und lass die Finger von den Kolumbianerinnen! Dein Kumpel Claudius.«

Stimmt! Deutschland ist sechs Stunden voraus. Ich bin jetzt 45. Das ist definitiv Mitte 40 und geht nicht mehr als Anfang 40 durch. Meine Stimmung sinkt trotz tropischer Außentemperatur auf den Gefrierpunkt.

Schon wieder vibriert mein Handy: »Alles Liebe, mein Freund. Ist Kolumbien so wie du erwartet hast? Kommst du mit der Recherche gut voran? LG Hara.« Na, immerhin haben mich meine Freunde in Deutschland noch nicht vergessen.

»Wieso kriegst du auf einmal dauernd SMS?« Olga schaut mich mit ihren warmen braunen Augen ebenfalls groß an.

»Ach, es gibt so Tage, da erinnern sich die Freunde plötzlich an einen. Mögt ihr auch Arepa?«

Olga und Ximena nicken. Bei der Dicken am Grill bestelle ich drei Scheiben von dem würzigen, runden Käse. Lustlos kauen wir darauf herum.

»Ich geh schlafen. Mein Flug geht morgen ganz früh«, sage ich schließlich. Ich hasse Abschied. Olga und Ximena umarmen mich. Ximena hat sogar Tränen in den Augen.

Im Casa Café ist Paola zu Besuch, die Soziologin vom ersten Abend. »Ah, der berühmte deutsche Filmkritiker.« Ich bemerke den leichten Spott in ihrer Stimme. »Ich hab mir noch mal Gedanken um den Machismo gemacht. Falls du Aufsätze und Statistiken brauchst – hier ist meine E-Mail-Adresse. Schreib mir einfach.«

»Danke! Das ist aber nett! Gute Nacht, ihr beiden!«, sage ich zu Paola und Silvia. Ich gehe hoch zum Packen. Mein Handy vibriert weiter fröhlich SMS. Alex und Yvonne, Jinous und Dirk, Julia und Rolf, Karla, außerdem meine Schwester Christine und die Patentante aus Berlin. Alle schicken gute Wünsche – nebst der Frage, wie meine Recherchen laufen.

Ich lege mich mit der *Liebe in den Zeiten der Cholera* ins Bett. Die Geschichte rührt mich, und ich merke, wie sich Wasser in meinen Augen sammelt. Ich schlummere ein.

»Peterrrrr! Peterrrr?«

Was? Schon wieder Morgen? Habe ich verschlafen?

Silvia brüllt zu mir hoch. »Peterrrr! Peterrrr! Besuch für dich!«

Ich schaue auf die Uhr: Es ist Mitternacht!

Schnell ziehe ich mir eine Hose über und eile hinunter. Dort stehen vier Frauen und fangen an zu singen: »*Cumpleaños feliz. Cumpleaños feliz.*« Zum Geburtstag viel Glück! Ximena hält einen kleinen Schokokuchen in der Hand. »Puste die Kerzen aus, Peter!«

»Und jetzt wird getanzt!« Meine Gastgeberin kommt richtig in Fahrt. »Was für Musik willst du?«

Ich schaue an ihren perfekten Beinen hoch bis zum Saum und rufe, was ich dort erkenne: »Rock!«

Bier wird geöffnet, am Kuchen genascht. Und vier hübsche Kolumbianerinnen, alle um die Mitte 30, hüpfen mit einem Gringo Anfang – na ja – Mitte 40 zu: »Another one bites the dust«.

»Seid ihr alle noch zu haben?«, rufe ich bereits leicht alkoholisiert in die Runde.

»Si, si!«, rufen die vier zurück.

Langsam schleicht sich der Midlifewahnsinn in meinen Geist. »Ich konvertiere zum Islam und heirate euch alle. Einverstanden?«

»Si! Si!«

Bis zum Morgengrauen rocken wir das Casa Café. Die beste Geburtstagsparty meines Lebens.

## *Medellín*

*N*ur wenige Stunden nach dem Ende der Party lande ich auf dem Flughafen Rio Negro bei Medellín. Ich fühle mich gerädert – und irgendwie in den Schwarzwald versetzt: Nadelbäume, steile Abhänge, dazu ein Wetter wie an einem trüben Spätsommertag in Villingen-Schwenningen. Medellín liegt deutlich höher als Cali. Mich fröstelt.

Ich nehme mir ein Zimmer im Hotel Botero Plaza, direkt im Zentrum. Es ist einfacher, als der Name klingt, aber sauber. Und die Hauptsache: Es gibt kostenloses Internet.

Ich finde eine Mail von Stephan im Posteingang. »Hi Peter. Habe gehört, du bist jetzt der Salsagott von Cali. Und ein Fernsehstar. Kompliment!« Klingt ein wenig hämisch. »Wenn du nach Medellín kommst, lies unbedingt das Buch *Sin tetas no hay paraiso – Ohne Titten kein Paradies*. Das ist der Schlüsselroman der letzten Jahre! Gut zum Verständnis der Mann-Frau-Beziehung in Medellín und ganz Kolumbien überhaupt.« Ein echter Amigo, dieser Stephan.

Ich laufe zur Plaza Botero, benannt nach Fernando Botero, einem der bekanntesten Künstler Lateinamerikas. Berühmt geworden ist er mit seinen Plastiken dicker Menschen. Überbordende Frauenkörper – pralle Hintern, fette Schenkel, riesige Brüste … Die kreuz und quer auf dem Platz liegenden, sitzenden, stehenden Frauen sind gut integriert in Medellín. Männer, Frauen, Kinder posieren vor den ausladenden Hinterteilen und merken gar nicht, wie absurd das manchmal wirkt.

Als ich Boteros Werke erstmals in Berlin gesehen habe, hatte ich den Eindruck, seine dicken Frauenfiguren seien stark überzeichnet. Nun aber entdecke ich, dass nicht wenige der Bewohnerinnen Medellíns einen ganz ähnlichen Körperbau haben wie Boteros Plastiken. Ich bin irritiert. Die Frauen Medellíns sollen die schönsten in ganz Kolumbien sein. Das Schönheitsideal weicht definitiv von unserem ab.

Eine Frau mit sanftem Blick kommt auf mich zu. Ich schätze sie auf Mitte 50.

»Wo kommst du her?«, fragt sie.

»Aus Deutschland.«

»Ah, Alemania. Da leben gute Menschen.«

Wie kommt sie darauf? In anderen Teilen der Welt verbindet man die Deutschen nicht unbedingt immer mit Gutsein. »Na, es gibt überall solche und solche«, antworte ich.

»Hier musst du aufpassen! Es gibt viele Kriminelle. In welchem Hotel wohnst du?«

Warum fragt sie mich das? Ich werde argwöhnisch. Aber ihre Augen sind so sanft, dass es mir schwerfällt zu glauben, sie führe etwas Böses im Schilde.

»Im Botero Plaza.«

»Das ist ein gutes Hotel. Aber du kannst auch bei mir wohnen. Ihr Leute aus Europa seid sehr kultiviert, ich lade dich gern ein.«

Ups. Das geht mir zu schnell zu weit. Ich danke höflich und mache mich davon. »Ich muss noch arbeiten, fotografieren«, rede ich mich heraus.

»Ist gut. Viel Glück!« Sie winkt mir lächelnd nach.

Ich schäme mich ein bisschen. Wo in Europa würde einem eine solche Gastfreundschaft begegnen? Und sie glaubt, wir seien viel kultivierter als die Kolumbianer. Ich stelle mir vor, wie sie an einem Novembertag nach Mannheim kommt und durch die Fußgängerzone läuft. Würde jemand sie ansprechen, sie gar einladen? Kaum vorstellbar. Diese Art spontaner Gastfreundschaft ist im Westen so gut wie ausgestorben. Und Menschen, die sie noch verkörpern, wie die unbekannte Frau aus Medellín, sind uns suspekt. Wie schade. Die Leute in Kolumbien besitzen eine Menschlichkeit, die uns leider verlorengegangen ist.

Ich kann kaum nachvollziehen, dass diese Stadt hier über Jahre die mörderischste der Welt war. In den achtziger Jahren lag die Quote bei 381 Morden pro 100 000 Einwohner im Jahr –

weltweite Spitze. Bis am 2. Dezember 1993 Pablo Escobar tot von einem Dach fiel, zersiebt von Schüssen einer Spezialeinheit. Sein Kartell kontrollierte damals 80 Prozent des weltweiten Kokainhandels. Escobar zahlte für jeden toten Polizisten ein Kopfgeld von 1000 Dollar. Zehntausende Menschen in Medellín arbeiteten für seine Mafiaorganisation. Inzwischen ist es ruhiger geworden. Die Mordrate liegt heute bei 26 pro 100 000 Einwohner – fast normales Großstadtniveau.

Die Menschen hetzen mit Einkaufstüten durch die Fußgängerzone. Bald werden sie hier auch ihre Herzlichkeit verlieren. Bald wird es auch hier wie bei uns nur noch um Geld und Konsum gehen.

Ich betrete eine Buchhandlung. Nach dem Titten-Titel muss ich nicht lange suchen. Dutzende Exemplare stapeln sich gleich im Eingangsbereich. Scheint ein Bestseller zu sein.

Ich laufe zurück zur Plaza Botero und lehne mich mit meiner Neuerwerbung gegen die Riesenbrust einer auf dem Rücken liegenden Frau. Einen geeigneteren Ort für meine Lektüre kann es nicht geben. Nur ihre Haut aus Bronze ist ein bisschen kühl.

Die Geschichte des Romans spielt im Medellín der Escobar-Zeit. Die Heldin des Buches ist 14. Sie will nur eins: künstliche Brüste. Ihre sind zu klein, und um Zugang zu den mächtigen Mafiosi zu bekommen, muss eine Operation her. Ihre Busenfreundinnen haben es schon hinter sich.

»Die Geschichte ist wahr!« Ein rund 40 Jahre alter Mann steht vor mir. Er macht einen sympathischen Eindruck. Das muss Jorge sein. Ich hatte ihn über eine Internetplattform angeschrieben und mich hier mit ihm verabredet. »Zumindest könnte sie genauso passiert sein.« Jorge scheint ein Mann zu sein, der sich nicht gern mit langen Begrüßungsformeln aufhält. »Auch Pablo Escobar hat sich immer 14-jährige Mädchen kommen lassen. Und ihnen ihre Brust-OP bezahlt. Hauptsache: dicke Titten. Das ist das Schönheitsideal des Kartells von Medellín.«

»Schön, dass wir uns treffen.« Ich versuche nun doch, zu einer Art Begrüßung zurückzukehren, obwohl ich Jorges Ausführungen auf Anhieb spannend finde. »Wollen wir ein Bier trinken?«

»Ja, aber nicht hier. Es wird gleich dunkel. Dann wird es gefährlich im Zentrum. Wir fahren in die Zona Rosa.«

»Gut. Aber ich will schnell noch ins Hotel, um mich zu duschen.«

»Ist nicht nötig, du kannst bei mir duschen!«

Wieder so ein gastfreundlicher Kolumbianer. Ich steige in sein Auto der Oberklasse. Jorge ist gut gekleidet: teurer Anzug, weißes Hemd.

»Was machst du beruflich?«, frage ich ihn.

»Ich bin Programmierer. Todlangweilig. Aber bringt Kohle.« Jorge lächelt. »Und da ich sehr gern reise, brauche ich das Geld. Also zuerst zu mir zum Duschen?«

Ich schüttle den Kopf. Es kommt mir doch etwa seltsam vor, zu einem wildfremden Menschen duschen zu gehen. »Ich habe Mordshunger. Lass uns lieber gleich in ein Restaurant gehen.« Die Zona Rosa besteht aus Dutzenden Bars und Restaurants. Alles wirkt sauber, schick und sicher. Hier scheint sich Medellíns Oberschicht zu tummeln.

Wir lassen uns in einem Restaurant namens Cachao nieder und bestellen zwei Bier. »Ich habe dich eben unterbrochen. Wie war das mit den künstlichen Brüsten?«, versuche ich den Gesprächsfaden wieder aufzugreifen.

»Wenn du aufsteigen wolltest im Medellín der 80er und frühen 90er, dann konntest du das als Mann nur als Mafioso. Und als Frau, wenn du ausgesehen hast wie eine Pornodarstellerin.«

»Gut, dass die Zeit vorbei ist.«

»Na ja. Die Zeit ist vielleicht vorbei. Aber die Ästhetik, die Schönheitsideale haben von hier aus ihren Siegeszug durch Kolumbien angetreten. Jede Frau, die es sich leisten kann, lässt sich ihre Brüste machen. Und dann kommen die Lippen dran.

Danach der Po. Kolumbien ist das künstliche Tittenzentrum der Welt.« Jorge lacht. »Was meinst du dazu, Peter?«

»Weißt du, ich bin da vielleicht altmodisch. Ich mag kein Silikon. Natürliche Schönheit ist mir lieber.«

Jorge lächelt. »Mittlerweile gibt es so viele Spezialisten im Land, dass ein regelrechter Schönheitstourismus entstanden ist. Zigtausende Ausländerinnen, vor allem aus den USA, kommen nach Kolumbien. Die Chirurgen hier sind berühmt für herausragende Qualität. Herausragend im wahrsten Sinne des Wortes!« Jorge zeichnet mit seinen Händen botero-riesige Rundungen einer Frau nach und lacht über seinen Scherz. »Silikontitten kosten hier nur 2500 Dollar. Allerdings gibt es auch eine Menge Kurpfuscher, die am großen Geschäft teilhaben wollen. Noch ein Bier?« Er winkt den Kellner herbei. Dann schaut er mich an – lang und intensiv. Jorge ist vielleicht ein warmherziger Kolumbianer. Vor allem ist er aber stockschwul. Was soll's. Er macht einen offenen, souveränen Eindruck. Ich spreche ihn direkt darauf an. Er wird damit umgehen können, und dann ist auch gleich klar, dass er bei mir an den Falschen geraten ist. Ich will keine warme Dusche.

»Sag mal, Jorge, magst du Frauen oder Männer?«

Er zögert einen Augenblick. Offenbar ist er überrascht, dass ich ihn so direkt danach frage. »Beide!«, sagt es schließlich.

»Mehr die Männer oder die Frauen?«

»Männer.«

»Ich nicht.«

»Okay.«

Das wäre geklärt. »Wie lebt es sich als Schwuler in Kolumbien?«

»Es ist okay. Ich kann hier zwar nicht mit einem anderen Mann Hand in Hand herumspazieren wie vielleicht in einigen Ländern Europas. Aber wir haben genügend Clubs, wo wir uns treffen können.«

»Also keine Diskriminierung?«

»Klar. Auf dem Land haben es Homosexuelle extrem schwer. Aber in Metropolen wie Bogotá und Medellín ist es kein Problem. Besser als in Spanien oder Polen jedenfalls.«

»Warst du da?«

»Ja! Ich war schon sechs Mal in Europa. Ich habe fast alle Länder dort bereist. Ich liebe die Kultur bei euch. Am allerbesten gefällt mir Berlin.«

Nach dem dritten Bier will ich zurück ins Hotel. »Ich fahre dich«, bietet Jorge mir an.

»Nein, danke, nicht nötig. Ich nehme ein Taxi.« Ich bin zwar noch nicht müde, aber meinen Geburtstag würde ich gerne genauso schön in Medellín enden lassen, wie er in Cali begonnen hat.

»Wo möchten Sie hin?«, fragt mich der Taxifahrer.

»Kennen Sie ein nettes Lokal, wo getanzt wird?«

»Klar!« Der Mann gibt Gas und setzt mich zehn Minuten später vor einem Club ab. Der Türsteher mustert mich und lässt mich mit einem kurzen Nicken passieren. Eine riesige Halle. Scheinwerfer zucken rot, blau und grün. Ich lasse mich auf einer gemütlichen Ledercouch nieder und bestelle ein Bier. Werde ich hier nette Geburtstagsgesellschaft finden? Ich sehe mich um. Der Nebel auf der Tanzfläche lichtet sich gerade. Dort tanzen drei Frauen. Sie sind spärlich bekleidet. Sehr spärlich. Mist! Ich bin in einem Nachtclub gelandet.

»Hallo, mein Herz. Wo kommst du her?« Von rechts rückt eine ansehnliche schwarze Dame an mich heran.

»Aus Deutschland.«

»Magst du Gesellschaft? Spendierst du mir einen Drink?«

Ich fühle mich nicht ganz wohl. Aber nun bin ich schon mal da. Warum also nicht?

»Was magst du trinken?«

»Einen Mojito.« Das wird teuer.

»Wie heißt du?«, frage ich sie.

»Vivian.«

»Und was machst du hier, Vivian?«

»Ich tanze und trinke mit den Gästen.«

Mir fällt plötzlich ein Satz von Erich Kästner ein: »Die Liebe ist ein Zeitvertreib. Man nimmt dazu den Unterleib.«

Ein großer, ebenfalls schwarzer Kellner bringt den Mojito und ein Bier. »Macht 100 000 Pesos.« Ich rechne: Das sind fast 40 Euro. Ein Vermögen in Kolumbien. Das wird ein unerwartet kostspieliger Geburtstagsspaß.

Vorne lässt eine Tänzerin gerade ihr Oberteil fallen. Sie müsste es geschafft haben: Sie müsste schon im Paradies sein. Ihre Brüste sind jedenfalls riesig und ragen hoch in die Scheinwerferstrahlen.

»Gefällt dir das?«, fragt Vivian.

»Ich mag keine künstlichen Brüste.«

Vivian schaut mich an, als käme ich vom Mars. »Wieso denn nicht?«

»Weil mir natürliche Schönheit besser gefällt.«

»Das habe ich noch nie gehört. Alle Männer wollen doch große Titten.«

»In Deutschland ist das anders«, belehre ich sie. »Was willst du denn später mal machen?«, versuche ich abzulenken.

»Ich studiere Betriebswirtschaft. Ich finanziere mir hiermit mein Studium. Magst du einen *private dance*, mein Lieber?« Sie lächelt wieder. Wirklich ein hübsches Mädchen. Bis auf ihr Silicon Valley, das verrät, dass die Hügel drum herum nicht natürlich gewachsen sind.

»Was kostet das?«, frage ich.

»80 000 Pesos.«

Ich überschlage wieder. Etwas über 30 Euro. Günstiger als die Getränke.

»Nein, danke!« Ich verabschiede mich höflich, verlasse das Etablissement und nehme ein Taxi zurück ins Hotel.

Dort angekommen, schalte ich den Fernseher an. Die Mitternachtsnachrichten laufen. Der Sprecher setzt eine ernste Miene auf. »Ana Luisa Jiminez ist tot. Die 18-Jährige starb heute bei einer Schönheitsoperation in einer Ambulanz in Medellín. Sie galt als eines der größten Talente in der kolumbianischen Musikszene und wurde bereits als würdige Nachfolgerin von Shakira gehandelt.« Es folgt ein Filmbeitrag. Ein junges, schönes Mädchen mit einer Wahnsinnsstimme bei einem Galaauftritt. Dann die kleine Privatklinik von außen. Mein Gott, warum hat sie das getan? O-Ton weinender Vater: »Ich habe ihr immer davon abgeraten. Aber sie wollte es unbedingt.« Ihr Herz unter ihrer noch jungen und vielleicht zu kleinen Brust blieb einfach stehen während des Eingriffs.

Ich schreibe eine Mail an Olga: »Danke noch mal für die tolle Geburtstagsparty. Ich vermisse euch sehr. Cali war so gut zu mir. In Medellín fühle ich mich irgendwie einsam.«

Am nächsten Morgen höre ich den Regen prasseln. Im großen Frühstücksraum des Botero Plaza studiere ich die Zeitungen. Ana Luisas tragischer Tod ist das große Aufmacherthema. Erst auf den Seiten danach folgen Meldungen über das Jahrhunderthochwasser am Rio Magdalena, das bereits 200 Menschenleben gefordert hat. Und noch weiter hinten folgt ein Bericht über neue heftige Gefechte zwischen Armee und Guerilla im Dschungel.

Kolumbien ist kriegsmüde. Schönheits-OPs interessieren mehr. Keiner der Kommentatoren allerdings zieht die Eingriffe generell in Zweifel. »Ziel muss die Verbesserung der Qualität sein. Schwarzen Schafen unter den Chirurgen gehört das Handwerk gelegt!« Als Beispiel angeführt wird der Fall des Models Jessica Cediel. Ihr füllte der Herr Doktor Zement in den danach zweifellos prallen Hintern. Pfusch am Körperbau – schön blöd.

Ich blättere weiter. Im Feuilleton der *La República* springt mir eine Schlagzeile mit einem deutschen Namen ins Auge: *Quien recuerda a Kleist?*, steht da in großen Lettern – *Wer erinnert sich an Kleist?* Es folgt ein ausgezeichneter Kommentar anlässlich des 200. Todestages von Heinrich von Kleist. Der Autor schreibt einfühlsam über Kleists Freitod am Wannsee und hebt hervor, dass Kleist ein Reisender um des Reisens willen war. Ohne Zweck. Plötzlich wird mir ganz mulmig. Bin ich auch so ein zwecklos Reisender wie Kleist? Aber nicht doch – ich bin ja der Liebe auf der Spur, oder? Und wenn der Weg auch mal durch tiefe Silicon Valleys führt …

Als ich kurz darauf wieder vor meinem Notebook sitze, blinkt es in meinem Postfach. »Hallo Peter. Ich bin Luisa. Unsere Freundin Olga hat gesagt, dass du in Medellín bist und gern eine Stadtführung hättest. Ich muss morgen nach Bogotá. Aber heute am späten Nachmittag hätte ich Zeit.«

Luisa holt mich in einem schwarzen BMW ab. »Deutsche Qualität. Sehr gut.« Sie strahlt. Eine sehr attraktive Frau, allerdings auch sehr auf ihr Äußeres bedacht: blondierte Strähnchen, große teure Prada-Sonnenbrille.

»Danke, dass du dir Zeit für mich nimmst!«

»Zu Befehl, der Herr.« Sie lacht mit einem perfekten Mund. »Olga hat geschrieben, dass du über die Liebe recherchierst.«

»Ja, das ist richtig.«

»Kann ich dir dabei helfen?«

Wow, sie ist nett. Wir cruisen durch elegante Vororte von Medellín. Hier wohnen also die Schönen und Reichen der kolumbianischen Wirtschaftsmetropole.

»Was machst du beruflich, Luisa?«

»Ich arbeite bei einer Versicherung.«

»Du verkaufst Policen?«

Luisa lacht. »Nein. Schon lange nicht mehr. Ich bin Regionaldirektorin.«

»Viel Verantwortung, lange Arbeitstage, oder?«

Lusia nickt und lacht. »Ja. Keine Zeit für die Liebe!« Sie scheint wirklich über das Thema reden zu wollen.

»Bist du verheiratet?«, will ich von ihr wissen.

»Ich war es. Vier Jahre lang. Ist nicht gutgegangen. Stell dir vor: Ich bin die erste Frau in meiner ganzen großen Familie, die sich hat scheiden lassen.«

»Sind Scheidungen denn hier so ungewöhnlich?«

»Bis vor ein paar Jahren gab es so etwas kaum in Kolumbien. Wir leben ja in einem streng katholischen Land. Mittlerweile sind viele Frauen unabhängiger, die Scheidungsquote geht seit zehn Jahren steil nach oben. Aber es gibt große regionale Unterschiede.«

»Woher weißt du das alles?«, frage ich sie.

Luisa lächelt wieder ihr entwaffnendes Lächeln. Ich kann sie mir gut vorstellen als Direktorin: korrekt, fleißig, freundlich, aber auch entschieden und hart, falls nötig. »Ich muss mich viel mit solchen Statistiken auseinandersetzen. Gehört zu meinem Job. In Provinzmetropolen wie Cali und Medellín leben etwa 50 Prozent der Leute allein und 50 Prozent als Paare oder Familien. In der Küstenregion um Cartagena leben noch 80 Prozent der Leute in der Familie. In Bogotá sind es aber nur noch 20 Prozent. Das bedeutet allerdings nicht, dass dort 80 Prozent geschieden sind.« Luisa rückt sich ihre Sonnenbrille zurecht und blickt in den Rückspiegel. »Du darfst nicht vergessen, dass es in Kolumbien überdurchschnittlich viele Witwen gibt. Die männliche Bevölkerung wird bis heute durch den Bürgerkrieg dezimiert. Aber die Tendenz ist klar: Je urbaner die Bevölkerung, desto größer die Wahrscheinlichkeit, dass man Single ist.«

Wie Luisa. Beruflich erfolgreich, attraktiv, aber Single.

»Ein klassischer kolumbianischer Macho kann nicht damit umgehen, wenn die Frau beruflich erfolgreicher ist als er. Das schränkt die Auswahl sehr ein«, setzt sie fort. »Nach meiner Scheidung war ich sechs Jahre mit einem Mann liiert, doch der konnte auf Dauer nicht damit leben, dass ich so wenig Zeit für ihn hatte. Und dass ich mehr verdiente als er.«

In einem schicken peruanischen Restaurant essen wir zu Abend. »Für mich den vegetarischen Vorspeisenteller«, lautet meine Bestellung beim livrierten Kellner.

Luisa schaut mich irritiert an. »Ich nehme das gebratene Meerschweinchen. Wie immer.«

»Zu Befehl, Señora!«

Luisa lächelt wieder. Ich kann mir gar nicht vorstellen, dass dieser perfekt geschminkte Mund gleich ein kleines Säugetier verschlingt. Apropos Säuger: »Möchtest du kein Baby haben?«, frage ich sie.

Luisa nippt an ihrem chilenischen Wein. Undurraga. Jahrgang 1999, rot wie Meerschweinchenblut. »Ich bin 35. Ich weiß nicht, ob ich noch einen Mann dafür finde. Es gibt viele, die sich für mich interessieren. Aber die sind alle älter und haben Familie. Und eine Nebenfrau will ich nicht sein.«

Luisa als Nebenfrau kann ich mir auch nicht vorstellen.

»Hier in Medellín zählt das große Geld. Wenn du als Mann punkten willst, musst du beruflich erfolgreich sein. An der Küste ist das ganz anders.« Lusia rollt ihre großen braunen Augen, als erinnere sie sich an ein schönes Erlebnis. »In Barranquilla oder Cartagena erobern die Männer Frauen als geniale Tänzer und mit Komplimenten. An der Küste funktioniert das Flirten ganz anders als hier. Das wirst du noch merken. Und in Bogotá hast du als Mann eine Chance, wenn du was in der Birne hast.« Luisa zeigt mit ihrem kleinen Finger auf ihren hübschen Kopf.

»Das Meerschweinchen für die Señora.« Der Kellner strahlt. Luisa auch.

»Der vegetarische Vorspeisenteller für den Herrn.« Auf dem Teller liegen ein paar Salatblätter, Tomaten, Karotten und gebratene Auberginen.

»Isst du nie Fleisch?« Luisa schaut mich mitleidig an. Auf ihrem Teller liegt das Meerschweinchen auf dem Rücken und streckt alle viere von sich.

»Ab und zu schon. Aber ich esse kein Fleisch mehr aus Massentierhaltung.«

Luisa nickt nachdenklich. »Das verstehe ich. Das ist auch

wirklich eine Schweinerei. Aber Meerschweinchen werden nicht in Massen gehalten. Magst du probieren?«

Unsere Blicke treffen sich. Der kleine Nager schaut mich mit toten Augen an. Seine Bauchdecke ist aufgeschnitten, als sei er gerade bei einer OP gestorben. Wie die Sängerin Ana Luisa. »Äh, nein, danke.«

Luisa schabt sich etwas Fleisch von den Rippchen des Meerschweinchens ab. »Das ist gutes Fleisch! Wenig Cholesterin. Sehr gesund.« Mit diesen Worten schiebt sie es sich hinein in den perfekten Mund. Ein Gedanke nagt an mir: Könnte ich jemals mit einer Meerschweinchenvertilgerin zusammen sein? Ich glaube nicht.

Am nächsten Tag mache ich einen Ausflug mit der Metro. Medellín ist Kolumbiens einzige Stadt mit so einer Schnellbahn. Sie fährt oberirdisch, 35 Kilometer lang ist ihr Streckennetz, alles ist ultramodern, sauber und bestens organisiert. In der Bahn betrachten die Menschen den fotografierenden Gringo mit großer Neugier. Sie scheinen sich zu freuen, dass ein Europäer mit ihnen fährt.

San Javier ist die Endstation, hier steige ich um in die spektakuläre Metrocable, eine Seilbahn, die zu den Slums schaukelt, die sich hoch in die Berge hineingefressen haben. Je höher, desto ärmer wird es. Bald gibt es keine Straßen mehr, und die Häuser werden zu Hütten mit Wellblechdächern.

Der Ausblick ist spektakulär. Das Zentrum von Medellín liegt weit unten mitten in einer riesigen Gewitterwolke, die sich gerade darüber entlädt. In anderen Teilen der Stadt scheint die Sonne. Immer wieder Hügel, die spitz aufragen wie künstliche Brüste. Dann fallen auch hier die ersten Regentropfen. Blitze zucken, Donner grollen. Die Gondel beginnt bedenklich im Wind zu schaukeln. An der nächsten Station, mitten im ärmsten Slumgebiet, müssen alle aussteigen. Die Metro stellt ihren Betrieb bis auf weiteres ein. Muss das ausgerechnet hier passieren?

Nervös schaue ich mich um, wer hier sonst noch so gestrandet ist. Auffallend viele junge Menschen mit kleinen Kindern sehe ich. Ein schwarzer Papa von vielleicht 18 Jahren hüllt seinen Sohn liebevoll in eine Jacke, als der Regen immer weiter in die Station hinein peitscht. Junge Eltern – selbst fast noch Kinder –, die sich sehr liebevoll ihres Nachwuchses annehmen. Bestimmt erzeugt die junge Elternschaft auch viele Probleme, hier zu spüren sind die aber nicht.

Eine Stunde dauert die Gewitterpause. Als ich wieder einsteige, sitzt eine junge Frau neben mir, die heftig niest und schnupft. Erkältung in den Tropen, so was gibt es. Auch ich friere und beschließe, nicht länger als unbedingt nötig in Medellín zu bleiben. Schließlich bin ich nicht nach Südamerika gekommen, um nasskaltes Schwarzwaldwetter zu erleiden. Mich beschleicht der Verdacht, dass die Gefahr, sich zu erkälten, hier größer ist, als Opfer eines Raubüberfalls zu werden. In Cali waren es die herunterfallenden Mangos, hier ist es der kalte Regen, der Unheil von oben bringt.

Nichts wie weg also. Unten wieder angekommen, eile ich zum Büro der Fluggesellschaft Avianca in einer Einkaufspassage. Es ist jedoch geschlossen – Siesta. An einem kleinen Stand ordere ich einen Kaffee. Eine etwa 50 Jahre alte Frau spricht mich an. Sie hat helle Augen, wirkt sehr europäisch.

»Wo kommst du her?«, stellt sie die Standardfrage.

»Aus Deutschland.«

»Da leben gute Leute.«

Schon wieder. Wie kommen die Kolumbianer da bloß drauf? »Gefällt es dir in Medellín?«, will sie wissen.

»Ja. Die Menschen sind sehr nett.«

»Nein! Das scheint nur so. Du musst aufpassen, es gibt viel Kriminalität. Die Leute sind nicht gut hier.« Sie senkt die Stimme und blickt verstohlen um sich. »Pass vor allem mit den Frauen auf. Viele sind äußerlich attraktiv, aber im Inneren sind sie schlecht. Verstehst du?«

Hmmm. Was soll ich darauf sagen?

»Ich bin Christin, ich gehöre zu einer evangelikalen Gemeinde. Ich habe eine Tochter. Sie ist sehr schön. Innen und außen, verstehst du?«

Nein, was will sie bloß von mir?

Sie setzt die Befragung fort. »Bist du ledig?«

»Ja.«

»Die Männer hier sind nicht gut. Ich will, dass meine Tochter einen guten Mann heiratet. Du scheinst ein guter Mann zu sein.«

»Wie alt ist denn Ihre Tochter?«

»23. Sie studiert Jura. Sie ist intelligent. Und gesund. Ich würde Sie gern zu uns auf ein Stück Torte einladen. Wie lange sind Sie denn in Medellín?«

»Ich fliege morgen nach Cartagena.«

»Wie schade! Ich hätte eine leckere Torte gemacht.«

Wir tauschen immerhin E-Mail-Adressen aus. »Meine Tochter ist auch auf Facebook«, sagt sie zum Abschied. Sie scheint mir mein Alter nicht anzusehen. Sonst würde sie doch nicht ihre junge Tochter mit mir verkuppeln wollen. Oder doch? Vielleicht gerade deswegen?

## *Die Machos von Cartagena*

*V*on 2000 Metern Höhe auf null – das macht ungefähr 20 Grad Temperaturunterschied. Vom Schwarzwald in die Karibik in einer Stunde! Tropische Hitze schlägt mir entgegen, als ich den Flughafen verlasse. Sie umarmt mich. Ich umarme sie.

Schnell zum Hotel. Meine Herberge liegt in der Calle Media Luna im alten Arbeiterviertel Getsemani. Ich will keine Minute verlieren, die Stadt zu erkunden. Cartagena de Indias: einst eine der bedeutendsten Städte des spanischen Imperiums. Früher kamen die Piraten, um die Stadt zu erobern, heute sind es die Touristen. Vor allem bei Hochzeitspaaren ist Cartagena beliebt.

Ich lasse mich in einem Restaurant in der Fußgängerzone nieder. Überall stehen bunte koloniale Häuschen. Alle fünf Minuten klappert eine Pferdedroschke mit einem strahlenden Paar darin über das Kopfsteinpflaster. »Die kommen fast alle aus Bogotá und Medellín. Noch sind sie glücklich.« Der schwarze Ober hat meinen fragenden Blick bemerkt. Er lächelt. Dann fällt ihm ein, warum er eigentlich hier ist: »Zu Befehl, der Herr!«

»Ich nehme die Pasta mit Meeresfrüchten.«

»Gute Wahl, der Herr.«

»Und dazu ein Glas vom Sauvignon Blanc.«

Er nimmt meine Bestellung auf und fragt mich gleich anschließend, wo ich herkomme.

»Aus Deutschland.«

Er strahlt und drückt mir die Hand. »Deutschland. Da leben gute Menschen.« Schon wieder.

»Wie kommen Sie darauf?«, frage ich jetzt.

»Ich arbeite seit zehn Jahren im Tourismus und kenne fast alle. Die Franzosen sind gebildet, aber arrogant. Die Engländer sind primitiv. Sie trinken zu viel und vergessen deshalb am nächsten Tag immer ihre Sonnencreme. Die Amerikaner kann man sowieso vergessen, diese Ignoranten. Und die Italiener sind die Schlimmsten. Das sind Sextouristen. Die kaufen hier minderjährige Mädchen und Jungs. Aber die Deutschen sind gut.«

»Ich freue mich, dass Sie eine so hohe Meinung von uns haben. Aber ich glaube kaum, dass man das verallgemeinern kann.«

Der Kellner schaut freundlich, lässt sich von seiner Meinung aber nicht abbringen. »Letzte Woche war es erst wieder im Fernsehen. Da haben sie gezeigt, wie Italiener und Australier hierhergekommen sind und armen Menschen ihre Kinder weggekauft haben. Es ist eine Schande nationalen Ranges. Aber niemand tut etwas dagegen.«

Vielleicht übertreibt der Mann. Aber da, wo Tourismus in größerem Maßstab aufkommt, wo Geld hineinfließt, da werden in der Tat immer auch dunkle Geschäfte mit der käuflichen Liebe gemacht. Vor allem, wenn solch ein Boom plötzlich und unerwartet in einem Land mit armer Bevölkerung stattfindet. Cartagena schlief jahrzehntelang einen Dornröschenschlaf. Erst vor wenigen Jahren wurde das Dorngestrüpp weggerissen. Dahinter entdeckten Stadtentwickler das riesige Potential Cartagenas. Die Lage: direkt am Meer. Die Häuser: fast alle aus der Kolonialzeit. Drum herum eine komplett erhaltene Stadtmauer. Einer der schönsten Flecken Südamerikas.

Ich erliege sofort dem Charme des Ortes. Nach den frischen Meeresfrüchten laufe ich wie im Rausch durch die Gassen. Und dann ein Stück über die Stadtmauer. Vom Meer her weht ein laues Lüftchen. Ich atme tief ein. Gegen die untergehende Sonne zeichnen sich die schwarzen Konturen von Segelbooten ab.

Am nächsten Morgen betrete ich das Café Valdez, eine Art kolumbianisches Starbucks. Was bedeutet: überhöhte Preise für durchschnittlichen Kaffee. Service: Fehlanzeige. Immerhin gibt es hier freies Internet. Eine Mail von Stephan: »Wir kommen heute an. Können uns um sechs im Café del Mar auf der Stadtmauer treffen.«

Ich muss mal. Doch in der Männertoilette steht ein 60-jähriger Mann mit grauen Haaren breitbeinig und pinkelt ganz selbstverständlich auf die Klobrille. Es scheint ihm weder peinlich zu sein, dass er vergessen hat abzuschließen, noch, dass er auf eine Fläche pisst, die geschaffen wurde, damit andere in Ruhe und Würde sitzend ihr Geschäft verrichten können. Scheiß-Macho … Ich bin froh, dass ich nur klein muss – und pinkle ausnahmsweise auch mal im Stehen.

Ich laufe zur Universität von Cartagena, einem wunderschönen ehemaligen Klosterbau mitten in der Altstadt. Im dritten Stock sitzen die Sozialwissenschaften. Ich betrete das Sekretariat. Eine großgewachsene, etwa 30-jährige schwarze Frau schaut mich streng an. Schweiß läuft an ihren hübschen Wangen herunter.

»Ich suche einen Experten in Sachen Machismo«, erkläre ich ihr mein Anliegen. »Kennen Sie jemanden, der mir dazu ein paar Fragen beantworten könnte?«

»Wo kommen Sie her?«

»Aus Deutschland.«

Jetzt lächelt sie. »Warten Sie bitte einen Augenblick.« Sie steht auf und verlässt den Raum.

Ein Ventilator wirbelt heiße Luft durchs Zimmer. Auf einem Beistelltisch liegen wissenschaftliche Publikationen. Ich blättere darin. *Der Geschlechterkonflikt an der kolumbianischen Karibikküste. Von Pilar Murad* lautet ein Artikel. Das ist doch mein Thema.

Fünf Minuten später ist die große Frau wieder da. »Professorin Pilar würde Sie gern empfangen.«

Ich folge der schwitzenden Assistentin hinaus auf die umlaufende Galerie. Studierende unterhalten sich lässig angeregt. Dann betreten wir die Bibliothek der Sozialwissenschaften. Ich wundere mich, dass die alten Bücher in der feuchtheißen, tropischen Luft nicht schon längst auseinandergefallen sind. Es geht noch eine halbe Treppe hoch, dann stehe ich einer rund 50-jährigen Dame gegenüber.

»Darf ich vorstellen: Professor Pilar – Peter.«

Die Gelehrte schaut mich sehr freundlich über ihren Brillenrand hinaus an. Wir nehmen an einem Gesprächstisch Platz.

»Wie kann ich Ihnen helfen?«, fragt sie.

»Wie würden Sie den Machismo in Cartagena charakterisieren?«

Pilar Murad rückt sich die Brille zurecht. »Hier an der Karibikküste ist der Machismo viel stärker ausgeprägt als im Rest des Landes. Es besteht ein immenses Ungleichgewicht zwischen den Geschlechtern. Traditionell genießt der Mann hier zahlreiche Privilegien. Die Frau hat sich unterzuordnen. Sie ist noch sehr an ihre Rolle als Mutter und Hausfrau gebunden.«

»Das heißt, die Frauen gehen hier normalerweise keinem Beruf nach?«

»Jedenfalls seltener als in anderen Regionen des Landes. Seit den sechziger Jahren hat sich aber einiges verbessert, was die wirtschaftliche, soziale und juristische Position der Frau anbelangt. Vor allem dadurch, dass Frauen immer öfter eine Ausbildung genießen. Das stärkt auch ihre Position innerhalb der Familie.« Sie runzelt die Stirn. »Trotzdem: Gewalt von Männern gegenüber Frauen ist leider immer noch etwas Normales.«

»Gibt es dazu Zahlen?«

»Die UNO hat vor ein paar Jahren eine weltweite Untersuchung zu Gewalt innerhalb von Familien gemacht. Die Karibikküste Kolumbiens schnitt dabei ziemlich schlecht ab. In kaum einer Weltgegend gibt es so viel Schläge und Vergewaltigungen wie hier!« Pilar Murad seufzt.

»Ist das ein Grund, warum viele Kolumbianerinnen ihr Glück im Ausland suchen?«

»Auf jeden Fall!«, bestätigt sie. »Entweder als Prostituierte oder als Ehefrauen von Männern aus dem Westen. Die meisten Kolumbianerinnen, die in Europa leben, kommen aus dieser Gegend. Und sie wollen weg, um der Armut und dem Machismo zu entfliehen.«

Es ist unerträglich heiß. Wir fächeln uns beide mit wissenschaftlichen Publikationen Luft zu. »Aber am besten ist, Sie gehen raus auf die Straße und unterhalten sich mit den Leuten«, fährt die Professorin fort. »Es ist leicht hier, mit den Menschen ins Gespräch zu kommen. Sie sind viel offener als in Europa.«

Das habe ich auch schon gemerkt. Angesichts der Hitze beschließe ich, ihren Rat sofort zu befolgen und verabschiede mich.

Ich laufe zum Café del Mar, oben auf der alten Stadtmauer von Cartagena gelegen, nur einen Steinwurf von Gabriel García

Márquez' Stadtvilla entfernt. Bei einem Bier denke ich noch einmal darüber nach, was mir Pilar Murad gesagt hat. Ich will mich mit Stephan darüber unterhalten.

»Dir scheint es ja gut zu gehen!« Da steht er schon vor mir. Ganz in Weiß und mit einem Tropenhut.

»Setz dich, Amigo! Der Abend geht auf mich. Ich habe dir einiges zu verdanken«, begrüße ich ihn.

»Was denn?«

»Einen super Geburtstag in Cali zum Beispiel. Jetlag schon überwunden?«

»Ich schon. Aber Estefania hat sich irgendwas eingefangen. Claudia ist mit ihr zu Hause. Wir können uns also einen schönen Männerabend machen.«

Der Kellner taucht auf. Wir bestellen zwei Club Colombia.

»Wie habt ihr beide euch eigentlich kennengelernt?«, frage ich ihn.

»Claudia war mit ihrer Tanztruppe auf Europatournee. Sie wollte gern bleiben und suchte einen deutschen Ehemann im Internet. Wir trafen uns ein paar Mal auf einen Kaffee – und verliebten uns. Wie es halt so kommt.«

»Und nach einem Jahr habt ihr schon geheiratet!«

»Ja! Obwohl ich anfangs Bedenken hatte. In meinem Kopf war dieses Vorurteil, das ich selbst immer hegte, wenn ich einen Mann mit einer schwarzen Frau sah: Der hat keine andere abbekommen, der nimmt eine Ausländerin, die sich von einem Umzug nach Deutschland einen sozialen Aufstieg erhofft. Das übliche Stereotyp halt.«

Der Kellner bringt das Bier. Wir stoßen an. Stefan nimmt einen tiefen Schluck und spricht weiter.

»Am Anfang unserer Beziehung hat mich das ziemlich beschäftigt. Ob jetzt alle dachten, ich hätte meine Frau gekauft?«

»Wie hast du das überwunden?«

»Ich muss zugeben: Ich habe eine Schwäche für Frauen, die exotisch, die anders sind. Aber das war nur wichtig für den ersten Kontakt. Danach war ausschlaggebend, dass wir uns gut verstanden haben. Claudia strahlt so eine Ausgeglichenheit, Ruhe und Souveränität aus, die mich bis heute fesselt.«

Ich erzähle von meinem Gespräch mit der Professorin. »Hast du nie gedacht, dass du deshalb für Claudia interessant sein könntest, weil du in ihren Augen ein reicher Deutscher bist?«

»In der Frage schwingt ja mit, dass der Mann eine Notsituation der Frau ausnützen würde. Aber das ist einseitig. Viele Frauen befinden sich in Ländern wie Kolumbien gar nicht so sehr in einer materiellen, als vielmehr in einer seelischen Notlage. Die sehnen sich nach einer stabilen Beziehung. Sie suchen jemanden, mit dem sie einfach auch gut auskommen, wie man so schön sagt.«

Wir stoßen erneut an. Was für ein herrlicher Ort hier oben auf der alten Stadtmauer – zur Linken das Meer, zur Rechten die Altstadt mit ihren zahlreichen Türmchen, die aus dem Häusermeer ragen.

»Hast du nie Angst gehabt, dass der kulturelle Unterschied zu groß sein könnte zwischen euch?«

»Ich glaube, viele binationale Ehen sind zum Scheitern verurteilt wegen Sprach- und Bildungsproblemen, nicht so sehr wegen der kulturellen Unterschiede. Wenn die Partner nicht richtig miteinander kommunizieren können, dann haben sie auf Dauer natürlich ein Problem. Da verpufft die anfängliche Anziehungskraft schnell …«

»Und das ist bei Claudia und dir anders?«

»Nun ja, bei uns ist es so: Wir haben beide einen Universitätsabschluss. Ich spreche gut Spanisch, und Claudia spricht mittlerweile gut Deutsch. Wir interessieren uns beide für die Kultur des anderen. Ich habe da eine These: Wir fühlen uns in einem anderen Land wohl, weil die Menschen dort eine andere Seite unseres Wesens ansprechen: Mal sind sie emotionaler, mal ruhiger, spontaner oder auch ordnungsliebender oder gerechter als wir.« Stephan blickt nachdenklich in die untergehende Sonne.

»Für Claudia ist Deutschland der andere Teil ihres Selbst. Wenn ich sie beobachte, finde ich viele typisch deutsche Merkmale an ihr. Sie ist sehr pünktlich, sehr zuverlässig, sehr exakt. Und diese Charaktereigenschaften sieht sie in Deutschland viel mehr geschätzt als in Kolumbien. Bei mir hingegen ist es so, dass ich ein sehr lebensfroher Mensch bin. Diese Lebensfreude vermisse ich zuweilen in Deutschland. Ich blühe bei meinen Besuchen in Kolumbien regelrecht auf.« Man sieht es ihm geradezu an, finde ich. »Was ich damit sagen will: Wir leben eine binationale Beziehung, die Substanz hat und auf Dauer ausgerichtet ist. Die basiert nicht nur auf sexueller, exotischer Anziehungskraft – wir haben uns ja wirklich was zu sagen.«

Es sieht fast so aus, als würden sich Stephan und Claudia tatsächlich ideal ergänzen. Claudia plant inzwischen, in Berlin ein kleines kolumbianisches Café aufzumachen – dann hätte sie neben ihrer Mutterrolle noch eine weitere Aufgabe, die sie zudem mit ihrer Heimat verbindet. Und wer weiß: Wenn Stephan mal pensioniert ist, leben die beiden vielleicht mal ein paar Jahre in Kolumbien. Wundern würde es mich nicht.

»Weißt du, Peter … gewisse Dinge sind jenseits aller kulturellen Barrieren doch überall gleich: die Suche nach Liebe, nach sozialer Sicherheit. Es gibt von Land zu Land andere Darstellungsformen. Aber im Kern ist es überall dasselbe.« Stephan nimmt einen kräftigen Schluck aus der Pulle. »Das Internet macht den Beziehungsmarkt natürlich viel offener, als er jemals in der Menschheitsgeschichte war.«

Das stimmt. Ein Beispiel dafür sind die homosexuellen Männer, die in Lateinamerika oft unter Missbilligung leiden. Sie orientieren sich heutzutage vor allem nach Europa. In Berlin zum Beispiel sind viele Schwule mit Latinos verheiratet. Wie für die Latina, die man wegen ihres angeblichen Temperaments heiratet, entsteht bei uns auch ein Interesse, ja geradezu ein Markt, für den männlichen Lateinamerikaner.

Stephan lüftet kurz seinen Panamahut, um sich am Kopf zu

kratzen, und bestätigt meine Ansicht. »Ein kolumbianischer Freund von uns hat seinen deutschen Partner kennengelernt, als der Urlaub auf San Andrés machte. Kurz darauf hat der ihn rübergeholt nach Berlin. Jetzt leben sie schon 15 Jahre als Paar zusammen. Viele schwule Lateinamerikaner machen das so, weil sie im Internet gesehen haben, dass sie ihre Liebe woanders offen ausleben können.«

»Aber wie kommen die dann nach Europa?«

»Ganz unterschiedlich. Bei Claudia war es ja so, dass sie mit einer Folkloregruppe nach Deutschland reiste und sich dann dort umgeschaut hat. Und wenn du dir hier in Cartagena mal die Tanztruppen ansiehst: Die meisten Jungs sind doch schwul. Die nutzen dann eine Auslandstournee oft zum Absprung.«

Wir trinken inzwischen schon das dritte Bier zusammen. Wie angenehm, dieser tropische Abend auf der Stadtmauer von Cartagena. Ein wunderbares Plätzchen hatten sich die Spanier damals ausgesucht, um ihre Waren ins Mutterland zu verschiffen. Der Reichtum von Cartagena zog allerdings immer wieder Piraten an. Sogar Francis Drake stattete der Stadt 1585 einen äußerst unangenehmen Besuch ab. Noch heute liegt in einer Kirche der Altstadt eine Kanonenkugel, die von einem Piratenschiff aus abgefeuert wurde. Manchmal gelang die Plünderung, manchmal war aber auch die Befestigung der Stadt stark genug.

»Was denkst du über den Machismo hier?«

»Der ist sehr ausgeprägt. Die meisten Männer haben mehrere Frauen, mit denen sie auch Kinder zeugen. Aufgrund des katholischen Hintergrundes haben sie zwar offiziell immer nur eine Familie, mit der sie auch das ganze Leben verbunden bleiben – man lässt sich normalerweise nicht scheiden. Aber es gibt fast immer Nebenbeziehungen. Die Geliebte ist sehr weit verbreitet. Und die Ehefrau sitzt mit ihren Kindern zu Hause und hofft, dass ihr Mann irgendwann zu ihr zurückkehrt.«

»Und das lassen sich die Frauen so einfach gefallen?« Ich blicke ihn ungläubig an.

»Nun ja, da verändert sich gerade etwas. Die Frauen von hier finden es mittlerweile attraktiv, wenn sich Männer anders verhalten. Ich sag dir: Als Deutscher hast du momentan gute Karten.« Stephan grinst, dass seine Ohren gegen den Rand seines Tropenhuts stoßen.

Er hat recht. Der deutsche Mann scheint in vielen Ländern begehrt, weil er als ehrlich gilt. Frauen auf der ganzen Welt schätzen das. Ich habe in Kenia einmal eine 22-jährige Studentin getroffen, die mich auf der Stelle heiraten wollte, als sie erfuhr, dass ich Deutscher sei. Wir Teutonen haben offenbar den Ruf, solide in unseren Beziehungen zu sein. Ob der so berechtigt ist, sei dahingestellt, aber er scheint unerschütterlich. Es hat sich herumgesprochen, dass wir sogar Kinderwagen schieben und im Haushalt helfen. Für viele Frauen auf der Welt klingt das paradiesisch.

Hinzu kommt: Die internationalen Verbindungen sind dank Internet persönlicher und schneller geworden. Es ist viel leichter, sich selbst ein Bild zu machen. Die große Mehrheit der Menschen hat mittlerweile Zugang zum Internet oder Kontakt zu Freunden, die ausgewandert sind und von anderen Liebeswelten berichten. Wer will es da einer hundertfach betrogenen kenianischen Frau verübeln, dass sie sich nach einem anderen Partner sehnt?

Ich streife mit Stephan noch eine Weile durch die Altstadt Cartagenas. »Die Bäckerei hier gehört einem Deutschen!« Er weist auf ein buntes Kolonialhäuschen. »Er hat sich auch in eine Kolumbianerin verliebt und ist hiergeblieben.« Immer wieder kündigen sich Pferdedroschken mit lautem Hufgeklapper an, für andere Fahrzeuge ist der historische Kern der Karibikmetropole gesperrt.

Stephan verabschiedet sich. Er hat doch noch ein bisschen Jetlag und möchte zurück zu Frau und Kind. Ich hingegen bin noch nicht müde und beschließe, das nächste Tanzlokal zu betreten. Es ist angenehm gefüllt, nicht zu leer und nicht zu voll.

Sofort springt mir eine Frau auf der Tanzfläche ins Auge: lange dunkle, lockige Haare, tiefe braune Augen, die bald die meinen treffen. Wir fangen an, ein wenig miteinander zu tanzen. Gott sei Dank wird hier keine Salsa gespielt, so dass ich mich nicht gleich blamiere.

»Kann ich dich auf ein Getränk einladen?«

Sie lächelt. »Sehr gern! Ich heiße Tiziana. Und du?«

»Peter. Ich komme aus Deutschland.«

»Oh, Deutschland!« Tizianas Augen leuchten. »Ich liebe Deutschland!«

»Ach, du warst schon mal dort?«

»Nein. Aber deutsches Design ist das beste auf der ganzen Welt. Vor allem Autodesign! Ich bin verrückt nach deutschen Autos, es gibt nichts Besseres.«

Ich verschweige Tiziana erst einmal, dass ich mein Auto verkauft habe und nur noch mit dem Fahrrad ins Büro fahre. Wer weiß, ob das meine Attraktivität bei einer kolumbianischen Frau nicht spürbar schmälert. Wir trinken und tanzen und trinken und tanzen und unterhalten uns prächtig. Tiziana fängt irgendwann an, mir unverblümt Komplimente zu machen. »Dein Spanisch ist exzellent, du hast fast keinen Akzent.« Oder: »Du tanzt nicht schlecht. Man merkt kaum, dass du Deutscher bist.«

Nach meinem Salsatrauma in Cali geht mir das natürlich runter wie Öl, und ich revanchiere mich mit einer Einladung zum Essen. Tizianas Augen strahlen. Beschwipst und beschwingt eile ich durch die Nacht zurück in mein Hotel.

Am nächsten Morgen bereue ich den ausgiebigen Alkoholkonsum der letzten Nacht und beschließe, meinen Körper durch Bewegung wieder auf Vordermann zu bringen. Bei schweißtreibenden 32 Grad laufe ich Richtung Meer, auf die langgezogene Halbinsel Boca Grande mit ihren Hochhaushotels und Luxusappartements. Am Strand ruhe ich mich ein wenig aus. Ich lasse mich nieder auf einer schmalen Holzbank vor einem baufällig aussehenden Kiosk, an dem ich eine frische Kokosnuss ordere. Die Alte, die den Stand betreibt, lächelt mir mit ihren wenigen Zähnen so herzlich zu, dass ich beschließe, auch mit ihr ein wenig über die Liebe zu plaudern.

»Was hat sich denn so verändert in der Beziehung von Mann und Frau seit der Zeit, als Sie jung waren?«, frage ich sie.

Germana, die ihr Alter mit 60 angibt, lächelt verlegen, sie fühlt sich wohl etwas unsicher, weil ich mein Aufnahmegerät auf den Tresen gelegt habe. Doch dann fängt sie an, zu reden.

»Zu meiner Zeit war eine Beziehung noch auf das ganze Leben ausgelegt. Wenn man einen Mann kennenlernte und ihn heiratete, so sollte das für immer sein. Die jungen Leute heute nehmen das nicht mehr ernst. Sie treffen sich und trennen sich wieder, sie heiraten und lassen sich wieder scheiden.«

»Wie war es bei Ihnen?«

»Ich habe mit 19 geheiratet und drei Kinder bekommen. Doch mein Mann verließ mich vor 20 Jahren. Seitdem bin ich allein.« Also war das dann doch nicht für die Ewigkeit. Zumindest nicht für den Ehemann von Germana.

Am Abend streife ich durch Getsemani. Hier kann man zwei Welten beobachten. In der Hauptstraße Media Luna haben sich Hostels, Restaurants, Bars und Internetcafés breitgemacht. Junge Leute in Shorts, herangespült von den fernen Gestaden Europas und Nordamerikas, schlurfen in Flipflops durch die Straße, nehmen ihren Café Latte, lauschen der Reggaemusik, die aus den Lautsprechern der Bars schallt. Hundert Meter weiter aber, auf dem Platz vor der kleinen Kirche Santissima Trinidad, spielen Jungs aus dem Viertel Fußball oder grillen Frauen Arepa, den würzigen Käse, den ich schon ein paar Mal gegessen habe. Die umstehenden Häuser sind offen, man kann direkt in die Wohnzimmer blicken, wo eine alte Großmutter im Schaukelstuhl liegt, der Vater fernsieht und die Mutter die Wäsche bügelt. Die Kinder laufen fröhlich und spärlich bekleidet auf der Straße herum und spielen. Die Großmutter blinzelt und ruft »Seid mal ein bisschen leiser!« Es ist Abend, aber immer noch sehr warm. Eine leichte Brise ist vom Meer her zu spüren.

Ab und zu mischen sich ein paar junge Westler mit einer Flasche Bier in der Hand unter die Einheimischen. Die Atmosphäre ist friedlich, harmonisch. An jeder zweiten Hausfassade um den Platz herum hängen Schilder: *Se vende – Zu verkaufen*. Die anderen Häuser, die ohne Aufschrift, sind hübsch restauriert. Sie gehören reichen Geschäftsleuten aus dem In- und Ausland. Einige sind schon zu Restaurants oder kleinen Hotels umfunktioniert, die Besitzer sind meist Italiener, Franzosen und Israelis.

Gegenüber dem Casa Relax, einem aufgehübschten Kolonialhaushotel unter französischer Führung, sitzt eine Familie. Sie genießt den schönen Sommerabend, den leichten Wind, der vom Meer her durch die Gasse weht. Ich blicke durch die offene Haustür. Unter einem riesigen Jesusbild werden einer älteren Frau gerade die Haare gemacht. Ich würde gern ein Foto schießen, doch ich fühle mich hier wie ein Eindringling.

»Magst du dich zu uns setzen?«, fragt mich da plötzlich die Frau, die vor dem Haus sitzt.

»Gern!« Mit dieser spontanen Aufforderung hatte ich nicht gerechnet.

»Woher kommst du?«

»Deutschland.«

»Wie heißt du?«

»Peter. Und du?«

»Elda. Elda Fernandez. Und das ist mein Vetter José.«

Der gutmütig wirkende Mann neben ihr von vielleicht 50 Jahren schüttelt mir die Hand. Elda ist Mitte 30. An ihren kräftigen Beinen hängt ein kleines Mädchen. Dessen Bruder ist damit beschäftigt, ständig zwischen der frisierten Großmutter drinnen und der Mutter draußen hin- und herzurennen. Neben der Tür prangt das Schild *Se vende*.

»Warum wollt ihr das Haus verkaufen?«

»Es ist nicht mehr finanzierbar. Seit die Ausländer sich hier einkaufen, ist die Gegend von der Stadtverwaltung hochgestuft worden. Das bedeutet, dass wir mehr Steuern auf das Eigentum zahlen müssen. Und auch Wasser und Strom sind erheblich teurer geworden.«

Das Haus ist groß, wirkt aber etwas baufällig. »Was wollt ihr denn für das Schmuckstück haben?«

»500 000 Dollar«, kommt es selbstbewusst.

»Dann bist du ja bald reich.«

Elda schüttelt den Kopf. »Das Haus gehört meiner Mutter, ich muss das Geld mit acht Geschwistern teilen. Es wird so viel übrig bleiben, dass ich mir eine eigene, kleine Wohnung kaufen kann. Zwar weit weg vom Zentrum, aber dadurch auch billiger in den Nebenkosten.« Gentrifizierung gibt es also nicht nur in Berlin und München, sondern auch an der kolumbianischen Karibikküste.

»Bist du verheiratet?«, frage ich sie.

»Meine zwei Kleinen müssen ohne Papa aufwachsen. Er ist vor vier Jahren gestorben.«

»Das tut mir leid. Kannst du dir denn vorstellen, noch mal zu heiraten?«

»Dich etwa?«

Ich lächle. Darauf war ich eigentlich nicht aus gewesen.

Elda und ihr Vetter brechen in lautes Lachen aus. »Warum nicht? Deutscher Mann und kolumbianische Frau ist doch eine super Kombination«, kichert Elda.

José reicht mir ein Bier. »Du scheinst ein guter Kerl zu sein«, sagt er. Auf einmal wirkt er ernst. »Aber weißt du, wie viele Männer hier in Cartagena allein in ihren Wohnungen sitzen, weil ihre Frauen mit reichen Amerikanern durchgebrannt sind? Es gibt nicht wenige Männer, die hier ihre Kinder allein großziehen. So etwas gab es früher nicht. Das ist bitter!«

Zuerst denke ich: »Sind sie doch selbst schuld, die kolumbianischen Machos. Sollen sie sich ein bisschen mehr Mühe geben.« Doch so einfach ist es auch wieder nicht. Nicht alle Kolumbianer sind schließlich Machos. José zum Beispiel scheint gar nicht in dieses Raster zu passen. Überheblich wirkt er jedenfalls nicht.

»Kann es sein, dass daran auch ein wenig der Machismo der kolumbianischen Männer schuld ist?«, frage ich dennoch.

»Machismo?!« Eldas Vetter bricht wieder in lautes Lachen aus. »Hör mir auf mit Machismo. Reden wir lieber über ›Feminismo‹! Die Frauen haben doch schon längst die Macht über uns. Die lassen sich nichts mehr gefallen!«

»Meinst du das ernst?«

»O ja. Es verändert sich gerade alles. Die Frauen wollen ein besseres Leben. Hast du keinen guten Job und verdienst kein gutes Geld, dann sind sie weg. Das kommt alles von diesen blöden Telenovelas, in denen teuer gekleidete Frauen in riesigen Villen leben. Und dann ergreifen sie die erste Gelegenheit, um mit einem Mann wegzulaufen, der ihnen was bieten kann.«

In diesem Moment wird mir klar: Der Macho lateinamerikanischer Prägung ist auf dem Rückzug. Die Globalisierung bietet Frauen viele Ausweichmöglichkeiten. Der überhebliche Latinomann steht auf verlorenem Posten, wenn die hübsche Kolumbianerin im Internet einen weltoffenen, gebildeten und vielleicht auch noch wohlhabenden Europäer oder Amerikaner kennenlernt. Stephans Frau Claudia ist nur eins von zigtausend Beispielen.

»Warum interessiert dich das alles überhaupt?« José prostet mir zu.

»Ich schreibe ein Buch über die Liebe in Zeiten der Cola.« Jedenfalls will ich das sagen. Doch wer in Kolumbien »Cola« meint, muss »Coca-Cola« oder »Pepsi-Cola« sagen. »Cola« für sich allein heißt nämlich einfach nur »Schwanz« – sei es des Tieres oder des Mannes.

Dummerweise weiß ich zu diesem Zeitpunkt nichts davon.

Elda und José verstehen also: »Die Liebe in den Zeiten des Schwanzes«. Sie schauen sich einen Moment lang irritiert an. Dann fangen sie wieder laut zu lachen an, so dass es die ganze Straße des alten Arbeiterviertels herunterschallt. Die Liebe in Zeiten des Schwanzes. Haha. Hat man so etwas schon mal gehört …?

Zurück im Hotel, checke ich meine E-Mails. Stephan schlägt vor, dass wir uns zum Essen treffen. Claudia könnte auch, auf Estefania passt eine Cousine auf. Und da: eine Mail von Tiziana. »Mein Liebling. Sehen wir uns heute Abend? Ich umarme dich. Tiziana.«

Wow. Die geht ran. Aber warum nicht zu viert essen gehen? Dann können Stephan und Claudia gleich einen prüfenden Blick auf meine neue kolumbianische Bekanntschaft werfen.

Eine Stunde später sitzen wir in einem charmanten Lokal der Altstadt. »Zu Befehl. Zu Befehl. Zu Befehl …« – gleich drei Kellner wieseln um uns herum. Tiziana hat ein weißes Kleid angezogen, das ihre bronzene Haut hervorhebt. Sie strahlt bis über beide Ohren und macht damit Stephan Konkurrenz, der sich gerade über meine »Liebe in Zeiten des Schwanzes« amüsiert. Dann wendet er sich neugierig Tiziana zu. »Was arbeitest du denn?«

»Ich habe Innenarchitektur studiert.«

Manchmal nehmen Gespräche in anderen Sprachen kuriose Wendungen. So auch hier, denn Stephan meint unvermittelt:

»Ah, interessant. Und welche Unterwäsche gefällt dir am besten?« Claudia schaut entsetzt. Will ihr Mann einer anderen Frau an die Wäsche?

Doch Tiziana scheint kein Problem damit zu haben, leger über Lingerie zu parlieren. »Ich bevorzuge Stringtangas – wegen der tropischen Hitze und weil sie sich bei weißen Kleidern und Hosen am wenigsten abzeichnen.«

»Deutschland hat eine lange Tradition mit guter Wäsche«, setzt Stephan nach. »Triumph. Sagt dir das was?«

Jetzt wird es Claudia zu bunt. »Stephan! Wieso redest du mit Tiziana über Unterwäsche?« Der Ton ist nicht freundlich.

»Aber sie hat doch erzählt, dass sie damit arbeitet.«

»Mit Unterwäsche?«

»Ja ...«

»Spinnst du jetzt völlig?«, stöhnt Claudia.

Tiziana blickt irritiert von einem zum anderen. Was ist hier los?

Ich fühle mich berufen, das Missverständnis aufzuklären. Die Wörter für Innenarchitektur und Unterwäsche sind im Spanischen recht ähnlich. Beide enden hinten mit »interior«. Nachdem ich das erklärt habe, müssen alle lachen. Nur Claudia wirkt immer noch etwas verstimmt. Manchmal ist das wohl doch nicht so einfach mit den interkulturellen Beziehungen.

Tiziana begleitet mich nach dem Essen bis zum alten Stadttor Richtung Getsemani. »Ich möchte dir morgen einen Vulkan zeigen«, raunt sie mir zum Abschied zu.

Ist das jetzt anzüglich? Klingt jedenfalls heiß.

»Er wird dir gefallen.« Sie klingt verschwörerisch. »Wir sollten morgen ganz früh aufbrechen.«

Sie drückt mir einen Kuss auf die Wange und läuft in ihrem weißen Leinenkleid die Altstadtgasse hinunter. Eine interessante Frau! Innenarchitektin. Plötzlich kommen Nestbauphantasien in mir auf. Wie lebte es sich wohl zusammen in so einem hübschen Kolonialhäuschen?

Um sieben Uhr am nächsten Morgen steht Tiziana an der Rezeption meines kleinen Hotels. Sie trägt ein einfaches rotes Kleid und auf ihrem schönen Lockenkopf einen Strohhut mit roter Schleife. Rote Lippen – alles wunderbar einfach aufeinander abgestimmt. Zauberhaft. Die Frau hat Stil.

»Ein Freund hat mir sein Auto geliehen. Auf geht's!«

Sie drückt mir einen Kuss auf die Wange, und wir gehen zum Wagen. Auch der ist rot. Ein alter Renault R4!

Der Motor tuckert auf. Wir verlassen mehr hoppelnd als fahrend Cartagena. Tiziana scheint nicht besonders viel Schalterfahrung zu haben. Egal! Links leuchtet das Blau der karibischen See, rechts erstrecken sich Felder und Kokospalmplantagen. Tiziana steuert und strahlt mich gleichzeitig an: »Hast du gewusst, dass die meisten Menschen in Kolumbien durch herabfallende Kokosnüsse sterben? Ich glaube, es sind zehn Prozent aller Todesfälle.«

Wie bitte? Tiziana sagt das so, als meine sie das völlig ernst.

Ich nicke zustimmend. »Und ich bin in Cali fast von einer Mango erschlagen worden«, entgegne ich.

Tiziana lächelt. »Ich liebe Mangos. Vor allem mit Salz und Zitrone. Genial.«

Mir ziehen sich schon beim Gedanken daran erneut die Schleimhäute zusammen, so bitter ist die Erinnerung an die gesalzene Mango von Cali. »Ich mag es lieber süß«, gebe ich zu.

Ich grinse zu Tiziana herüber. Sie lächelt zurück. Könnte ein schöner Tag werden.

Nach anderthalb Stunden sind wir am Ziel: Wie aus dem Nichts ragt aus der Ebene ein 15 Meter hoher Hügel empor, in perfekter Kegelform. Der Vulkan Totumo.

»Zieh dich aus, bis auf die Badehose!« Kaum hat sie das gesagt, schreitet Tiziana zur Damenumkleide: ein Holzhäuschen am Rande des Urwalds, der sich von hier aus weit ins Landesinnere erstreckt. Hoffentlich steckt hinter all dem nicht die Guerilla und entführt den berühmten deutschen Filmkritiker, schießt es mir plötzlich durch den Kopf. Ich sehe mich schon, nur mit Badehose bekleidet und einen Sack überm Kopf, in einer Filmsequenz vorkommen, hinter mir in Großbuchstaben *FARC*, neben mir zwei Machomänner in grünen Uniformen und mit Kalaschnikows.

Apropos Waffen. Die Waffen einer Frau … Tiziana kommt in einem weißen Bikini lächelnd auf mich zu. Sie ist sich ihrer Wirkung zweifellos bewusst. Hat die Frau denn gar keinen Schwachpunkt?

Mit zitternden Beinen klettere ich ihr auf einer Art Holztreppe hinterher, den Vulkan hinauf. Am Kraterrand richtet sich Tiziana auf. Was für ein Ausblick! Auf der einen Seite das Blau des Ozeans, auf der anderen das unendliche Grün des Urwalds.

Dann blicke ich in den kleinen Krater hinein. Ich traue meinen Augen nicht. Da brodelt olivgrauer Schlamm. Schlägt Bläschen. Blubbert vor sich hin.

Tiziana genießt meinen ungläubigen Blick. »Na? Zu viel versprochen? Von hier geht es zweieinhalbtausend Meter tief ins Erdinnere.« Sie nimmt mich an der Hand. »Komm, lass uns reinsteigen.«

Wie bitte? Ich soll in diesen Höllenschlund? »Ach, ich schau mir das Blubbern lieber von hier aus an«, versuche ich, dem brodelnden Gebräu zu entkommen.

Doch Tiziana duldet keinen Widerspruch. »Es ist heiß, es ist schön. Du wirst es genießen.« Sie zieht mich ganz nah an den Rand und steigt über ein paar Stufen in den Schlamm. »Komm rein!«

»Das ist doch sicher gefährlich!«

»Komm schon!«

»Ich weiß nicht …«

»Jetzt komm endlich rein!« Sie klingt inzwischen etwas unwirsch.

Da sehe ich, wie Tizianas Körper durch das Schlammbad langsam die Farbe wechselt – zu Olivgrau. Sie schwebt auf dem blubbernden Schlamm. Ich steige ihr nach.

Ein unglaubliches Gefühl durchströmt meinen Körper. Ganz leicht fühlt er sich an. Ich schwebe neben Tiziana. Genauso muss es sich im siebten Himmel anfühlen. Ich blicke zu Tiziana hinüber. Sie massiert sich am ganzen Körper mit dem Schlamm. »Das ist super für die Haut! Hat ganz viele Mineralien!« Sie strahlt. Ich strahle zurück und genieße die warme Schlammpackung.

Tizianas Hand greift nach meiner. Fühlt sich unanständig an. »Diese Schlamm-pe«, denke ich und muss selbst über mein simples Wortspiel schmunzeln.

»Gefällt es dir?« Tiziana schaut mich mit großen Augen an und schwebt näher an mich heran. Auch ihr Gesicht ist nun mit einer dicken olivgrauen Schicht bedeckt.

»Ja.« Wenn sie dieses Zeug nicht im Gesicht hätte, würde ich sie jetzt vielleicht sogar küssen. Ich greife ihre Hand. Im feuchten Schlamm ist es eher ein Flutschen als ein Händchenhalten.

»Kannst du dir vorstellen, mich mit nach Deutschland zu nehmen?«

Stopp! Halt! Falsch! Da geht gerade etwas entschieden zu schnell. »Was willst du in Deutschland?«, frage ich zurück.

»Ich möchte dort leben. Ich liebe deutsches Design. Und ich mag dich.«

»Aber wir kennen uns doch gar nicht richtig.«

Jetzt habe ich den Schlammassel. Die schöne Rückenlage ist plötzlich gestört. Neben mir platzt eine Blubberblase und macht dabei ein Geräusch wie ein Furz.

Zumindest ist Tiziana ehrlich und spricht nicht von Liebe. »In Kolumbien kann man kein Geld verdienen. In Deutschland kann ich als Innenarchitektin sicher gut leben.«

»Aber du sprichst doch gar kein Deutsch.«

»Ich werde es lernen.«

Mir gehen langsam die Argumente aus. »Deutschland würde dir nicht so gut gefallen, wie du denkst.« Ich versuche, ihr meine Heimat abspenstig zu machen. »Im Winter ist es furchtbar kalt und grau. Und Geld ist nicht das Wichtigste im Leben!«

Doch Tiziana flutscht nur noch fester mit meiner Hand. Entwickelt sich unser Tête-à-Tête zu einer Schlammschlacht?

»Für eine Frau ist Geld wichtig«, erwidert sie. »Sie kann dann immer schön sein für den Mann. Tolle Kleider tragen, schönen Schmuck. Und ich könnte mir endlich auch meine Brüste machen lassen.«

»Silikon?«

Sie nickt schlammig zu mir herüber.

»Aber du hast doch einen wunderschönen Körper!«

»Er könnte noch schöner sein.«

Plötzlich wird mir bewusst, dass dieses Schweben mit Tiziana eine Täuschung ist. Und unter mir brodelt ein tiefer Höllenschlund. Ich habe die Gefahr gerade noch rechtzeitig erkannt. Die Frau neben mir hat sich entzaubert. Es flutscht nicht mehr zwischen uns. Eine riesige Blase platzt neben mir. Ich steige aus.

Fast wäre ich »der Poesie des fernen Ortes« erlegen, wie Andreas Altmann es so schön in seiner *Gebrauchsanweisung für die Welt* beschreibt: *Sich an fernen Gestaden verlieben kann zu einer Freude werden, die man bis ans Ende seiner Tage nicht vergessen will … Warum? Das Neue, ganz unbelastet von Vergangenheit, hat einen unheimlichen Reiz. Jeder, der allein unterwegs ist, wird ihm begegnen. Die Aura der Ferne, des (…) Exotischen, wirkt wie ein Katalysator.* Aber er schreibt auch: *Komme nie auf die wahnwitzige Idee, den anderen in der Heimat wiedersehen zu wollen.*« Ich teile seine Meinung.

Tiziana aber scheint gar nicht zu bemerken, dass ich sie nach unserem Ausflug zum Vulkan mit anderen Augen sehe als zuvor. Als sie mich im roten R4 vor meinem Hotel absetzt, fragt sie, ob wir uns wiedersehen. »Mal sehen«, meine ich. »Wir können ja über Facebook in Kontakt bleiben.«

Tiziana schaut mich durchdringend an mit ihren dunkelbraunen Augen! Es ist klar: Sie ist eine Frau über 30 auf der Suche nach einem verlässlichen Partner.

Ich muss an eine befreundete Ethnologin aus Südkorea denken. Sie arbeitet zurzeit an einem Buch mit dem Titel *33*. Die 33 ist eine magische Zahl in Korea: die doppelte Drei, das doppelte Glück. Doch ihre Freundinnen in genau diesem Alter sind unglücklich. Sie wissen nicht, ob sie Karriere machen oder heiraten und Kinder kriegen sollen. Die Krise einer ganzen

Frauengeneration spiegelt sich in der 33. Diese fast verzweifelte Spezies Frau gibt es also auch in Kolumbien: die Frau Anfang 30, die nicht mehr weiß, wie sie sich definieren soll – über beruflichen Erfolg oder über die Mutterrolle? Der Kampf mit der biologischen Uhr wird zum globalen Phänomen. Ist das der Preis, den die Frau zahlt, für all die neuen Möglichkeiten, die sich ihr bieten?

Am Abend treffe ich Stephan auf ein letztes Bier in Cartagena.

»Hi. Wie läuft's mit Tiziana? Die ist ja wirklich ein heißer Feger!«

»Ja. Aber sie träumt von künstlichen Brüsten. Mit so einer Frau kann ich nichts anfangen. Silikon anfassen – nein danke. Dann kann ich mir ja gleich eine Gummipuppe kaufen.«

»Sehe ich auch so. Gott sei Dank ist Claudia da anders drauf.«

»Wie geht es ihr denn?«

»Sie ist immer noch ein bisschen sauer wegen der Unterwäschendiskussion. Aber die beruhigt sich schon wieder.«

»Tut mir leid, Amigo. Das hab ich dir schließlich eingebrockt mit meiner Tiziana.«

»Ach was, schon okay. Wann fährst du weiter nach Bogotá?«

»Morgen.«

»Ich habe da einen netten Kontakt für dich. Eine gute Freundin von Claudia arbeitet dort als Familientherapeutin. Sie hat einen ausgezeichneten Ruf.«

»Gracias, Amigo!«

## *Bogotá*

Am nächsten Morgen beobachte ich aus dem kleinen Flugzeugfenster, wie das Blau des Ozeans langsam am Horizont verschwindet. Dann fliegen wir den Río Magdalena hoch. Ein Jahrhunderthochwasser hat momentan ganze Dörfer und Städte umzingelt. Über Hunderte Kilometer erstreckt sich die Flut.

Ich fühle mich müde. Die Sache mit Tiziana steckt mir in den Knochen.

Wir nähern uns Bogotá – einem Häusermeer in einer riesigen Senke, umgeben von mächtigen Bergen. Nach der Landung trete ich vor das Terminal und stelle fest: Mist, kühl hier – ich brauche einen Pullover.

Jeder Schritt fällt mir schwer. Ich keuche mich zum Taxi. Die Höhe! 2650 Meter sind es.

Ich beziehe ein Zimmer im alten Kolonialviertel Candelaria. Ganz hübsch ist es hier, aber nach dem Farbenrausch von Cartagena doch eher eine Enttäuschung. Cartagena verhält sich zu Bogotá wie Sevilla zu Frankfurt, nur dass ich immer noch im selben Land bin.

Ich laufe zur riesigen Plaza de Armas mit dem mächtigen Dom. Ein riesiger, blau leuchtender Weihnachtsbaum beherrscht den Platz. Lamas mit roten Stoff-Nikoläusen an den Ohrzipfeln stolzieren umher. Für 50 Cents posieren sie mit einem für ein Erinnerungsfoto. Bald ist Weihnachten, ein komisches Gefühl. Immerhin, hier kann ich mich schon mal an die Temperaturen in Deutschland gewöhnen: Das Thermometer zeigt gerade mal zwölf Grad.

Ich rufe Cecilia an. Sie ist sofort im Bilde. »Klar, Peter! Claudia und Stephan haben dich schon angekündigt. Kannst du in einer Stunde ins Intercontinental kommen? Da gibt es ein nettes Café.«

Bogotá zieht sich über zig Kilometer durch ein Tal, flankiert von steil aufragenden Andenbergen. Nach einer halben Stunde Taxifahrt bin ich im schicken Norden der Stadt. Hier wohnt die obere Mittelschicht.

»Du musst Peter sein!« Eine Frau um die 40 mit halblangen rotblonden Haaren und leuchtenden, klugen Augen kommt auf mich zu. Ihr Lächeln verrät, dass sie Sinn für Humor hat.

Wir bestellen zwei Kaffee. Ich lege das Aufnahmegerät auf den Tisch. Es ist mein letztes Interview in Kolumbien. Kann ich noch etwas Neues erfahren? Ich war in Cali, Medellín und Cartagena, und nun sitze ich in Bogotá. Sehr unterschiedliche Städte – fast unterschiedliche Welten. Auch, was die Beziehung von Mann und Frau angeht.

Cecilia wirkt sehr selbstbewusst und nicht wie eine unterdrückte Frau. Sie arbeitet als erfolgreiche Paartherapeutin. Ich drücke den Recordbutton. Ein roter Punkt leuchtet auf.

»Was macht für dich den Machismo in Kolumbien aus?«

»Er unterscheidet sich von Region zu Region. Vor allem aber hat der Machismo je nach Schicht ganz unterschiedliche Ausprägungen. Wir haben sechs sogenannte Estratos in Kolumbien, sechs Klassen. Es ist nicht leicht, von einer Klasse in eine höhere aufzusteigen. Das ist alles eng definiert über den Stadtteil, in dem du wohnst, die Familie, der du angehörst, die Ausbildung, die du bekommst. Das ist anders als in Europa.«

Darüber habe ich bislang nicht nachgedacht. »Und wie wirkt sich der Machismo nun in den unterschiedlichen Estratos aus?«

»Fangen wir mit den unteren Schichten an: Hier müssen sowohl der Mann als auch die Frau arbeiten, um die Familie zu ernähren. Von der Frau wird erwartet, dass sie sich zusätzlich um den Haushalt und die Kinder kümmert, während der Mann nach der Arbeit die Beine hochlegen kann. An der Küste oder in der Kaffeezone rund um Cali kommt es dann sogar oft vor, dass der Mann eine oder mehrere Nebenfrauen hat, die ebenfalls Kinder von ihm bekommen. Um die kümmert er sich aber kaum, so dass sich in diesen Gegenden die Frauen zusammenschließen, um sich gegenseitig bei der Betreuung der Kinder zu unterstützen. Auch die Großeltern müssen oft ran. Umgekehrt wird es als völlig inakzeptabel angesehen, wenn eine Frau noch einen anderen Mann hat.«

Cecilia nimmt einen großen Schluck Kaffee. »Was nun die oberen Schichten anbelangt: Da meint man gewöhnlich, dass es mehr Gleichberechtigung zwischen Mann und Frau gibt.« Sie schmunzelt. »Aber das ist nicht so. Man merkt das an Kleinigkeiten. Zum Beispiel ist es für einen Mann völlig normal, allein auszugehen. Eine Frau hingegen, die allein in einem Restaurant isst, wird komisch angesehen – als ob sich das nicht gehören würde. Das läuft eher subtil, aber so ist es.«

»Also tut sich in Sachen Gleichberechtigung nicht viel in Kolumbien?«, hake ich nach.

Sie denkt kurz nach, bevor sie antwortet: »Immerhin: Es ändert sich einiges in den jungen Generationen. Dass man zum Beispiel junge Väter sieht, die einen Kinderwagen schieben, ist etwas völlig Neues in Kolumbien und findet sich bislang ausschließlich in Gesellschaftsschichten mit hohem Bildungsniveau. Und ausschließlich in Bogotá. Wir befinden uns in einer Phase des Übergangs. In der Generation meiner Kinder wird es definitiv weniger Machismo geben. Der Schlüssel dazu heißt Bildung.«

»Wieso?«

»Meine Tochter war für sechs Monate in Frankreich und hat mir erzählt, dass dort an der Schule die Lehrer über Sexualität und Verhütung sprechen. So etwas gibt es in Kolumbien bisher nicht, wegen des Einflusses der katholischen Kirche. Und daher verhüten hier auch so wenige Jugendliche. Das Resultat: ungewollte Schwangerschaften en masse! Es ist ein Skandal, dass es vonseiten der Regierung kaum Programme zur Aufklärung der Jugendlichen gibt. Das muss sich ändern!«

Auf dem Gesicht der so fröhlich wirkenden Therapeutin zeigen sich kleine Sorgenfalten. »Diese mangelnde Sexualaufklärung erleichtert einen weiteren Skandal: den wachsenden Missbrauch von Kindern durch Sextouristen. In Orten wie Cartagena breitet sich dieses Übel gerade rasend schnell aus. Europäer, US-Amerikaner und Australier nutzen die Armut und die fehlende Aufklärung aus und vergreifen sich an Kindern und Jugendlichen.«

»Tut denn keiner was dagegen?« Ich kann mir nicht vorstellen, dass so etwas dauerhaft von Staat und Gesellschaft hingenommen werden kann.

»Nun ja, so langsam reagieren zum Beispiel die Hotels, indem sie darauf hinweisen, dass minderjährige Einheimische nicht mit ausländischen Touristen aufs Zimmer dürfen.«

Ich muss an den Kellner in Cartagena denken, der auf italienische Sextouristen schimpfte.

»Letztens lief im Fernsehen eine gute Dokumentation über diese widerliche sexuelle Ausbeutung«, erzählt Cecilia weiter. »Doch was geschah? Viele Zuschauer waren empört über den Journalisten, der das Bild Kolumbiens beschmutzte, wo man doch gerade mühsam versucht, wieder ein anerkanntes Mitglied der Völkergemeinschaft zu werden. Und ein Urlaubsparadies. Doch der Schmutz verschwindet ja nicht, indem man über ihn hinwegsieht.«

Eine dezidierte Meinung, die ich vollkommen teile. Beim Stichwort »Schmutz« fällt mir aber gleich wieder Tiziana ein. Wie ich mit ihr im brodelnden Vulkan sitze. Wie die Schlammschicht auf ihrem Gesicht langsam trocknet und Risse zeigt. Latina mit Patina. Ich muss über mein kleines Wortspiel kichern. Cecilia schaut irritiert. Sie kann nicht ahnen, was für wirre Assoziationen ich gerade habe.

»Warum fühlen sich eigentlich so viele europäische Männer zu Latinas hingezogen?«, lenke ich rasch wieder auf unser eigentliches Thema.

Sie denkt wieder einen Augenblick nach, schlürft noch einmal von ihrem Kaffee. »Es gibt Unterschiede zwischen Mann und Frau. Vor allem körperliche. Stimmt doch, oder?«

Das kann ich nicht leugnen – ich nicke.

»Ein Mann ist muskulöser, die Frau bewegt sich anders. Das alles drückt sich im Liebesspiel aus, beim Flirten, bei der Annäherung. Manchmal scheint es mir, als hätten das eure Frauen verlernt oder als würden sie es verleugnen. Darin liegt für viele europäische und nordamerikanische Männer der Reiz der Latina: Sie strahlt etwas sehr Feminines aus und versucht nicht, es zu verbergen.«

Cecilia lächelt sehr sympathisch und intelligent. Eine attraktive 40-jährige, zweifache Mutter, geschieden und wieder in einer Beziehung. Eine Frau, die einen zufriedenen Eindruck macht. »Ich habe Glück. Ich habe einen der ganz wenigen kolumbianischen Männer kennengelernt, der kein Macho ist. Für mich äußert sich der Machismo auch darin, dass hier in Kolumbien die Frauen äußerlich immer perfekt sein müssen, die Männer aber überhaupt nicht.«

Ich denke kurz nach. Wie ist das eigentlich bei uns? »In Deutschland ändert sich das gerade«, entgegne ich. »Bei uns achten auch immer mehr Männer auf ihr Äußeres.«

Cecilia nickt. »Wenn ich mir meinen Sohn und seine Freunde anschaue, bemerke ich das auch. Mein Sohn gibt ganz schön viel Geld für Klamotten aus. Und er passt auf, dass er fit ist und keinen Bauch kriegt. So etwas gab es in meiner Generation noch nicht.«

Es gleicht sich also alles an. Das ist Globalisierung. Kulturelle Unterschiede werden zunehmend bedeutungslos. Und deshalb wird es auch den Macho erwischen.

Auch Cecilia denkt so: »Die kolumbianische Frau hat insgesamt einen besseren Stand und mehr Rechte als noch vor 40, 50 Jahren. Dadurch, dass sie arbeitet, ist sie unabhängiger geworden und kann sich leichter trennen, wenn die Situation unerträglich wird.«

Plötzlich hält Cecilia inne. »Peter, hörst du die Musik? Versuch mal, die Texte zu verstehen.«

Ich verstehe vor dem Lärmteppich des Cafés kaum etwas.

»Lauter sexuelle Anspielungen in diesem Lied«, erklärt sie mir. »Ich glaube, Musik verrät viel über eine Kultur. Die jungen Leute hören hier viel Reggaeton. Die Texte sind sexuell stark aufgeladen.«

»Dabei ist Kolumbien doch eigentlich ein katholisches Land.

Wie verträgt sich das?«, frage ich, obwohl ich mir die Antwort fast denken kann.

»Der Einfluss der katholischen Kirche auf die Sexualmoral des Landes geht dramatisch zurück. Und seit wir hier ähnliche Skandale wie in Europa haben mit pädophilen Priestern, geht noch der letzte Rest Autorität verloren.«

»Und wonach richten die Kolumbianer dann heute ihr Leben aus?«

»Der Einfluss aus den USA ist immens. Musik, Fernsehen und das Internet prägen heute das Denken der Kolumbianer.«

»Das heißt, bald ist hier alles genauso wie in Nordamerika oder in Europa?«

Cecilia hält einen Moment inne. »Fast. Allerdings glaube ich, dass einige typische Konstanten bestehen bleiben.«

»Die da wären?«

»Der Zusammenhalt in den Familien. Hier lebt niemand gern allein. Die Individualisierung wird nie so weit gehen wie bei euch im Westen. Und sicher ist dir auch die Warmherzigkeit der Menschen aufgefallen. Die wird auch nicht verschwinden!«

Ich denke nach. Regelmäßig gibt es Untersuchungen darüber, wo die Menschen am glücklichsten sind auf unserem Planeten. Fast immer landet Kolumbien auf einem der ersten Plätze. Wie ist das zu erklären? Wir verbinden das Land doch meist mit der Drogen- und Guerillaproblematik. Mit Gewalt und Machismo. Und doch stimmt es: Wer durch Kolumbien reist, trifft immerzu auf gutgelaunte, gastfreundliche, hilfsbereite Menschen. Das muss mit diesem sozialen Zusammenhalt zu tun haben, den Cecilia anspricht. Die Kolumbianer scheinen nach der Maxime zu leben: Hilf den anderen und genieße das Leben.

Cecilia schaut mich zum Abschied sehr freundlich an. Diese Warmherzigkeit ist das Auffälligste und Schönste an der kolumbianischen Mentalität. Würde dieses warme Herz doch nur immer unter einer echten Brust schlagen …

Auf dem Rückflug nach Deutschland fällt mir ein Artikel aus der *Zeit* in die Hände. Es geht um Schönheits-OPs in Deutschland. Ein ganzes Dossier. Denn der traurige Trend ist auch bei uns spürbar: Immer mehr junge Frauen lassen ihr Äußeres manipulieren, um »schön« zu sein.

Was mich bei der Lektüre am meisten überrascht: Sie tun das nicht, um uns, den Männern, zu gefallen. »*Das Paradoxe ist: Die Überzahl der Männer finden eine operierte Frau nicht mal besonders anziehend. Wissenschaftliche Untersuchungen gibt es dazu nicht, aber die Zeitschrift* Bild der Frau *befragte 1000 Männer unterschiedlichen Alters, ob sie operierte Frauen attraktiver fänden. Drei Viertel der Männer gaben an, dass sie ›natürliche Frauen‹ bevorzugten. Regelrecht abstoßend fanden die Befragten aufgeblähte Schlauchbootlippen und steife Silikonbrüste. Es sind offenbar nicht die Männer, die die Frauen in die Operationen treiben. Was aber ist es dann? Das Streben nach Schönheit hat sich längst von seinem eigentlichen Zweck gelöst. Es braucht den Betrachter, den Mann, nicht mehr unbedingt. Die Frauen wollen sich selbst genügen. All den Ansprüchen, die sie an sich selbst stellen. Sie wollen aussehen wie die tausendmal retuschierten Schönheiten in der* Vogue.« *Bei einer Umfrage der Frauenzeitschrift* Petra *wurden 100 Frauen gefragt, ob sie zehn Punkte ihres Intelligenzquotienten opfern würden, wenn sie dafür einen Schönheitsmakel ausgleichen könnten. Fast drei Viertel der Frauen antworteten mit Ja.*

Die Dummheit hoppelt so unaufhaltsam voran wie die Riesenbrüste in Woody Allens *Was Sie immer schon über Sex wissen wollten.* »*Sich operieren zu lassen wird in ein paar Jahren so normal sein, wie zum Friseur zu gehen*«, wird die Psychologin Ada Borkenhagen, die über die Gründe und Auswirkungen der Schönheitschirurgie forscht, in dem Artikel zitiert. Ihrer Meinung nach wird es in 20 Jahren kaum eine Frau mittleren Alters geben, die nicht operiert ist, egal, ob Akademikerin oder Arbeiterin.

Insofern wäre Kolumbien dem Rest der Welt auf traurige Weise schon weit voraus. Aber wer weiß, vielleicht kehrt sich der Trend ja irgendwann wieder um – und natürliche Schönheit steht wieder höher im Kurs als Silikon.

# *SANSIBAR*

## *Zwei Hochzeiten und ein Lachanfall*

Coca-Cola®

Weihnachten, das sogenannte Fest der Liebe, verbringe ich daheim. Ich sitze im Zug von Berlin nach Frankfurt. Erste Klasse, Intercity, abgewetztes rotes Polster, menschenleer. Auch die brandenburgische Landschaft draußen wirkt leer.

Ich öffne mein Notebook, um mich auf meine nächste Reise vorzubereiten, die mich nach Afrika führen wird – und sehe den Nacken einer schwarzen Frau, auf den die Umrisse des afrikanischen Kontinents eintätowiert sind. Ich habe dieses Bild vor zwei Jahren in Dubai aufgenommen. Bekannte dort nahmen mich auf eine Party mit, die Gastgeberin war eine lebensfrohe Südafrikanerin. Erst vor ein paar Tagen habe ich die Funktion in meinem MacBook entdeckt, die alle paar Stunden das Hintergrundbild wechseln lässt. Und ausgerechnet jetzt, wo ich über Afrika nachdenke, taucht diese tätowierte Landkarte vor mir auf. Ist das ein Zeichen? Aber wofür? Für: »Peter, du tust gerade das Richtige, widme dich weiter diesem Kontinent«? Oder: »Dieser Kontinent ist dein Schicksal«? Nein, es ist nur ein Bild auf einem Computerbildschirm, das ein paar Gedanken hochspült. Weiter nichts.

Überall ist zu lesen, Sansibar sei eine Trauminsel: sagenumwoben, voller Legenden, ein Märchen aus 1001 Nacht – und so weiter. Wenn man mit der Fähre von Daressalam übersetzt, weht einem angeblich schon kilometerweit der Duft der Gewürznelken entgegen. Als ich im Hafen ankomme, stinkt es erst mal nach totem Fisch.

»Sansibar oder der letzte Hund«, geht es mir die ganze Fahrt über durch den Kopf. Wie komme ich darauf? Wie bin ich bloß auf den Hund gekommen? Jedenfalls beruhigt mich der Gedanke, dass ich in Sansibar kaum einen kläffenden Köter zu Gesicht bekommen dürfte. Muslime mögen keine Hunde, und

Sansibar ist zu ungefähr 98 Prozent in islamischer Hand. Vor herumstreunenden Hunden habe ich nämlich fast noch mehr Angst als vor den schwirrenden Moskitos, die hier Krankheiten wie die Malaria oder das Denguefieber übertragen.

Ich beschließe, mein Swahili aufzufrischen. Vor 20 Jahren konnte ich es mal ganz gut sprechen. Am *Taasisi ya kiswahili na lugha za kigeni,* dem Institut für Swahili und Fremdsprachen, schreibe ich mich ein. Um gleich in engen Kontakt mit der Bevölkerung zu kommen, lasse ich mir vom Institut eine Gastfamilie vermitteln. Eine Stunde später bereits steht ein äußerst würdevoller Mann von etwa 50 vor mir, in ein weißes Gewand gehüllt, ein Käppi auf dem Kopf. Seine Augen blicken gleichzeitig gütig und streng. »Name von mir ist Baba Mwenzi«, spricht er mich auf Swahili an.

*»Jina langu ni Peter«,* erwidere ich stolz in meinem besten Swahili. »Name von mir ist Peter.«

»Wie sind die Neuigkeiten?«, fragt er weiter.

Was meint er damit? Was für Neuigkeiten? Also antworte ich einfach nur *»Nzuri«* – »gut«. Irgendjemand hat mir mal erzählt, dass passe immer.

*»Nzuri sana«* – »Sehr gut«, erwidert Baba Mwenzi, wirkt allerdings leicht irritiert. Dann packt er mich in seinen kleinen weißen Wagen, auf dem *Erziehungsministerium* steht. Auf holprigen Wegen hoppeln wir aus der Stadt.

»Wir leben etwas außerhalb von Stone Town«, meint Baba Mwenzi. »Das ist hoffentlich kein Problem für dich.«

*»Hakuna matata«* – »Kein Problem«, antworte ich, um nicht gleich unhöflich zu wirken. Okay, ich werde also außerhalb des historischen Zentrums wohnen. Dabei hatte ich eigentlich davon geträumt, in einem alten Stadtpalast zu residieren, mit einem kühlen Innenhof, verwunschenen Galerien – und ein paar schönen, unverheirateten Töchtern, die ab und zu schüchtern hinter einer reichverzierten Holztür hervorblinzeln.

»Ich hoffe, es ist auch kein Problem für dich, das Zimmer mit meinen zwei Söhnen zu teilen?«, reißt mich Baba Mwenzi aus meinen Gedanken.

»Was?! Ein Zimmer mit zwei anderen Männern teilen?«, entfährt es mir fast. Doch dann besinne ich mich. Nichts ist wichtiger als Höflichkeit in der Swahilikultur. Daher sage ich stattdessen und so freundlich es nur geht: *»Hakuna matata«* – »Kein Problem«.

Nach einer halben Stunde Hoppelei gelangen wir auf eine Art Gehöft. »Hier wohnt Baba Kuu«, zeigt Baba Mwenzi mit einer gewissen Strenge und Würde auf das schönste der kleinen Häuschen. »Er ist das Oberhaupt unseres Clans. Morgen wirst du ihn begrüßen.«

»Aha«, sage ich, noch ganz durchgerüttelt vom Holperweg. »Äh, Baba Mwenzi, sagen Sie bitte mal: Wie komme ich denn von hier zum Swahiliunterricht ins Taasisi?«

»Du kannst mit dem Fahrrad fahren.« Baba Mwenzi schaut ganz gütig. Mit dem Fahrrad? Ist er wahnsinnig? Draußen herrschen mindestens 36 Grad.

*»Hakuna matata«,* sage ich. »Kein Problem, Baba Mwenzi!«

Im Gegensatz zu Baba ist Mama Mwenzi eher blass – also wohl mehr mit arabischen als afrikanischen Genen gesegnet. Unter ihrem schwarzen Kopftuch trägt sie eine dicke Hornbrille. Sie redet sehr schnell, ich verstehe kaum ein Wort. Irgendwann entsteht endlich eine Pause, und ich spüre, dass jetzt eine Antwort von mir erwartet wird. *»Hakuna matata«,* sage ich, das erscheint mir das Sicherste.

*»Nzuri«* – »Gut«, erwidert Mama Mwenzi, »dann bereite ich jetzt den Haifisch zu.«

»So, und ich stelle dich meinen Söhnen vor.« Baba Mwenzi führt mich in ein ungefähr acht Quadratmeter großes Zimmer. Im Grunde besteht es aus zwei Betten, dazwischen ein winziger Gang, auf den ein Paar Füße passt, wenn man sich Mühe gibt.

»Das ist dein Zimmer«, erklärt Baba Mwenzi, »und das sind meine Söhne, Amour und Mohammed.« Auf einem Bett sitzen zwei ziemlich dunkle Gestalten, Anfang bis Mitte 20, in langen weißen Gewändern.

»Wie sind die Neuigkeiten?«, frage ich die beiden in die beklemmende Stille hinein.

»Gut«, lautet die Antwort unisono, aber wenig überzeugend. Ist ja auch bitter – jetzt müssen die beiden meinetwegen in einem Bett schlafen.

»Fein, ich lass euch jetzt mal allein«, räuspert sich Baba Mwenzi und schleicht sich davon.

Amour und Mohammed bitten mich, Platz auf dem anderen Bett zu nehmen. »Wie sind die Neuigkeiten von deinen Eltern?«, fragen sie mich.

»Gut«, antworte ich.

»Wie sind die Neuigkeiten von deinen Geschwistern?«

»Sehr gut«

»Wie sind die Neuigkeiten der Reise?«, fragt Amour.

»Gut!«

»Wie sind die Neuigkeiten des Wetters?«, fragt Mohammed.

»Sehr gut!«, sage ich, während der Schweiß an mir herunterläuft.

Das Verhör geht weiter. »Wie sind die Neuigkeiten von Deutschland?«, fragen meine Brüder auf Zeit.

»Sehr gut«, antworte ich und verschweige einfach mal, dass der Zustand der schwarz-gelben Koalition Anlass zu großer Sorge gibt und sich auch der Euro in einer schweren Krise befindet. Mein Swahili würde wohl kaum ausreichen, dies überzeugend zu erklären.

»Wie lange hast du Swahili gelernt?«, fragt Mohammed.

»Ungefähr zwei Jahre«, antworte ich.

»Zwei Jahre?« Die beiden wirken schockiert.

»Ja, ungefähr zwei Jahre«, bekräftige ich.

Sind sie erschrocken, dass ich nach zwei Jahren immer noch so schlecht spreche? Sie wiederholen die Frage, diesmal ganz langsam: »Wie lange wirst du hier Swahili lernen?«

Ah, da habe ich mal wieder Perfekt und Futur verwechselt – ist sich beides auch zu ähnlich im Swahili. »Ach so«, lache ich, »zwei Wochen, vielleicht.«

Jetzt lachen die beiden auch. Zwei Wochen in einem Bett schlafen – das geht wohl gerade noch. Zwei Jahre wären dann doch ein bisschen viel gewesen …

»Magst du zum Strand gehen?«, fragt Amour.

Ich bin bereits nach fünf Minuten froh, aus dem engen, stickigen Zimmer rauszukommen. »Kann ich denn so zum Meer runterlaufen?« Ich zeige auf meine halblange Badehose.

»Nein, du musst deine Beine bedecken«, Mohammed wirkt plötzlich streng. »Wegen der hübschen Mädchen, die uns unterwegs begegnen können«, grinst Amour.

Unterwegs trinken wir noch einen frisch gepressten Zuckerrohrsaft. Plötzlich sind Amour und Mohammed ziemlich nervös. »Da kommt Aisha«, raunen sie, »unsere Cousine.«

Die Schönheit von Aisha ist auch unter ihrem grünen Kopftuch nicht zu übersehen. Lachend kommt sie auf uns zu und zeigt dabei zwei Reihen blitzend weißer Zähne. »Wer ist der Mzungu da?«, fragt sie Amour.

»Der Name von dem Mzungu ist Peter«, überrasche ich sie mit meinem Swahili.

»Oh, der Mzungu spricht unsere Sprache«, bemerkt sie spitz. Keine Spur von Schüchternheit auf Aishas Gesicht. Nur meine beiden Brüder auf Zeit wirken überfordert. »Wir sind auf dem Weg zum Strand«, stammelt Mohammed.

»Vielleicht komme ich nach«, lächelt Aisha.

Der Strand ist gerade mal 150 Meter von unserem Haus entfernt und versöhnt mich mit der Enge meines orientalischen Schlafgemachs. Neben uns sind noch ein Dutzend anderer Jungs hier, die alle einem Fußball hinterherhecheln. Amour und Mohammed stellen mir jeden von ihnen vor. Es stellt sich heraus, dass sie alle Cousins oder Großcousins sind. »Ganz schön große Familie«, denke ich.

Der deutsche Fußball wird auf Sansibar durchaus bewundert, und so werden von dem Mzungu wohl wahre Wundertaten erwartet. Jeder spielt mir den Ball zu, doch mir will kaum ein Doppelpass gelingen. Ein ums andere Mal stolpere ich über eine Kokosnuss. Irgendwann werde ich nicht mehr angespielt und kann meine Aufmerksamkeit ganz der Frau widmen, die 50 Meter von uns mit unbeschreiblicher Eleganz ins Meer steigt. In voller Tracht natürlich, außer ihrem lachenden Gesicht ist kein Zentimeter Haut zu sehen. Aisha, unsere schöne Nachbarin, demonstriert islamische Badekultur in Perfektion.

Am nächsten Morgen schüttet es wie aus Kübeln. An Fahrradfahren ist nicht zu denken. Baba Mwenzi bringt mich zur Straße. »Siehst du die Dalla-Dallas?«, ruft er durch den Regen, der so dicht ist, dass ich kaum sein Gesicht sehen kann.

»Dalla-Dallas?«, rufe ich fragend zurück.

»Ja, Dalla-Dallas«, ruft Baba Mwenzi wieder und zeigt auf uralte vorbeifahrende Pritschenwagen mit einer Plane. »Die bringen dich nach Stone Town.«

Gesagt, getan. Das nächste Dalla-Dalla halten wir per Handzeichen an. Ich springe auf, und das Gefährt rumpelt mit mir davon. Der Regen prasselt auf das provisorische Dach. Mir gegenüber sitzen auf einem Holzbänkchen sieben Mädchen, alle mit Kopftuch. Schüchtern weichen sie meinem Blick aus. Sie sind nicht so kokett wie die smarte Aisha von meinem Gehöft.

»*Karibuni!*« – »Herzlich willkommen!«, ruft uns der alte Swahililehrer zu. Es stellt sich schnell heraus, dass er ausgezeichnet Swahili spricht. Und dass er ausschließlich Swahili spricht. Der Amerikaner, der ihn mit einer Frage auf Englisch belästigt, wird einfach ignoriert.

Auch eine Deutsche ist in der Swahiliklasse: Petra, eine Ethnologin. In der großen Pause komme ich mit ihr ins Gespräch.

»Was machst du hier?«

»Ich mache Feldforschung auf Sansibar.«

Klingt spannend. »Und um was geht es bei dieser Feldforschung?«

»Vielleicht erzähle ich es dir ein anderes Mal.«

»Okay. Gehen wir heute Abend ein Bier trinken?«

»Wir befinden uns auf einer islamischen Insel«, entgegnet Petra vorwurfsvoll und zwinkert mir dann zu. »Ich kenne aber einen Ort, wo es Bier gibt. Komm doch heute Abend um sechs ins Africa House Hotel!«

## *Kein Bier auf Sansibar?*

Zum Mittagessen bin ich wieder zu Hause. Baba Mwenzi hält mir ein Referat über die Swahilikultur und den Islam.

»Welche Religion hast du?«, fragt er.

»*Mkatoliki*« – »Katholik«, antworte ich in korrektem Swahili.

Baba Mwenzi freut sich. »*Mkatoliki* ist gut«, meint er, »aber all die Leute aus dem Westen ohne Religion – die sind sehr schlecht. Sie nehmen Drogen und haben keine guten Sitten. Was ist mit dir? Trinkst du Bier?«

Diese Frage bringt mich in Verlegenheit. Ich will ja nicht lügen, aber andererseits auch nicht die Gefühle meiner islamischen Gastfamilie verletzen. »Nun, Bier gehört in gewisser Weise zur deutschen Kultur«, druckse ich herum. »Aber ich trinke ganz selten, nur zu besonderen Anlässen …«

Baba Mwenzi scheint beruhigt, dass er keinen drogenabhängigen Westler bei sich aufgenommen hat.

Das Africa House Hotel ist der alte Kolonialclub der Briten auf Sansibar. Ein weiß getünchtes, riesiges Haus mit Säulengängen. Auf der Rückseite befindet sich im ersten Stock eine weitläufige Terrasse mit Blick aufs Meer. Petra ist bereits da, als ich eintreffe, und schaut – nun ja, wie schon – versonnen auf den roten

Feuerball, der fast im Sturzflug im Indischen Ozean versinkt. Da mag man noch so wenig romantisch sein – ein tropisches Gänsehautgefühl lässt sich nicht vermeiden. Petra kontrastiert mit ihren strahlend blauen Augen und den blonden Haaren glänzend zu den schwarzen Dienern im Livree, die hier noch sehr nach Kolonialzeit aussehen und den weißen Herren und Damen in etwas zu unterwürfiger Pose ihre Biere servieren.

»Das ist einer der ganz wenigen Orte auf Sansibar, wo man Alkohol kriegt«, lächelt Petra und nuckelt an ihrem »Safari Lager«, als wir uns an einem Tisch gegenübersitzen. »Ich trinke normalerweise nur Rotwein, aber hier in dieser Hitze tut so ein Bier einfach gut.«

Das finde ich auch. »Prost, Petra! Und nun erzähl doch mal, was du hier so treibst.«

»Ich promoviere über Hochzeitsriten auf Sansibar. Ich mache gerade Feldforschung hier.«

»Ein gefundenes Fressen«, denke ich, während ein herrliches Samosa in meinem Schlund versinkt. Ich erzähle Petra von meinem Liebesforschungsprojekt. »Könntest du mich vielleicht mal auf eine Hochzeit mitnehmen? Das ist doch bestimmt sehr spannend.«

»Mal sehen. Ich muss dann natürlich auch mit den Chefs der Verwandtschaftsgruppen reden. Das ist alles nicht so einfach hier«, antwortet sie.

Wir bestellen noch ein Bier. »Wie bist du auf das Thema Hochzeitsriten auf Sansibar gekommen?«, frage ich sie.

»Ist 'ne lange Geschichte. Ich habe ein Auslandssemester in den USA gemacht. An der Yale University. Da lehrte ein Experte für Swahilikultur. Seitdem war ich fasziniert. Diese Mischung aus Afrika und Arabien, die ist einzigartig!« Petra schaut schwärmerisch in den Abendhimmel.

»Ist es nicht schwierig, als Frau in einer islamischen Gesellschaft zu recherchieren?«

»Ach, das geht schon. Als Weiße wird man nicht so eindeutig

den Geschlechtern zugeordnet. Da kann man das ein oder andere Tabu unterwandern.«

»Und fühlst du dich nie einsam hier?« Ich versuche klammheimlich, das wissenschaftliche Feld zu verlassen und auf eine persönlichere Ebene zu gelangen.

Petra scheint das nichts auszumachen. »Klar. Manchmal schon. Aber übernächste Woche kommt mein Freund aus Amerika. Wir wollen zusammen den Kilimandscharo besteigen.«

Mist. Den Kilimandscharo wollte ich auch immer schon besteigen. In mir kommt Neid auf. Wer ist dieser Amerikaner, der mit der hübschen deutschen Ethnologin so hoch hinauswill? »Was macht denn dein Freund?«, frage ich scheinbar ungerührt.

»Er ist Professor für Kulturanthropologie in Yale.«

»Nicht schlecht!«

Petra schmunzelt. »Ja, er hat mich zweimal gedatet, als ich in den USA studiert habe. Und schwupps, waren wir ein Paar.«

»Wie schwupps?« Ich spüle mittlerweile mein viertes Safari Lager hinunter.

»In Amerika läuft das doch so«, erklärt sie mir, »du gehst zweimal mit einem Typen aus, dann bist du quasi verlobt. Alle Freunde und Bekannten wissen davon und freuen sich schon auf die Einladung zur Hochzeit.« Petra nimmt ebenfalls noch einen kräftigen Schluck. Sie scheint richtig Lust zu haben, über ihr Privatleben zu reden. »Ich bin jetzt 33. Ich bin die Männer in Deutschland so was von leid. Dieses ewige Hin und Her. Die wissen doch nie, was sie wollen!«

»Und dann gehst du nach Amerika und verlobst dich nach zwei Begegnungen?«

»Ja. Musste ich mich auch dran gewöhnen, klar. Aber ich glaube mittlerweile, dass das besser ist als die ganzen unverbindlichen Begegnungen in Deutschland.«

Während Petra Richtung Toilette eilt, denke ich über das Gesagte nach. Hat sie nicht recht? Kommen wir, komme ich nie wirklich auf einen grünen Liebeszweig, weil alles so unverbindlich ist in Deutschland? Ich kann mit einem Dutzend verschiedener Freundinnen ausgehen. Einige sind verbandelt. Es ist nichts dabei. Wirklich nichts? Wie groß sind die emotionalen Verwirrungen tatsächlich? Wären klare Regeln nicht auch besser für mich? Wäre ich nicht längst verheiratet und hätte Familie, wenn der gesellschaftliche Druck da wäre? Wäre ich dann unglücklicher, als ich heute bin? Oder glücklicher? Jedenfalls hätte ich wohl diese Reise nicht angetreten. Ich genieße die Freiheit, ja. Und ich leide darunter. So wie jetzt, als Petra zurückkommt und erklärt: »Ich muss mal langsam nach Hause. Ich habe noch ein Skypedate mit meinem Freund.«

Wir verlassen das Hotel. Es ist inzwischen elf Uhr abends. Ich wanke durch Stone Town zur Dalla-Dalla-Haltestelle. Hoffentlich erkenne ich in der Dunkelheit noch den Haltepunkt in der Nähe von unserem Gehöft. Ich erinnere mich, dass ich das Dalla-Dalla in Richtung Bububu nehmen muss. »Bububu«, das konnte ich mir merken, und »Bububu« passt auch perfekt zu meinem geistigen Zustand nach sieben Safari Lager.

Das Dalla-Dalla nach Bububu steht schon bereit. »Wann fahren wir los?«, frage ich den Fahrer, nachdem ich bereits eine Dreiviertelstunde hinten auf der Pritsche meinen Gedanken nachgehangen habe.

»Wenn das Dalla-Dalla voll ist«, meint er lakonisch. Ich sehe mich schon die ganze Nacht im Dalla-Dalla dösen, da steigt eine Gruppe junger Männer in weißen Gewändern ein, der Motor heult auf, und wir holpern durch die warme tropische Nacht. Das Problem ist, dass – sobald wir Stone Town verlassen haben – alles stockdunkel ist. Ab und zu kommt uns ein anderes Dalla-Dalla entgegen, sonst ist es einfach nur finster. Wie soll ich da erkennen, wo ich wohne?

»Kennen Sie Baba Mwenzi?«, frage ich einen der jungen Männer, ernte aber nur Kopfschütteln. »Ich weiß nicht genau, wo ich aussteigen muss«, bemerke ich, um etwas Anteilnahme zu erregen. »Es muss irgendwo ziemlich in der Mitte zwischen Stone Town und Bububu liegen.«

»Vielleicht in Saateni?«, fragt einer. »Oder in Kibweni?«, ein anderer.

Ich stelle fest, dass ich mir überhaupt nicht gemerkt habe, wie das Dorf heißt. Als das Dalla-Dalla wieder hält, springt einer der Männer von der Pritsche und fragt den Fahrer, ob er einen Baba Mwenzi kenne. Wieder Fehlanzeige. Aber alle sind jetzt besorgt um den verwirrten Ausländer, der immerhin versucht, ihre Sprache zu sprechen. Das Dalla-Dalla verlangsamt seine Fahrt dramatisch, damit ich den Wegesrand nach einem Anzeichen für meinen Wohnort absuchen kann. Mir ist schlecht vom Rütteln und vom Safari Lager. Wie kann so eine schöne tropische Nacht zu solch einem Alptraum werden?

Da sehe ich einen würdigen Mann im weißen Kaftan am Wegesrand stehen. »Wir haben dich erwartet«, sagt Baba Mwenzi. Ich kann gerade nicht erkennen, ob er streng oder gütig guckt. Still laufen wir Seite an Seite zum Gehöft. Ich versuche um jeden Preis zu vermeiden, dass Baba Mwenzi meine Bierfahne bemerkt. Was für eine Schande: Der deutsche Gast, der angeblich nur zu besonderen Anlässen ein Glas Bier trinkt, wankt an seinem zweiten Abend auf Sansibar an der Seite des Swahiliherrn, für den Alkohol absolutes Teufelszeug ist, durch die Nacht. Ab morgen würde ich nur noch Mangosaft trinken, schwöre ich mir.

Amour und Mohammed schnarchen gemeinsam in Löffelchenstellung auf ihrem Bett. Fast stürze ich auf sie, als ich mir in der Dunkelheit des winzigen Zimmers die Schuhe ausziehe.

Beim Frühstück am folgenden Morgen suche ich die Mienen meiner Gastgeber auf Anzeichen von Vorwürfen ab. Ich sehe nichts. »Wie sind die Neuigkeiten von gestern Abend?«, fragt meine Gastmutter.

»Sehr gut!«, lüge ich.

»Wie sind die Neuigkeiten vom Swahiliunterricht?«, fragt Amour.

»Auch sehr gut.« Ich erzähle von der deutschen Ethnologin, die über Hochzeitsriten auf Sansibar forscht. »Also nur, falls es keine Umstände macht: Wenn es in eurem Clan auch mal eine Hochzeit geben sollte – könnte ich die vielleicht besuchen?«

»Natürlich«, sagt Baba Mwenzi, als habe er die ganze Zeit nur auf diese eine Frage gewartet. »Nächstes Wochenende wird es eine Hochzeit geben. Eine Cousine von mir ist dort die Somo der Braut, das ist eine wichtige Funktion auf der Hochzeit. Wir werden sie dir vorstellen, sie kann alles zu Hochzeiten erklären. Ihr Name ist Aisha.«

Aisha? Etwa die schöne Aisha, die ich schon kennenlernen durfte? Was für ein Glück ich mal wieder habe! Mein Herz macht einen Sprung, als stünde ich kurz vor meiner eigenen Hochzeit.

Der Swahiliunterricht an diesem Tag ist insofern bemerkenswert, als dass sowohl der alte Lehrer als auch ich unvermittelt mitten im Unterricht einschlafen. Erst das Husten und Räuspern der zwei amerikanischen Studenten weckt uns wieder auf. Bei mir ist Restalkohol im Spiel, der Lehrer ist wohl einfach nur altersmüde.

Auch Petra wirkt nicht besonders fit. Beim Mittagessen auf der Dachterrasse eines alten Stadtpalastes frage ich sie trotzdem weiter über die Hochzeitsriten aus.

»Was ist denn so spannend an den Hochzeiten hier?«

»Ich untersuche, ob die Hochzeitsriten hier Übergangsriten im Sinne von Arnold van Gennep sind. Sagt dir der Name etwas?«

Ich schüttle den Kopf. Nun ist Petra in ihrem übergangsrituellen Element. Ich hänge an ihren Lippen und lerne ungemein Interessantes. Übergangsriten sind nämlich Riten, während derer der Mensch seinen bisherigen Zustand verlässt und in einen neuen übergeht. Gemeint sind damit allerdings keine

Alkoholexzesse wie gestern Abend, sondern entscheidende Umbrüche, die im Leben eines jeden Menschen stattfinden. Es gibt Riten nach der Geburt, die aus dem Baby erst ein soziales Wesen machen. Es gibt Initiationsriten in der Pubertät. Aber auch Beerdigungen, wenn der Mensch das Diesseits verlässt und ins Jenseits übergeht, zählen dazu, ebenso Priesterweihen. Und natürlich auch Hochzeitsriten. Denn nach der Hochzeit ist nichts mehr wie vorher. Frau und Mann sind vom Heiratsmarkt verschwunden, sie gründen bald eine Familie, und die Frau wechselt meist auch noch die Verwandtschaftsgruppe und den Wohnort. »In manchen Gesellschaften wechselt auch der Mann Verwandtschaftsgruppe und Wohnort. Aber hier auf Sansibar herrscht die allgemein übliche Patrilokalität vor: Die Frau zieht zum Mann und ist dann Teil seines Clans«, erklärt die Ethnologin.

Dann erfahre ich noch, dass der schlaue Arnold van Gennep vor rund 100 Jahren herausgefunden hat, dass all diese Übergangsriten überall auf der Welt bestimmten Mustern folgen. Zuerst gibt es Trennungsriten, die den betreffenden Menschen auch symbolisch von seinem bisherigen Zustand separieren. Oft geschieht das durch Haareschneiden und Rasuren. Oder auch durch Schläge und körperliche Peinigung. Danach folgt eine sogenannte liminale Phase, in der der Mensch symbolisch tot ist. »Reste davon findest du zum Beispiel während der Priesterweihen, wenn die Novizen ein paar Minuten wie tot vor dem Altar liegen«, erklärt Petra. »Oder früher bei katholischen Taufen, wenn das Kind mit dem Kopf ins Taufbecken getunkt wurde, also nicht mehr atmen konnte. Auch das ist ein symbolischer Tod.«

Eigentlich schauerlich, aber nur vorübergehend. »Danach folgen dann die Riten, die den Mensch an seinen neuen Zustand heranführen sollen«, erzählt Petra weiter. »Außerdem sind die Hochzeitsriten hier spannend, weil sich in ihnen deutlich die gesellschaftlichen Veränderungen widerspiegeln. Früher dauerten sie sieben Tage, das kann sich heute kaum noch jemand leisten.«

Wen wundert das – auch bei uns in Europa würde eine einwöchige Hochzeitsfeier wohl die allermeisten finanziell überfordern.

»Die Riten sind im Grunde von der islamischen Religion bestimmt«, fährt Petra fort, »doch im Laufe der Jahrhunderte sind zahlreiche Elemente aus Arabien, Afrika und aus dem Westen in die Hochzeitstraditionen mit eingeflossen.«

Genau mein Thema.

»Übrigens, du kannst demnächst auf eine Hochzeit mitkommen. Ich habe mit den Oberhäuptern der beiden Clans gesprochen«, eröffnet sie mir freudig.

Zu Hause wartet an diesem Abend ein Gast auf mich. »Das ist Aisha, die Somo der Braut, von der wir dir erzählt haben«, stellt mir Mama Mwenzi die Frau vor, die keinerlei Ähnlichkeit mit der Aisha hat, die ich am ersten Tag ins Meer steigen sah. Diese Aisha hier ist vermutlich die dickste Frau von ganz Sansibar. Sie ist ungefähr so groß wie ich und dürfte damit 99 Prozent der Männer hier um mindestens einen Kopf überragen. Vielleicht ist das der Grund, warum sie trotz ihrer 30 Jahre noch nicht verheiratet ist – und leider wohl auch niemals verheiratet sein wird, denn jenseits der 25 ist für Frauen auf Sansibar die Chance gleich null, noch unter die Haube zu kommen.

Aisha lächelt ein so breites, offenes Lächeln, dass man sie vom ersten Moment an ins Herz schließen muss. Und ihre Fröhlichkeit scheint ein Beleg dafür zu sein, dass Ledigsein nicht Unglücklichsein bedeuten muss. »Als Somo muss ich aber eigentlich sehr, sehr streng sein«, sagt sie lachend, und alle im Hause Mwenzi müssen mitlachen, so ansteckend, wie Aisha sich über ihren kleinen Scherz freut.

»Wieso musst du streng sein?«, frage ich.

»Damit die Braut Zucht und Ordnung lernt.« Wieder bricht Aisha in ihr infektiöses Lachen aus. Das Wellblech überm Haus Mwenzi wackelt schon von den Erschütterungen, die das gemeinschaftliche Lachen hervorruft. Selbst Mama Mwenzi, die gerade einen heftigen Malariafieberschub durchmacht, kann nicht an sich halten. Sie schwitzt nun mehr vor lauter Belustigung als vom Fieber.

»Komm, ich bring dich zur Braut«, sagt Aisha, als sie sich beruhigt hat.

»Was, ich darf zur Braut?« Ich bin augenblicklich elektrisiert.

»Ja, du kannst mitkommen zu ihrer kleinen Hütte. Nur ihr Gesicht sehen darfst du natürlich nicht. Das darf ja noch nicht mal der Bräutigam!«

Und so trotte ich hinter der netten, dicken Aisha übers Gehöft zu einer winzigen Hütte, vielleicht so groß wie mein Schlafgemach. Aber immerhin hat sie die acht Quadratmeter für sich allein, und muss diese nicht noch mit zwei schnarchenden Brüdern teilen, die dafür sorgen, dass ich mich hier ständig müde fühle.

»Es sind noch vier Tage bis zur Hochzeit«, erklärt Aisha. »Jetzt ist gerade die Mpambaji bei der Braut, die rituelle Schmückerin. Sie bemalt die Braut mit Henna.«

Der Eingang des Hauses ist durch einen Vorhang bedeckt. Aisha schiebt ihn vorsichtig zur Seite. Da sehe ich einen filigranen Fuß, der mit einem wunderschönen Muster bemalt ist. »Den Farbstoff gewinnen wir aus dem Mhinabaum«, erklärt mir Aisha. »Wir stampfen die Blätter, weichen sie in Wasser ein und fügen am Ende Zitronensaft bei, damit die Farbe später nicht so schnell verblasst. Fünf Tage lang muss die Mpambaji die Farbe immer wieder auftragen, Arme und Beine werden bemalt. Am ersten Tag ist die Farbe noch rot, am zweiten Tag wird sie bräunlich, dann immer dunkler, bis ein schwarzes Muster die Haut überzieht.«

Ich bin überrascht, dass ich die Beine bis über die Knie betrachten darf. Das Kunstwerk wirkt fast wie eine Netzstrumpfhose.

»Hier ist ein Mzungu, der sich für Hochzeiten interessiert«, ruft Aisha hinter den Vorhang. »Er schaut sich aber nur deine hübschen Beine an.«

Die Reaktion ist ein kindlich wirkendes Kichern. »Sie ist erst 16«, raunt mir Aisha zu.

Ich schieße Fotos von den floralen Mustern, die sich bis zur Sohle erstrecken. Plötzlich streckt sich mir eine Hand durch den Vorhang entgegen. Die Innenflächen sind mit tropischem Blätterwerk überzeichnet. Über den Zeigefinger läuft eine Art Tannenzweig. An Mittel-, Ring- und kleinem Finger sind lediglich die äußersten Kuppen bemalt. Es sieht einfach wunderbar aus. Man kann sich ja in Frauen allein schon deswegen verlieben, weil sie tolle Lippen oder schöne Augen haben. Warum sollte man sich nicht auch in Handinnenflächen verlieben können?

»So, und jetzt lassen wir die Mpambaji mal ihre Arbeit weiter machen.« Aisha schiebt den Vorhang wieder vor. Der kurze Blick auf die Haut der Braut ist passé. »Hast du gesehen, wie glatt rasiert die Haut ist?«, fragt mich Aisha beim Hinausgehen. »Die Braut wird am ganzen Körper rasiert, sogar die Ecken an den Schläfen werden wegrasiert. Tut ziemlich weh.«

Mir fällt Petras Theorie von den Übergangsriten ein: die mit Schmerzen verbundene Trennung vom alten Zustand. Das passt ja wie die mit Henna verzierte Faust aufs Auge. Ich bin allerdings etwas besorgt, weil das Mädchen dort drinnen erst 16 ist. »Ist das normal?«, frage ich die Expertin.

»Nun ja, früher sind die Mädchen sogar quasi mit Einsetzen der Geschlechtsreife verheiratet worden, also oft schon mit 13 oder 14. Heute hat sich vieles verändert. Es gibt zahlreiche Frauen, die erst mit Anfang, Mitte 20 in die Ehe gehen.«

»Aber die beiden, Braut und Bräutigam, kennen die sich schon?«

»Ja, sie kennen sich, sie sind ja schließlich Cousin und Cousine. Trotzdem muss alles sehr geheim ablaufen.«

»Was heißt geheim?«

»Sieh mal, Peter: Wenn ein Mann ein Mädchen heiraten möchte, muss er diesen Wunsch zunächst an die Eltern und Verwandten des Mädchens herantragen. Er kann das aber nicht selbst tun, sondern braucht dafür einen Vermittler, einen Mjumbe, der in seinem Namen verhandelt. Das kann ein Freund oder ein naher Verwandter sein, aber es muss auf jeden Fall ein allgemein geachteter Mann sein. Und der nimmt dann erst einmal Kontakt auf zum Kaka der Braut.«

»Wie bitte – Kaka?« Mein Swahili lässt mich mal wieder im Stich. »Kaka heißt älterer Bruder: Das solltest du aber wissen!« Aisha bricht wieder in ihr ansteckendes Lachen aus.

»Okay«, gebe ich ein wenig pikiert zu, »und was passiert, wenn die Braut keinen Kaka hat?«

»Na, dann kann sich der Mjumbe auch an den jüngeren Bruder des Vaters der Braut wenden. Und wenn es den nicht gibt, geht er halt zum Vater des Brautvaters, also zum Opa der Braut.«

Klingt kompliziert.

»So, Peter, was heißt denn ›Großvater‹ auf Swahili?«

»Babu«, antworte ich brav, und Aisha fängt schon wieder an, schallend zu lachen – in meinen Augen völlig grundlos.

Bald hat sie sich wieder gefangen und fährt fort. »Wenn die Braut – was selten vorkommt – gar keine männlichen Verwandten hat, dann kann sich der Vertreter des Bräutigams auch an einen islamischen Geistlichen wenden, einen Mwalimu.«

»Und was passiert dann?«

»Dann lässt die Familie der potentiellen Braut den Verliebten erst einmal schmoren. Normalerweise muss der Mjumbe schon ein paar Mal aufkreuzen, bevor er eine Antwort bekommt. Sollte es dann wirklich irgendwann zu positiven Reaktionen seitens der Brautfamilie kommen, fangen die Verhandlungen über den Brautpreis an.«

Uff, das klingt anstrengend. So langsam wundere ich mich, dass es auf Sansibar überhaupt zu Eheschließungen kommt.

Am nächsten Morgen nehme ich tatsächlich das klapprige Rad made in China und fahre damit zum Taasisi. Herrlich, wenn es einem gelingt, den Schlaglöchern auszuweichen und die immerzu hupenden Dalla-Dallas zu ignorieren. Völlig verschwitzt und eine Viertelstunde zu spät komme ich am Swahiliinstitut an. Der Stuhl von Petra ist leer.

»Heute wollen wir ein bisschen Swahilimusik hören«, bringt unser Lehrer noch stöhnend hervor, bevor er auf den Knopf eines alten Kassettenrecorders drückt und – von dieser Anstrengung überwältigt – danach augenblicklich einschläft.

Ich erkenne sofort den Klassiker, den ich schon von Angelique Kidjo und Miriam Makeba in besserer Qualität gehört habe als aus dem krächzenden Kassettenrecorder. *»Malaika, ningekuoa Malaika. Malaika, ningekuoa Malaika.«* *»Malaika«* heißt »Engel« auf Swahili, ist aber auch ein beliebter Frauenname. *»Ningekuoa«* bedeutet »Ich würde dich heiraten«. »Ich würde dich heiraten, wenn ich nur genug Geld hätte. Wenn ich nur den Brautpreis aufbringen könnte. Ich liebe dich, Malaika, ich würde dich so gern heiraten.« So lautet der Text. Das herzzerreißende Lied erklärt das Leiden vieler junger Männer im Land, die wegen Geldnot die Angebetete nicht, noch nicht oder niemals heiraten können.

Wahrscheinlich gehört es zum Unterrichtskonzept, nach dem Lied über seinen Inhalt zu diskutieren, doch der altersmüde Lehrer wacht nicht auf, so dass wir erst mal in die Pause gehen. Während die amerikanischen Swahilischüler diskutieren, ob man sich beim Institutsleiter über den müden Lehrer beschweren und gegebenenfalls seine Absetzung fordern solle, beschließe ich, dass des Lehrers Schlaf heilig ist. Ich nutze die unverhofft gewonnene Freiheit, um ein bisschen durch Stone Town zu schlendern, dieses prächtige Weltkulturerbe mit den

Hunderten verwinkelter Gassen, den schweren Holztüren, dem Duft und Gestank aus 1001 Nacht. Mädchen huschen auf dem Nachhauseweg von der Schule an mir vorbei. Nur wenige tragen Schleier, die meisten ein leichtes Kopftuch. Augenkontakt mit einem Mann ist tabu. Die Männer sitzen Tee trinkend vor den Türen der Häuser oder bieten ihre Waren feil: Stoffe, Tee, Gewürze und was der Tourist noch so alles an orientalischem Ambiente gern mit nach Hause bringt.

Plötzlich wenden sich alle Blicke die Gasse hinunter, wo sich eine Ansammlung schwatzender Mädchen aus England ihren Weg bahnt. »*Oh, that's great! Look, look!*« Picture hier, Foto da. Dabei sind sie selbst die höchst zweifelhafte Attraktion in diesem Moment. Mit ihrer sonnenbrandroten Haut, ihren kurzen bunten Röckchen und den Bikinioberteilen, die sie während ihres Tagesausflugs vom kenianischen Strandparadies Mombasa aus offensichtlich als passende Garderobe für diese Insel betrachten. Lauthals schnatternd treten sie, ohne sich größere Gedanken zu machen, eine uralte afrikanisch-islamische Kultur mit ihren Füßen – eine Kultur, in der das Entblößen der Haut höchste Intimität bedeutet.

Ich beobachte den alten Postkartenverkäufer, der nur mühsam seine Verachtung für die Schnatterbande verbergen kann. Und ich sehe ein paar junge Swahilimänner, die höchst neugierig zu den halbnackten Wilden hinüberschielen. Fördert Tourismus das interkulturelle Verständnis? Trägt der Fremdenverkehr zur Völkerfreundschaft bei? Oft genug ist das Gegenteil der Fall. Leider.

Aus einem winzigen Laden mit Hochzeitskleidern schaut sich eine Frau neugierig bis belustigt das Schauspiel an. »Ach ja, die Engländerinnen, das kennen wir doch schon«, scheint ihr spöttisches Lächeln zu bedeuten. Ich lächele zurück und sie bittet mich mit einem Wink in ihr Geschäft hinein. Ungefähr zehn Hochzeitskleider hängen da, prächtig bunt.

»Hmmm, da ist wohl leider nichts für mich dabei«, sage ich.

»Du sprichst gut Swahili. Wo kommst du her?«, will sie wissen.

»Aus Deutschland.« Ich freue mich über das Kompliment. Und ich staune über die Offenheit, mit der Nafisa, so der Name der Frau, mit mir spricht. Es ist das erste Mal auf Sansibar, dass eine Frau auf mich zukommt. Nafisa trägt ein buntes Kopftuch. Sie hat sehr schön geschnittene Gesichtszüge, als habe sie das Beste aus arabischem und afrikanischem Erbmaterial abbekommen. Sie ist dezent geschminkt, ihre vollen Lippen entblößen beim Lächeln strahlend weiße Zähne. Doch das Schönste sind ihre tiefen Augen, die gleichzeitig Ironie und Melancholie ausstrahlen.

»Bist du verheiratet?«, frage ich Nafisa.

»Ich war verheiratet«, antwortet sie, »doch ich habe mich scheiden lassen.«

»Warum?«

»Mein Mann hat zu viel getrunken.«

»Zu viel getrunken?« Ich staune. »Auf Sansibar gibt es doch kaum Alkohol zu kaufen, und der Islam verbietet es doch auch.«

»Ach, an Alkohol zu kommen ist viel leichter, als du denkst. Mein Mann hat nicht Bier oder Wein getrunken, nur die ganz harten Sachen. Das hat ihn kaputtgemacht. Als er dann noch anfing, mich zu schlagen, habe ich die Sache beendet.«

»Habt ihr Kinder?«

»Ja, zwei. Sie leben größtenteils bei der Familie meines Mannes, aber zweimal die Woche kommen sie zu mir.« Nafisa berichtet, die Scheidung sei unkompliziert gewesen. Im sansibarischen Islam könne die Frau relativ leicht die Scheidung einreichen, wenn sie gute Gründe dafür habe. »Aber es ist danach fast unmöglich, einen anderen Mann zu heiraten«, seufzt sie. »Ich bin ja kein unbeschriebenes Blatt mehr.«

Ich überlege einen Augenblick, ob sie mich deshalb in ihren Laden gebeten hat. Macht sie das vielleicht mit jedem hier entlangschlendernden Touristen? Erhofft sie sich eine Liaison mit einem Mann aus einem anderen Kulturkreis, weil sie unter den Einheimischen auf Sansibar keinen mehr finden kann? Das ist mir aber in diesem Moment egal, denn ich finde es einfach spannend, mit einer sansibarischen Frau Gespräche über mein Thema, die Liebe, zu führen.

Doch kaum entwerfe ich in meinem Kopf mit Mühe einen Fragenkatalog auf Swahili, unterbricht Nafisa auch schon das so verheißungsvoll begonnene Gespräch. »Meine Schwester kommt, du musst gehen!«

Unmissverständlich weist sie mir den kurzen Weg zur Tür.

»Kann ich dich wiedersehen?«, frage ich noch schnell. Als habe Nafisa darauf gewartet, kritzelt sie mir eine Telefonnummer auf ein Stück Papier. »Ruf mich an. Und jetzt geh!«

Beschwingt setze ich meinen Weg durch Stone Town fort. Es ist inzwischen fast dunkel, und die Gassen verwirren mich so sehr, dass ich eine Viertelstunde später wieder vor Nafisas Hochzeitslädchen stehe. Jetzt ist es vollkommen dunkel. Ich finde aus dem Labyrinth allein nicht mehr heraus und frage einen Jungen, ob er mir den Weg zur Dalla-Dalla-Station zeigen kann. Wenige Minuten später bin ich tatsächlich da und drücke dem Jungen ein paar tansanische Schillinge in die Hand.

Am nächsten Tag steht am Institut ein Ausflug auf dem Programm. Plötzlich wirkt auch unser altersschwacher Lehrer wieder ganz munter. »Zuerst fahren wir zu den Ruinen von Dunga und dann an einen wunderschönen Strand«, ruft er uns fröhlich zu.

In Dunga stehen die Reste des Palastes des letzten einheimischen Herrschers von Sansibar. Das war, bevor die Araber aus dem Oman Mitte des 19. Jahrhunderts die Regie auf der Insel übernahmen, angezogen vom Reichtum aus dem Handel mit Sklaven und Elfenbein.

»Fortan gab es eine arabische Oberschicht in Stone Town. Hinzu kamen die indischen Händler, die die Expeditionen ins

Innere des afrikanischen Kontinents meist auch finanzierten«, erweist sich Petra einmal mehr als Kennerin der Insel. »Und die Nachkommen der Sklaven wurden zum Proletariat, das sich Anfang der 1960er Jahre dann in der blutigen Revolution an den ehemaligen Herren rächte.« Tausende Sansibaris arabischer Herkunft wurden damals gelyncht. Viele flohen zurück in die alte Heimat, den Oman.

Am Strand angekommen, stürze ich mich gleich ins wannenwarme Wasser des Indischen Ozeans. Prustend kraule ich ein Stück hinaus, dann lasse ich mich sinken, bis ich mit beiden Füßen den Meeresboden berühre …

Ein höllischer Schmerz durchzieht meinen ganzen Körper – ich kann beide Beine nicht mehr bewegen! Ich schreie um Hilfe, doch bei dem Tosen des Meeres hört mich niemand. Die anderen Swahilischüler liegen ganz entspannt am Strand. Mit den Flügelschlägen eines sterbenden Schwans rette ich mich ins seichte Wasser.

Drei kleine Swahilijungen erkennen meine Not und ziehen mich an Land. »Seeigel«, ruft einer. »Holt eine Papaya!«, ein anderer. Ich beobachte, wie sie mit einem Messer die Schale der Papaya aufritzen und die Flüssigkeit auf meine Fußsohlen träufeln. Und dann ziehen sie ungefähr ein Dutzend schwarzer Stacheln mit großer Leichtigkeit aus meinen Füßen.

Ich habe Tränen in den Augen. Da beugt sich Petra über mich und tadelt mich: »Du wolltest wohl imponieren, wie? An diesen Stränden solltest du immer Badeschuhe an den Füßen haben.«

## *Peterchens Mondfahrt*

*I*ch versuche, die Attacke der Seeigel als Trennungsschmerz von einem alten Zustand zu betrachten: Nie wieder eine gefühlskalte deutsche Frau! Und rufe Nafisa an. Gegen sieben Uhr abends – die Sonne ist gerade mal wieder in den Ozean geplumpst – erscheint sie im Mercury's, einer Bar, die Profit zu schlagen weiß aus dem Umstand, dass der Sänger von Queen auf Sansibar seine ersten Lebensjahre verbrachte. Die Sandkastenzeit hier inspirierte ihn angeblich zu den »Bismillah«-Rufen in seiner *Bohemian Rhapsody*.

Nun sitzt mir die orientalische Schönheit in Person von Nafisa gegenüber, doch das Gespräch will nicht so recht in Schwung kommen. Ihr Englisch ist genauso schlecht wie mein Swahili. Trauriger Höhe- und Endpunkt unserer Konversation ist mein Vorschlag, noch einen Mondscheinspaziergang zu unternehmen – jedenfalls kombiniere ich auf Swahili die Wörter »Mond« und »Spazierengehen« miteinander.

Die Antwort von Nafisa lautet: »Stimmt es wirklich, dass schon einmal Menschen auf dem Mond waren?«

Wochenende! Endlich gehe ich auf eine sansibarische Hochzeit, um mit eigenen Augen Zeuge von Übergangsriten zu werden. Petra hat Wort gehalten und stellt mich den wichtigsten Männern der Veranstaltung vor: Braut- und Bräutigamvater, diversen Onkels und Cousins, den islamischen Geistlichen.

»Ich muss dann mal gehen«, meint sie irgendwann lächelnd.

»Wohin denn?«

»Zum Fest der Frauen.«

»Und was ist mit mir?«

»Na, du bleibst hier. Bist ja schließlich ein Mann.«

Immerhin, die Swahiliherren in ihren weißen Gewändern sind nett. Sie erklären mir während des Festessens mit Gesten, wie ich am besten den Reis mit der rechten Hand verklumpe, und lächeln nachsichtig, wenn mir der ganze Haufen dann doch wieder zerbröselt, bevor er meine Lippen überhaupt erreicht. Sicher ist es ein lustiger Nachmittag für die Herren, die erstaunt entdecken, dass deutsche Männer offenbar zwar so komplexe Dinge wie Autos bauen können, aber unfähig zur einfachsten Nahrungsaufnahme sind.

Fünf Gänge später habe ich immer noch Hunger, aber keine Lust mehr auf die Handschaufelei. Ich bin sauer auf Petra, dass sie mich hier einfach so hat sitzen lassen. »Wo ist das Fest der Frauen?«, frage ich so beiläufig wie möglich in die Runde.

»In einer großen Halle die Straße runter«, erklärt man mir bereitwillig. Ich gehe los.

Fünf Minuten später höre ich schon laute Taarabmusik und trete in einen großen Saal. Ich traue meinen Augen kaum: Die sonst so zugeschnürten Swahilidamen tragen bunte, erstaunlich tief ausgeschnittene Kleider, einige zeigen auch ihr wallendes schwarzes Haar. Außer den Mitgliedern der Taarabband und einem Kameramann sind rund 400 wild gewordene Frauen im Raum. Sie kreischen und tanzen.

Plötzlich steht Petra neben mir. »Wie bist du hier reingekommen? Das Frauenfest ist für Männer ein absolutes Tabu.« Sie wirkt verärgert.

»Ich bin der Hochzeitsfotograf«, sage ich schelmisch und zeige auf meine Kamera, die ich soeben gezückt habe.

»Na gut«, meint sie, »kann aber gut sein, dass sie dich gleich rauswerfen.«

Da kommt auch schon ein Dutzend Swahilidamen auf mich zugerauscht. Ich fotografiere aus der Deckung. Sie bleiben etwa fünf Meter vor mir stehen, sie posieren, sie singen, sie wirken berauscht. Eine kommt mir ganz nah und flüstert mir ins Ohr. Es hört sich an wie »Na mein kleiner Mzungu, ganz schön heiß hier«.

»Was ist mit den Frauen hier los?«, frage ich Petra, die belustigt zuschaut, wie die sonst so zurückhaltenden Swahilifräuleins um die Wette flirten.

»Sie haben sich berauscht«, ruft die Ethnologin.

»Alkohol, Drogen?«

»Na ja, mit Muskatnüssen. Die zerreiben sie und trinken Unmengen davon im Tee. Das soll eine stark aphrodisierende Wirkung haben.«

An der Wirkung kann es keinen Zweifel geben, denn schon wieder klebt eine Dame mit tiefem Ausschnitt ganz nah an meiner Brust.

»Das ist sehr interessant für meine Arbeit«, meint Petra. »Ethnologen haben immer wieder beschrieben, dass in den liminalen Phasen der Übergangsriten gesellschaftliche Regeln außer Kraft gesetzt werden. Das karnevaleske Phänomen!«

In der Tat: Wer die züchtigen Mädchen im Dalla-Dalla kennt, die jedem männlichen Blick ausweichen, reibt sich verwundert die Augen über die zu wilder Taarabmusik wogenden Frauenkörper, die sich hier in immer größerer Zahl dem Mzungu nähern. Den Muskatnusstrick muss ich mir jedenfalls merken. »Warum gibt es da überhaupt noch K.o.-Tropfen?«, rufe ich scherzend zu Petra hinüber, die gerade damit beschäftigt ist, die Gesänge der um mich tanzenden Frauen aufzunehmen.

»Was ich von den Texten verstehen kann, ist sehr anzüglich«, ruft sie mir zu. »Also eigentlich total tabu. Das ist wirklich sehr karnevalesk hier.«

Ich freue mich über Petras Forschungserfolge, doch die sich immer näher heranschiebenden Frauenkörper werden mir langsam unheimlich. »Ich geh wieder zu den Männern rüber«, verabschiede ich mich von der sansibarischen Frauenfete.

Am nächsten Morgen berichte ich meiner Gastfamilie über meine Erlebnisse – ausschnittsweise. Muss ja niemand wissen, dass ich mich in einer Tabuzone bewegt habe.

»Was du gestern gesehen hast, waren ja nur Feierlichkeiten«, belehrt mich Baba Mwenzi. »Die eigentlichen Riten kannst du heute hier bei uns auf dem Gehöft beobachten. Komm jetzt erst mal mit in die Moschee! Amour. Mohammed. Seid ihr fertig?«

So laufen wir vier Männer Richtung Moschee, vorbei an einer Kochstelle, an der die schöne Aisha und die dicke Aisha gerade riesige Rindfleischstücke zerteilen und mir mit blutigen

Händen fröhlich zuwinken. Ich will zurück grüßen, doch da spüre ich einen Widerstand. Eine schwere Hand hat sich in die meine gelegt. Es ist die Hand von Amour, der unfassbar selbstverständlich händchenhaltend mit mir spazieren gehen möchte. Was für eine Schande vor seinem streng islamischen Vater und vor seinem Bruder, der den Namen des Propheten trägt! Und was soll die schöne Aisha denken? Doch da spüre ich auch in meiner linken Hand die Berührung einer fremden. Auch Mohammed ist schwul? Ich kann das alles nicht glauben. Und wieso verzieht Baba Mwenzi keine Miene?

Da kommen mir auch Cousins der Familie händchenhaltend entgegen. Entweder sind hier alle jungen Männer homosexuell, oder es ist normal, dass Mann und Mann Händchen halten.

Doch dann fällt mir ein, dass ich Ähnliches schon mal in einem kleinen Dorf in Südafrika erlebt habe. Die Homosexualität ist dort ein so undenkbares Tabu, dass nie und nimmer ein Verdacht aufkommen kann, wenn Männer sich umarmen oder Hand in Hand durch die Straßen spazieren. So scheint es auch in Sansibar zu sein. Was wäre wohl aus Freddie Mercury geworden, wenn er mit seinen Eltern nicht nach Indien und später nach England weitergezogen wäre?

Ich bin überrascht, dass ich als Mkatoliki so einfach mit in die kleine Moschee darf. Doch die einzige Voraussetzung scheint: Mann sein und Schuhe ausziehen.

Hier erfahre ich nun auch einiges über die religiösen Formalitäten. Der Islam schreibt einen schriftlichen Vertrag zwischen Braut und Bräutigam vor. Die mit der Unterzeichnung des Zertifikats verbundene Zeremonie findet vor einem Mwalimu, dem islamischen Geistlichen, in der Moschee statt. Es nehmen nur Männer daran teil. Die Braut wird durch einen männlichen Verwandten vertreten. Je mehr Männer anwesend sind, desto besser. Ich zähle ungefähr 150, die alle auf den Bräutigam warten, der schließlich arg verspätet mit einigen Freunden auftaucht. Der arme 22-Jährige wirkt nervös und verunsichert, was die Anwesenden mit Schmunzeln oder unterdrücktem Lachen quittieren. Dann setzt er sich vorn neben den Mwalimu, allerdings dreht er uns den Rücken zu.

Der Mwalimu fragt ihn dreimal, ob er die Frau wirklich heiraten will. Dreimal antwortet er: »*Nimekubali*« – »Einverstanden.« Bei jeder Frage wird auch der Brautpreis erwähnt, den er an die Familie seiner Angebeteten zu entrichten hat. Zwölf Kühe. Vielleicht sieht er deshalb so verstört aus?

Da erhebt sich plötzlich ein junger Mann neben mir, geht nach vorn und schlägt dem Bräutigam kräftig auf den Rücken. Ui, das muss weh getan haben … Gibt es nun etwa eine Schlägerei in der Moschee? Doch alle Swahilimänner lachen. Amour erklärt mir, das sei ein typischer Scherz. »Der Schläger ist ein Cousin der Braut und hätte daher auch berechtigten Anspruch auf sie gehabt. Als Entschädigung darf er dem Bräutigam einen Schlag mitgeben.« Ein witziges Ritual. Es geht in einer Moschee jedenfalls nicht so bierernst und heilig zu wie in einer katholischen Kirche. Amour und Mohammed sind immer noch am Lachen. »Manchmal bietet der Cousin dem Mwalimu auch einen Geldbetrag an, damit er das Mädchen mit ihm statt mit dem Bräutigam vermählt.« Mohammed lächelt. »Dann muss der Bräutigam noch was drauflegen.«

Nun philosophiert der Mwalimu über die Ehe, die Pflichten von Mann und Frau, doch niemand scheint ihm richtig zuzuhören. Nach seiner Rede bringen junge Männer Platten mit Rindfleisch und der Süßspeise Halua in die Moschee. Danach gehen noch ein paar Tassen mit Kaffee herum, an denen jeder mal nippen darf.

Draußen vor der Moschee wartet Petra. Als Gegenleistung für ihre Einladung habe ich ihr auch eine zu »meiner« Hochzeit besorgt. »Ist eher schlicht hier«, meint sie. »Zwischen dem Ehevertrag in der Moschee und dem Vollzug der Ehe liegen traditionell mehrere Tage, die mit Feiern und Essen ausgefüllt sind. Aber hier ist wohl alles auf einen Tag zusammengepresst.

Die meisten Leute können sich die mehrtägigen Feiern einfach nicht mehr leisten.«

Von Petra lerne ich, dass der Vollzug der Ehe auf Swahili »*kuingia ndani*« heißt, zu Deutsch »hineingehen«, also durchaus doppeldeutig, denn der Bräutigam versucht als Nächstes, das kleine Haus zu betreten, in dem die Braut wartet, und wird dort später auch sozusagen in sie selbst »hineingehen«, wie auf Swahili der Geschlechtsakt bezeichnet wird.

Unser Bräutigam, der nun einen großen weißen Turban und ein edles schwarzes, wallendes Gewand trägt, steht aber nicht allein auf weiter Flur, sondern mit einer ganzen Schar von Männern vor dem Häuschen, in dem die Braut die letzten Tage mit ihrer Lehrerin, der Somo, meiner dicken Aisha, verbracht hat. Ein Cousin des jungen Bräutigams erbittet Einlass für ihn. Doch Aisha schaut ihn erstaunlich streng an und sagt: »Nein. Niemand darf zur Braut.« Dafür, dass das alles ein Scherz ist, sieht der Bräutigam arg verdutzt aus. Alle drum herum lachen ihn aus. Nun zückt der Cousin einen Schein, und Aisha lässt den armen Bräutigam, einen Onkel der Braut und den Mwalimu ins Haus. Auch ich darf als Fotograf mit hinein. Die dicke Aisha hat das eingefädelt. Sie zwinkert mir zu.

Wir befinden uns in einem winzigen Raum, in dem nichts als ein Sofa steht, auf dem der Bräutigam Platz nimmt, eingerahmt vom Onkel der Braut und dem Mwalimu. Dem 22 Jahre alten Mann, der nun in den heiligen Stand der Ehe treten soll, läuft der Schweiß in Strömen vom Turban über das noch jungenglatte Gesicht – eine Folge von innerer und äußerer Hitze gleichermaßen, nehme ich an. Als Aisha die Braut in den Raum führt, springen die drei Männer wie von der Tarantel gestochen vom Sofa auf, um dort der 16-Jährigen Platz zu machen. Sie trägt ein rosafarbenes Spitzenkleid, ihr Kopf ist von einem zarten Schleier bedeckt. Ihre Hennahände, die ich vor ein paar Tagen noch in rotbrauner Färbung fotografieren durfte, sind nun sehr schön schwarz gezeichnet und liegen brav auf ihren Knien. Da tritt der

Bräutigam vor und legt seine Hände auf den Kopf des Mädchens. Dies ist der erste Moment, der etwas Heiliges hat. Es ist offiziell das erste Mal, dass die beiden sich berühren, und der Mwalimu spricht ein paar Koranverse dazu. Der junge Mann stellt nun seinen rechten Fuß auf den der jungen Frau, um zu demonstrieren, dass sie ab jetzt ihm untersteht und nicht mehr ihren Eltern.

Jetzt lüftet die Somo den Schleier, und ich sehe eine 16-Jährige, die so stark geschminkt ist, dass sie wie eine Mittzwanzigerin wirkt. Das Rouge knallt, der Lippenstift leuchtet, die Augen strahlen. Der Bräutigam schwitzt.

Aisha geleitet die Braut nun wieder aus dem Zimmer, der Bräutigam setzt sich abermals auf das Sofa und wird in allen möglichen Kombinationen fotografiert: mit Eltern und Onkels, mit Cousins, mit den männlichen Verwandten der Braut. Er ist jetzt ein verheirateter Mann, und das muss dokumentiert werden. Auch ich halte neben ihm auf dem Sofa als Fotomotiv her. Dutzende Male macht es Klick, und bald schwitze ich in dem kleinen, stickigen Zimmer fast ebenso sehr wie der Bräutigam.

Dann müssen alle Männer nach draußen. Auf der Rückseite des Hauses sehe ich Frauen kreischend und mit den Armen fuchtelnd in das Gebäude einziehen.

Petra erklärt mir, was drinnen passiert: »Die Braut wird von der Somo rituell gewaschen und in einen weißen Kanga gehüllt. Dann wird sie unter dem Gebrüll der Frauen auf dem Rücken der Somo aus dem Bad herausgetragen und in das Zimmer gebracht, in dem bald der Geschlechtsakt stattfinden soll.« Ein nervöser, schwitzender Mann wird also gleich auf der sauberen Braut liegen. Immerhin wird es wohl gut riechen, denn Petra meint, dass das Bett der beiden mit duftenden Blumen übersät sei. »Bei einigen Hochzeiten wird danach das mit Blut befleckte Laken herausgebracht, woraufhin die Frauen wieder in ekstatisches Gekreische und Gebrülle ausbrechen. Doch in vielen Familien herrscht mittlerweile die Ansicht vor, es sei ›zivilisierter‹, das Ganze nicht öffentlich zu machen. Ich schätze mal, sie zeigen das rote Laken noch bei rund 50 Prozent der Hochzeiten, Tendenz sinkend. Es ist ja auch längst nicht mehr jede Frau Jungfrau, wenn sie heiratet. Darüber wird zwar nicht viel geredet, aber die meisten wissen oder ahnen, dass das Pärchen schon vor der Hochzeit sexuelle Erfahrungen gesammelt hat. Wenn so etwas aber öffentlich bekannt wird, ist das nach wie vor eine Riesenschande. Auch ein Grund, warum man den Jungfrauentest heute seltener durchführt.«

Während in dem kleinen Haus also nun etwas abgeht oder auch nicht, erfreuen sich die Gäste an der Musik einer Maulidigruppe, die religiöse Gesänge darbietet, sowie am Festmahl, das in riesigen Bottichen zu den verschiedenen Grüppchen gebracht wird, die auf Tüchern auf dem Boden Platz genommen haben – Frauen und Männer natürlich wieder streng voneinander getrennt. Petra setzt sich zu einer Frauengruppe. Amour nimmt meine Hand, und wir trotten zu seinen ungefähr 25 Cousins und Großcousins, die in erstaunlicher Synchronie mit ihren rechten Händen große Rindfleischstücke in ihre Münder schieben.

»Wann heiratet ihr eigentlich?«, frage ich die beiden Brüder.

»Inschallah! Wenn Allah will!«, meint Mohammed.

»Wir haben großes Vertrauen in unsere Eltern«, ergänzt Amour. »Sie werden zur rechten Zeit die richtige Frau für uns finden.«

Ich weise Amour darauf hin, dass sein Name auf Französisch »Liebe« bedeutet, und nehme diesen linguistischen Exkurs auch zum Anlass, ihn zu einer Aussage über die romantische Liebe zu bewegen. »Was passiert, wenn du dich verliebst, deine Eltern dich aber mit einer anderen Frau verheiraten möchten?«

»Ich folge meinen Eltern«, meint Amour.

»Aber ideal ist, wenn beides zusammenfällt«, fügt Mohammed hinzu. »Unsere Eltern wollen ja das Beste für uns und würden uns nie zwingen, eine Frau zu heiraten, die uns überhaupt nicht gefällt.«

»Aber die echte Liebe kommt sowieso erst nach der Hochzeit«, erklärt mir Amour. »Sie muss wachsen, sie hat viel mit Geduld zu tun.« Erstaunlich altersweise Sätze von so jungen Burschen.

Insgesamt ist die Stimmung bei den Frauen wieder ausgelassener als bei den Männern, wie ich aus dem Augenwinkel beobachte. Die schöne Aisha bricht plötzlich in Jubel aus wie im Fußball ein Stürmer nach dem späten Ausgleich in der 90. Minute. Die Verlängerung beginnt.

Obwohl sich das gesamte Geschehen in einem Umkreis von 200 Metern abspielt, kommt das Hochzeitspaar in einem reichlich dekorierten Mercedes vorgefahren. Der Stern erhöht auch in Sansibar das Prestige. Sofort tanzen und trillern rund 100 Frauen um ihn herum. Die frisch Vermählten steigen aus. Keine Regung, kein Lächeln in den Gesichtern der beiden. Was ist da passiert im Schlafgemach? Ist irgendetwas schiefgegangen? »Sie dürfen keine Gefühlsregung zeigen«, klärt Petra mich auf, die wieder neben mir steht. »Vergiss nicht: Sie sind noch in der liminalen Phase. Symbolisch sind die beiden gerade tot.«

Nun ja, sehr lebendig sehen sie wirklich nicht aus, wie sie nun auf einem Sofa auf einer riesigen, bunt verzierten Bühne sitzen. Dutzende Frauen tänzeln um das Paar und fuchteln mit Geldscheinen herum. Braut und Bräutigam verziehen keine Miene. Vollkommen versteinert sitzen sie da. Ist das der symbolische Tod, wie ihn Arnold van Gennep in seinem Werk über die Übergangsriten beschrieben hat? Ich beneide Petra um ihr spannendes Forschungsprojekt. Und durch ihre Augen erkenne auch ich vieles, was mir vorher verborgen war.

»Ich habe mich mit Aisha unterhalten, der Cousine deiner Brüder«, sagt Petra. »Hast du gewusst, dass sie zum Studieren nach Belgien gehen will?«

»Nein, das wusste ich nicht. Wieso nach Belgien?«

»Ihr Freund, wenn man das so nennen kann, studiert dort

seit drei Jahren. In Löwen. Sie wollen nächstes Jahr heiraten. Dann will sie natürlich bei ihm sein.«

»Sie ist ihm versprochen?«, frage ich.

»Ja«, antwortet Petra, »und ich glaube, sie liebt ihn sogar wirklich. Sie kennen sich schon, seitdem sie Kinder sind. Er ist ihr Cousin – auf Sansibar ist das eine ideale Heiratskombination.«

Der Abend senkt sich über das Gehöft. Die Hochzeitsgesellschaft löst sich langsam auf. Ich verabschiede mich von Petra, morgen werde ich Sansibar verlassen. Ich trabe zum Haus von Mama und Baba Mwenzi. Amour und Mohammed liegen schon im Bett. Ein letztes Mal müssen sie sich die Schlafstätte mit mir teilen.

Am nächsten Morgen ist das halbe Gehöft versammelt, um sich vom Mzungu zu verabschieden. Mama und Baba Mwenzi, Mohammed und Amour strahlen zum Abschied. Die dicke Aisha mit dem großen Herz hat Tränen in den Augen, was mich rührt. Die schöne Aisha kommt auf mich zu und fragt: »Bist du bei Facebook?«

»Ja!«

»Dann schreib mir. Vielleicht sieht man sich ja mal in Europa.« Sie dreht sich um und geht davon.

Nachdem in den vergangenen zwei Monaten zwei Fähren vor Sansibar gesunken sind, nehme ich lieber das Flugzeug nach Tanga, um zurück aufs ostafrikanische Festland zu gelangen. Während Sansibar und die Schwesterinsel Pemba langsam aus meinem Blickfeld verschwinden, denke ich über die Liebe auf der Insel nach. Ganz klar: Sie verändert sich auch hier. Kontakte über Facebook eröffnen neue Möglichkeiten des Kennenlernens. Die jungen Frauen heiraten heute seltener ihre Cousins, wie es bislang die bevorzugte Heiratsform war. Die Gesellschaft ist durch den Einfluss von außen durchlässiger, offener geworden.

Dennoch ist vieles von der alten sansibarischen Kultur noch spürbar. Der Zusammenhalt der Familien ist stark, die Autorität des Clanoberhauptes intakt. Es gehört auch heute noch viel Mut dazu, sich als junger Mensch gegen den Willen der Familie zu stellen. Meist ist das aber gar nicht nötig. Nur in wenigen Fällen zwingen Eltern ihre Töchter noch zur Heirat mit einem bestimmten Mann. Die meisten wissen, dass ihre Kinder glücklicher werden, wenn sie selbst zumindest mitentscheiden dürfen.

Viele Sansibaris aber spüren, dass sich der Einfluss der Globalisierung in ihre Kultur schleicht. Immer mehr Touristen kommen auf die Insel und führen westlichen Lebensstil vor. Serien aus »Bollywood« gestalten in vielen Häusern das Nachmittagsprogramm, Mobiltelefone sind omnipräsent, das Internet ist noch nicht so weit verbreitet wie in anderen Weltgegenden, kommt aber in Riesenschritten. Junge Sansibaris verlassen die Insel, um auf dem tansanischen Festland, in Arabien oder Europa zu studieren oder zu arbeiten. Viele bewahren auch in der Fremde ihre Swahilikultur, doch Einflüssen von außen können sie sich auf Dauer natürlich nicht entziehen. Ihre Kinder werden schon eher von der Kultur des Gastlandes geprägt sein.

Zurück in Deutschland stolpere ich über einen Artikel der katholischen Nachrichtenagentur *KNA*: *Washington – Beschneidung von Männern allein trägt nicht zu einer Verringerung des Aids-Risikos bei. Das ist das Ergebnis einer am Dienstag im Zuge der Internationalen Aids-Konferenz veröffentlichten Studie von US-Wissenschaftlern. Demnach haben beschnittene Christen ein höheres Aids-Risiko als beschnittene Muslime. Das geringere Risiko bei Muslimen könne somit nicht allein durch Beschneidung erklärt werden, so die Forscher der New Yorker Mount Sinai School of Medicine und der Columbia University Mailman School of Public Health. Seit 2007 empfiehlt die Weltgesundheitsorganisation WHO die Beschneidung von Männern als eine »zusätzliche HIV-Präventionsstrategie«.*

Die Forscher waren der Frage nachgegangen, warum die Zahlen von HIV-Infektionen in muslimisch geprägten Ländern niedriger seien als in anderen, und hatten dafür Daten beschnittener Männer aus sieben afrikanischen Staaten mit großen christlichen und muslimischen Bevölkerungsgruppen ausgewertet, in denen die Beschneidung von Jungen Tradition hatte. *Nach Meinung der Wissenschaftler spielt auch das Verhalten von Christen und Muslimen aufgrund religiöser Werte eine zusätzliche Rolle. »Christen hatten mit einer signifikant höheren Wahrscheinlichkeit außereheliche Beziehungen und in einem jüngeren Alter zum ersten Mal Geschlechtsverkehr«, heißt es.*

Warum ist das so? Warum hat der Islam mehr Einfluss auf die Sexualität junger Menschen als das Christentum? Weil die Sanktionen schärfer sind? Vielleicht. Nach meiner Beobachtung ist die soziale Kontrolle in islamischen Gesellschaften strenger als in christlichen. Wir sind bei uns versucht, dies als negativ zu betrachten, und ich persönlich würde damit nur schwer zurechtkommen. Doch das »Aufpassen« auf den Nachbarn schließt oft auch den liebevollen Blick mit ein. Wie geht es der Familie im Haus nebenan? Sind alle gesund? Braucht jemand Hilfe? Dass dabei auch die »Sitten« stärker kontrolliert werden, ist klar. Doch niemand sollte glauben, dass in Gesellschaften wie der sansibarischen ein Übertreten von Vorschriften gleich Strafe nach sich ziehen würde. Auch Muslime können nachsichtig sein. Auch sie können verzeihen und die fünf mal gerade sein lassen. Der Ausländer hat Bier getrunken? Nicht schön, aber deshalb werfen wir ihn nicht gleich aus dem Haus. Man sollte nicht vergessen, dass mehr als 99 Prozent der Muslime friedliebende Menschen sind, die man bei näherem Kennenlernen einfach ins Herz schließen muss. So wie ich »meine« Familie Mwenzi im Weiler Mtoni zwischen Stone Town und Bububu.

# *SUMATRA*

## *Als Matscho unter starken Frauen*

Ich tippe bei Google *Minangkabau* ein. Welch seltsames Wort. Sofort purzeln mir Begriffe wie *Matriarchat* und *matrilinear* entgegen.

Die Minangkabau sind das größte Volk der Erde, bei dem die weibliche Abstammung die entscheidende ist. Die Tochter erbt von der Mutter, die Söhne kriegen nichts. Einige Ethnologen behaupten, die Minangkabau seien eine von Frauen beherrschte Gesellschaft. Ein Matriarchat also. Jedenfalls müssen die Frauen dort einiges zu sagen haben. Da will ich hin! Nachsehen, wie sich das auf die Liebe auswirkt.

Das dürfte freilich eine harte Prüfung für mich werden. Frauen haben es doch sowieso schon viel besser! Sie werden älter, verlieren ihre Haare nicht und sind glücklicher als Männer. Ich lese es gerade schwarz auf weiß in einer Tageszeitung: *Glücksgen bei Frauen entdeckt!*, steht da. Unterzeile: *Bei Männern kommt es auch vor, hat aber keinen Effekt.* Na toll! Wir sind eindeutig von der Natur benachteiligt. Jetzt hat sich auch noch das Gen Monoaminooxidase gegen uns verschworen.

Wenige Tage später sitze ich im Airbus von Frankfurt nach Singapur. Flug SQ 25. Ich versuche, die Augen zuzumachen, will den Jetlag überlisten – es ist Mittag in Deutschland und bereits Abend in Singapur. Der Zeitunterschied beträgt sechs Stunden. Auf der Weltkarte im kleinen Monitor im Sitz vor mir beobachte ich, wie wir langsam dem Sonnenuntergang entgegenfliegen. Einige Passagiere schlafen, doch die meisten starren auf ihren Monitor, Kopfhörer im Ohr, Actionfilm oder Komödie, Naturdoku oder Bollywood. Einige glotzen auch die ganze Zeit auf die Weltkarte, auf der sich der A 380 aufreizend langsam Richtung Südosten schiebt. Die Welt zerfällt in Elementarteilchen. Niemand redet mehr miteinander.

Stattdessen lauschen alle den Gesprächen auf den Bildschirmen.

Auch ich ziehe mich schlaflos in die cineastische Emigration zurück. Ich entscheide mich für einen französischen Film, denn auch darin geht es um die Liebe. Ein Mann mittleren Alters in seinem luxuriösen Apartment in Paris ruft eine Frau an, die er letztens auf einer Party kennengelernt hat. »Hast du Lust, einen Kaffee mit mir zu trinken?« Man hört die Antwort nicht, aber man liest ihm die Abfuhr im Gesicht ab. Er ruft eine andere an. Die Enttäuschung in seinem Gesicht wird zur nackten Verzweiflung. Der Mann ist einsam. Da klopft es an der Tür. Er macht auf. Eine überaus attraktive Blondine im roten Hemdchen steht vor ihm. »Meine Tür ist zugefallen, der Schlüssel ist in meinem Apartment. Kann ich den Schlüsseldienst von Ihnen aus anrufen?« – »Natürlich. Und bleiben Sie doch, bis der Handwerker kommt!« Sie erzählt ihm, dass sie seit kurzem Single sei – und dass sie wenig Erfahrung mit Männern habe. Dass sie überlege, ob sie nicht eine Affäre eingehen solle. Was er darüber denke … »Folgen Sie Ihrer inneren Stimme!«, sagt er. Es knistert. Musik. Sie fangen an zu tanzen. Er möchte sie küssen, doch sie weicht aus. »Das machen Sie doch nur, weil ich erzählt habe, dass ich vielleicht eine Affäre will!« – »Nein, nein.« – »Doch, doch!« Es wird kompliziert. Verlorene Liebesmüh. Ein Film über verpasste Gelegenheiten. Die komplizierte Liebe im Abendland. Da dürfte die Welt der Minangkabau doch um einiges einfacher sein, hoffe ich. Klare Regeln. Nicht dieses ewige Rumpsychologisieren.

Ich schalte um auf die Weltkarte. Wir sind schon über Indien. Noch vier Stunden bis Singapur. Direkt darunter entdecke ich die Umrisse der riesigen indonesischen Insel Sumatra. Mir wird ein wenig flau im Magen. Ich fliege freiwillig in eine Gegend, in dem die Frauen die Hosen anhaben. Was tut man nicht alles für die Liebe!

Ich denke an die Aufsätze, die ich zur Vorbereitung auf meine Reise gelesen habe. 1861 hat Johann Jakob Bachofen das Buch *Das Mutterrecht* veröffentlicht und für erheblichen Wirbel gesorgt. Er stellte die Behauptung auf, die ganze Menschheit sei früher matriarchal gewesen. Und nach Ansicht vieler Feministinnen ging es der Welt damals erheblich besser: keine Kriege, keine Unterdrückung, stattdessen ein gerechtes Miteinander. Mal sehen, ob davon bei den Minangkabau etwas zu spüren sein wird …

## *Paulchen Panther in Padang*

Nach kurzem Zwischenstopp in Singapur lande ich im indonesischen Padang. Am Infoschalter frage ich nach einem Bus in die Stadt. »Es gibt keinen Bus. Nur Dembri.«

Dembri? »Was ist ein Dembri?«

Die Frau hinter dem Schalter ist so klein, dass sie Mühe hat, über den Tresen zu gucken. Doch sie schaut auch von dort unten sehr entschieden. Sie scheint jedenfalls keine Angst vor einem zwei Köpfe größeren Mann zu haben. »Dembri ist Dembri. Dort lang, Mister!« Immerhin nennt sie mich »Mister«.

Draußen vorm Terminal steht ein Bus. »Das ist der Dembri.« Ein freundlich blickender Mann um die 30 sieht das Fragezeichen in meinem Gesicht.

»Das da ist der Dembri nach Padang?«

»Ja, Mister!«

»Aber das ist doch ein Bus!«

»Nein, Mister, das ist ein Dembri. Steigen Sie ein! Ich fahre auch nach Padang.«

Wir setzen uns nebeneinander. Es sind nur Männer in dem klapprigen Gefährt. Ein rollender Käfig, der meine Geschlechtsgenossen zum Arbeitsdienst für die mächtigen Frauen transportiert? Wie winzig auch die Männer hier alle sind. Mindestens einen Kopf kleiner als ich. Kommt das von der Unterdrückung durch die Frauen? Werden die Männer hier im wörtlichen Sinne klein gehalten?

Mein Sitznachbar schaut allerdings seltsam vergnügt drein, so als würde ihm die Frauenherrschaft gar nicht zusetzen. Lächelnd wendet er sich mir zu: »Du bist *Bule*!«

Wie bitte? »Nein, ich bin kein Bulle. Ich bin Autor!«

Er schaut verdutzt. »Klar bist du Bule! Du hast eine lange Nase und helle Haare.« Er lacht. »Wir nennen alle Ausländer hier ›*Bule*‹.«

Jetzt lache ich auch.

Dann frage ich ihn ernsthaft: »Wie lebt es sich als Mann hier im Land der Minangkabau?«

»Gut! Westsumatra ist ein gutes Land.« Also ein Lokalpatriot.

»Aber die Frauen haben sehr viel Macht«, erwidere ich.

Der Mann tut so, als verstehe er nicht, was ich meine. Ich bohre nach: »Die Frauen besitzen hier alles, die Männer haben nichts, oder?«

»Ah, der Mister kennt unser System!« Der Mann schaut anerkennend. »Ja, wir haben das matrilineare System.« Er strahlt. Vielleicht gehört der sanftmütige Mann ja zu den Menschen, die die Knute brauchen, um glücklich zu sein.

Er lacht immer noch. »In Padang sind wir moderne Minangkabau!« Die Betonung legt er eindeutig auf »modern«. Was meint er damit?

»Meine Frau und ich haben ein gemeinsames Konto bei der Bank. Darauf zahle ich ein. Und sie auch. Und wir können beide davon abheben.«

Das klingt nun wirklich schon fast enttäuschend modern. Ich bin doch nicht extra nach Sumatra gereist, in das Land der starken Frauen, um dann solche Geschichten zu hören.

Ich gebe aber nicht so schnell auf. »Was ist mit dem Haus und dem Land?«

»Das gehört meiner Frau.« Also doch! Der Mann mag zwar

über ein Konto verfügen, Haus und Hof aber sind in Frauenhand.

Auf der Miene meines Dembri-Nachbarn ist aber keinerlei Verzweiflung, nicht einmal Bedauern abzulesen. »Wir Minangkabau sind das modernste Volk Indonesiens. Schau: Meine Eltern haben noch sieben Kinder in die Welt gesetzt, meine Frau und ich nur zwei. Und mehr wollen wir auch gar nicht.«

»Warum?«

»Die Zeiten haben sich geändert. Alle wollen gute Bildung. Und die Schule kostet viel Geld.«

Das klingt in der Tat abermals enttäuschend modern. So etwas kann ich auch in Oldenburg hören. Aber ich suche doch das »Andere«, das Exotische!

Einen Platz weiter sitzt ein uralter Mann mit einem Käppi, wie ich es früher beim Diktator Suharto im Fernsehen gesehen habe. Darunter hat er riesige, abstehende Ohren, die ihm bei der Kommunikation allerdings nicht mehr viel helfen. In sein Nokia-Handy, das er zu meiner Überraschung besitzt, schreit er so laut, dass alle Dembri-Passagiere ihn hören können. Nur er selbst versteht nichts. Schließlich reicht er das Gerät an meinen Nachbarn weiter, der das Gespräch routiniert abwickelt. »Der alte Mann wollte nur seinem Sohn mitteilen, dass er ihn in zehn Minuten an der Dembri-Haltestelle abholen soll. Und dass er das Huhn dabeihat.«

Erst jetzt sehe ich, dass aus der Plastiktüte unter dem Sitz des alten Mannes ein Huhn schüchtern hervorlugt.

Mein Nachbar strahlt mich wieder an. »Bule!« An diesen Ausdruck muss ich mich wirklich noch gewöhnen. »Woher kommst du?«

»Aus Deutschland.«

Ein breites Grinsen erscheint auf seinem Gesicht. »Ich kenne Hamburg und Bremerhaven. Ich war Seemann. Noch besser kenne ich die holländische Küste.«

Respekt. Der Mann hat ja schon einiges von der Welt gesehen.

Da müsste ihm doch aufgefallen sein, dass Männer in anderen Teilen der Welt bessere Karten haben.

»Hast du nie überlegt, dort zu bleiben?«

Der Mann grinst. »Hier ist meine Heimat. Ich liebe Westsumatra.«

»Aber fühlst du dich nicht unterdrückt als Mann?«

»Wieso unterdrückt?« Der Mann schaut mich an, als sitze plötzlich ein Waldmensch, ein Orang Utan neben ihm und kein Bule von Welt.

Weiter vertiefen kann ich das Gespräch nicht, weil der Dembri plötzlich anhält. »Dein Hotel ist da die Straße runter.« Sehr hilfsbereit, mein Nachbar.

Ich verabschiede mich und steige aus. Unvermittelt finde ich mich auf einer großen Kreuzung wieder, neben mir sämtliches Reisegepäck. Doch bei einem Griff in meine Hosentasche fährt mir der Schreck in die Glieder. Mein Portemonnaie mit all meinem Geld, den Kreditkarten und dem Personalausweis fehlt. Ich hämmere gegen den Dembri, der schon Anstalten macht, davonzubrausen. Die Hintertür geht auf. Ich brülle gegen den brummenden Bus an. Mein moderner Sitznachbar und fünf, sechs weitere Männer beginnen hektisch mit der Suche nach meinem Geldbeutel. In allen möglichen Schlitzen fahnden sie nach dem Portemonnaie. Schulterzucken. Nichts zu finden. Hat jemand der Minangkabau ihn eingesteckt? Die armen Männer haben ja zu Hause nichts!

Ich blicke nervös um mich herum. Da liegt das gute Leder mitten auf dem Trottoir. Entschuldigend winke ich dem Suchtrupp zu. Der Dembri braust davon und lässt mich in einer grauen Rauchwolke zurück. Das ist noch mal gutgegangen. Als mittelloser Mann in einer von Frauen dominierten Gesellschaft – das wäre ein schlechter Recherchestart gewesen.

Ich beziehe Quartier in einem kleinen Hotel. Von Deutschland aus habe ich über verschiedene Internetforen Leute angeschrieben, die mir in Padang und im Bergland von Sumatra mit Übersetzen helfen könnten, im Idealfall jemand wie Salome. Eine Frau also, mit der ich auch ein Hochzeitstänzchen wagen könnte. Ich schicke eine Rund-SMS: »Bin in Padang. Ich hoffe, wir können uns bald sehen.«

Keine Minute später bekomme ich eine Kurznachricht. »Hi, Peter. Willkommen in Padang! Lass uns in einer halben Stunde im Zentrum treffen. Gruß! Mery.«

Ich laufe los. Doch nach wenigen Metern setzt ein heftiger tropischer Regen ein, mit einer solchen Wucht, dass ich Zuflucht suchen muss unter einem wellblechernen Vordach, das gerade weit genug hervorragt, um die schlimmste Nässe von Körper und Kleidung fernzuhalten. Neben mir wartet ein sehr kleiner, sehr nasser Mann. Wir lächeln uns an. Als der Regen plötzlich nachlässt, geht er zu seinem Roller. »Pasar Raya?«, ruft er mir zu. So heißt der Hauptmarkt der Stadt. Ich nicke, und er winkt mich herbei. Ich setze mich auf den Rücksitz und kann mir bequem über den Helm des Fahrers hinweg die typischen spitzgiebeligen Langhäuser Padangs anschauen. In den Pfützen steht so viel Wasser, dass ich völlig durchnässt am Pasar Raya ankomme.

Hier wimmelt es nur so von Menschen und Pferdedroschken. Aus dem Gewusel taucht eine Gruppe junger Frauen vor mir auf. Alle tragen Kopftücher. Sie mögen 18, 19 sein. »Hi, Mister! Hi, Mister!«, rufen sie. Schüchtern sind sie jedenfalls nicht. Aber warum glotzen sie mich so an? Ich versuche, freundlich zu lächeln. Da brechen sie alle zusammen in schallendes Gelächter aus. Jetzt gesellen sich noch ein paar junge Männer dazu und rufen: »Bule, Bule!« Klingt ebenfalls freundlich, keineswegs beleidigend, dennoch irritiert mich das in meinen Augen grundlose Gekichere. Ich schaue an meinem Beinkleid herunter. Ziemlich nass, okay – denken sie vielleicht, dass ich inkontinent bin? Ist das der Grund ihrer (Schaden-) Freude? Wohl nicht. Nein, ich bin einfach nur ein Exot – ein Fremdkörper, dem man hier mit fast grenzenloser Neugierde begegnet.

»Kennt ihr das Plaza Andalas?«, frage ich nun die Mädchengruppe.

Die Mädchen kreischen auf. »Ja! Ja!«

Was soll das? Was ist denn daran so besonders? Warum quietschen sie so vergnügt? »Komm, Mister! Wir zeigen dir den Weg.«

Umzingelt von einem Dutzend Mädchen werde ich abgeführt.

»Wo kommst du her, Bule?«

»Aus Deutschland!«

Ein Schrei des Entzückens löst sich aus einem Dutzend Kehlen, so als sei gerade ein Tor gefallen. Ich kann nicht anders als mitgrinsen. Aber worüber? Warum löst Deutschland eine solche Euphorie bei den jungen Frauen aus? Sie blicken gleichzeitig keck und verschämt. Komische Mischung.

Wir gehen weiter. »Gibst du uns deine E-Mail-Adresse?«, kommt es unvermittelt.

Warum nicht? Noch während ich sie auf einen Zettel schreibe, kommt die nächste Frage: »Bist du bei Facebook?« Alle Mädchen und auch ein paar junge Männer wollen meine Kontaktdaten. Wozu?

Erst einmal ist hier alles seltsam. Aber nicht unangenehm. Zumindest, wenn man keine Probleme damit hat, dermaßen im Mittelpunkt zu stehen. »Das ist das Plaza Andalas.« Eines der Mädchen zeigt auf einen sehr modernen, sehr hässlichen Bau in Kastenform. Eine Shopping-Mall. Die scheint hier sehr beliebt zu sein. Unentwegt laufen Menschen rein und raus, wie Ameisen mit Plastiktüten.

Ich halte einen Moment inne. Ich war schon in ziemlich vielen Ländern – 77 bis jetzt, um genau zu sein. Es sind einige exotische darunter. Ich war an Orten, wo es noch nicht allzu viele Europäer hin verschlagen hat. Meist wurde ich gerade dort mit großer Freundlichkeit und oft auch mit unverhohlener Neugier begrüßt. Schwarze Kinder im südafrikanischen Highveld wollten immer unbedingt meine Haare anfassen. Aber so etwas wie in Padang habe ich noch nie erlebt. Jubelschreie bei »Deutschland«, Dutzende Mädchen im Kopftuch, die mir einen seltsamen Escortservice zum Plaza Andalas bieten – was ist das bloß für ein Volk, diese Minangkabau? Geht es den Frauen hier so gut, dass sie unentwegt euphorisch sind? Oder sieht ein Europäer in ihren Augen so seltsam aus, dass sie nicht anders können als kichern und lachen?

Ich betrete das Restaurant Solaria im Erdgeschoss des Einkaufszentrums. Die Inneneinrichtung zeichnet sich durch funktionale Schlichtheit aus. Ich hoffe, dass jedes Weglassen von Dekor dem Anliegen geschuldet ist, sich ganz und gar auf die Qualität der Küche zu konzentrieren, und bestelle am Selbstbedienungstresen einen Cappuccino. Leider ist der indonesische Cappuccino nicht ganz mit dem italienischen vergleichbar. Obenauf schwimmt ein braunes Pulver, das sich nicht so recht mit dem Wasser darunter vereinigen will. Dennoch gelingt es mir, durch heftiges Rühren eine braune Brühe zu erzeugen, die – mit Zucker vermischt – tatsächlich den Weg in meine Kehle und sogar weiter abwärts findet.

Kurz darauf kommt eine sehr korrekt mit Kopftuch bekleidete kleine Frau mit einem derart herzlichen Lächeln auf mich zu, dass es sich nur um Mery handeln kann. Ich muss mich zusammenreißen, um sie nicht auf italienische, französische, polnische oder, sagen wir, neudeutsche Art mit Küsschen auf die Wange zu begrüßen – das macht man hier sicher nicht. Stattdessen begrüßen wir uns per Handschlag.

»Hast du Hunger?«, frage ich sie.

Mery nickt. Sie mag Mitte 20 sein und hat ganz feine Gesichtszüge. Der Mund ist schön geschwungen und im Vergleich zu Nase und Augen sehr groß. Aufmerksam studiert sie die Speisekarte. »Nimm gebratenen Reis mit Gemüse – Nasi goreng. Das ist am besten hier!«, sagt sie mir. Wie entschieden sie sein kann.

Hat diese Bestimmtheit damit zu tun, dass die Frauen hier eine so dominante Rolle spielen?

Ich folge ihrem Ratschlag und mustere sie dann neugierig. Sie hält meinem Blick stand und lächelt. »Du bist zur Recherche hier und brauchst Hilfe?«, fragt sie.

Ich nicke. »Ich interessiere mich für das matrilineare System der Minangkabau. Ich brauche eine Dolmetscherin.«

»Wo willst du hin?«

»Ich möchte hier in Padang Interviews führen und dann ins Hochland.«

Merys Augen leuchten. »Du musst nach Batusangkar. Das ist die alte Hauptstadt der Minangkabau. Es ist wunderschön dort. Ich komme ursprünglich von da.« Sie holt einen Laptop aus ihrem Rucksack. Eine Karte poppt auf: Sumatra. Mery zoomt heran. »Das alles hier ist das historische Reich der Minangkabau. Padang an der Küste ist heute zwar die Hauptstadt, doch entstanden ist die Kultur hier oben.« Merys Finger zeigt auf die Gegend um die Orte Batusangkar und Bukittingi. Mir kommt es vor, als zittere sie. Ist sie plötzlich nervös? Da spüre ich auch unter meinen Füßen ein leichtes Zittern.

»Was ist das, Mery?«

»Was meinst du?«

»Spürst du nicht das Zittern?«

Mery lächelt, so als würde sie denken: »Seltsam, dieser Bule.« Unbeirrt fährt sie fort: »Wir könnten diese Strecke hochfahren.« Sie zeigt auf eine kurvige Straße zwischen Padang und Bukittingi. Doch ihr Finger rutscht plötzlich hoch an die Nordküste Sumatras.

»Verdammt, was ist das?«, rufe ich aus.

Jetzt ertönen Schreie. Die anderen Gäste des Restaurants springen kreischend auf.

»Ein Erdbeben!«, ruft Mery. »Schnell raus!« Sie klappt ihren Laptop zusammen und schnellt hoch. Ich schnappe meinen Rucksack und folge ihr. Dichtes Gedränge vorm Notausgang.

Raus, nichts wie raus! Die Erschütterungen werden stärker. Ich schaue nach oben, ob sich Teile von der Decke lösen.

Drei Minuten später sind wir endlich draußen. Vielen Menschen steht der Schrecken ins Gesicht geschrieben. Auf einmal ist nichts mehr so locker und freundlich wie eine halbe Stunde zuvor beim Spaziergang durch die Stadt.

Aber Mery wirkt ganz ruhig. Sie schaut auf ihr Handy. »Es ist nicht so schlimm: 5,8 auf der Richter-Skala. Das Epizentrum ist 40 Kilometer weit weg.«

»Woher hast du die Info?«

»Ich bin zur freiwilligen Helferin ausgebildet. Im Falle von Erdbeben und Tsunamis werde ich sofort per SMS informiert, damit ich andere Menschen in meiner Umgebung warnen und ihnen zeigen kann, wo sie hinlaufen sollen.« In diesem Moment weiß ich: Wenn Mery wirklich meine Führerin und Dolmetscherin sein will, hätte ich mal wieder riesiges Glück. »Beim Erdbeben 2009 sind hier mehrere Hundert Menschen gestorben. Auch im Plaza Andalas. Da oben ist ein Feuer ausgebrochen.« Mery zeigt zum Dach des Einkaufszentrums. Meine Knie zittern ein bisschen.

»Peter, ich muss los. Wir sehen uns morgen.«

»Möchtest du denn nichts mehr essen?«

»Nein, es ist Zeit für mich, nach Hause zu gehen. Bei Einbruch der Dunkelheit sollte ich daheim sein.«

Ich wundere mich ein bisschen. Mery läuft los. Irgendwie passen ihre Jeans und das Kopftuch nicht richtig zusammen.

Mir ist der Appetit vergangen. Aber ins Hotel will ich auch noch nicht zurück. Ich laufe durch die Straßen. Schließlich entdecke ich einen Gebäudekomplex, an dem *T-Box* steht und *Karaoke, Café, Restaurant*. Ich gehe hinein. Es ist wohl noch früh – potentielle Karaokesänger sind jedenfalls nicht auszumachen. Nur ein Tisch ist besetzt, und zwar mit fünf Angestellten des Lokals in orangefarbenen Hemden, die sich offenbar langweilen.

Ich setze mich an den Nachbartisch. Alle fünf lugen neugierig zu mir herüber. Einer kommt lächelnd auf mich zu. »Hi, Mister.«

»Hi!«

Jetzt fragt der freundliche Mann doch sicher, was ich trinken möchte. Weit gefehlt! »Wo kommen Sie her, Mister?«

»Aus Deutschland!«

Am Nachbartisch, von wo aus das Gespräch aufmerksam verfolgt wurde, bricht Jubel aus. »Deutschland. Das ist wundervoll«! Auch meine Bedienung strahlt. »Darf ich mich zu dir setzen?«

Da ich nichts Besseres zu tun habe, als das Erdbeben zu verdauen, lade ich ihn mit einer Handbewegung ein, Platz zu nehmen. Vielleicht kann ich mit ihm ja über die Liebe reden.

»Ich bin Yudi«, stellt er sich vor.

»Peter.«

»Sehr erfreut.«

»Wie alt bist du, Yudi?«

»36.« Er lächelt ein wenig feminin. Alles an ihm wirkt zart.

»Was machst du hier?«, frage ich ihn.

»Ich arbeite als Karaoke-Supervisor«, lautet die Antwort.

Aha.

»Mein Dienst geht täglich von sechs Uhr abends bis zwei Uhr früh«, fährt er fort. »Sonntags habe ich frei.«

»Hast du Familie?«

Er nickt freundlich. »Schon seit acht Jahren. Ich habe zwei Kinder. Eins ist sieben Jahre, das andere sieben Monate alt.«

»Herzlichen Glückwunsch! Darf ich fragen, wie du deine Frau kennengelernt hast?«

Yudi hat kein Problem, mit einem Bule über Privates zu reden. Tatsächlich breitet er seine Liebesgeschichte vor mir aus. »Du bist vielleicht überrascht. Nicht ich habe den ersten Schritt gemacht, sondern sie. So ist das manchmal bei den Minangkabau.«

Jetzt wird es spannend. Yudi lächelt. »Sie war eine Freundin meiner Schwester und hat mir einen Brief nach Java geschickt, wo ich damals arbeitete.«

»Warum warst du denn in Java?«

»Es ist Sitte unter den jungen Minangkabau-Männern, für ein paar Jahre Westsumatra zu verlassen, um sich Qualifikationen zu erwerben.« Stimmt. Ich habe darüber gelesen. Da ihnen hier nichts gehört, weder Hof noch Land, müssen die Männer sich einige Jahre in der Fremde beweisen. »Mir gefiel das Foto von ihr in dem Brief. Als ich auf Heimatbesuch war, haben wir uns getroffen. Zweimal. Sie hat mir so gut gefallen, dass ich ihr beim dritten Treffen einen Heiratsantrag gemacht habe.«

Irgendwie kann ich mir den eher zurückhaltend und sanft wirkenden Yudi gar nicht vorstellen, wie er einer Frau einen Antrag macht. Aber so muss es sich wohl zugetragen haben.

»Fühlst du dich nicht unterdrückt, weil du in einem System lebst, wo alles den Frauen gehört?«

Yudi schüttelt energisch den Kopf, kann aber nicht mehr antworten, da er just in diesem Moment seinen Dienst als Karaoke-Supervisor antreten muss. »Bist du bei Facebook?«, fragt er noch und steckt mir einen Zettel mit seiner E-Mail-Adresse zu. »Dann können wir uns dort weiter unterhalten.« Lächelnd verlässt er meinen Tisch.

Seltsam. Wieso wirken hier alle Männer so zufrieden mit dem matrilinearen System? Wie funktioniert hier das Miteinander von Mann und Frau?

Am nächsten Tag lade ich Mery in ein Restaurant ein, um über das weitere Vorgehen zu beraten.

»Nimm Rendang!« Wieder wirkt Mery sehr bestimmt. Heute trägt sie ein lilafarbenes Kopftuch. Kurze Zeit später bringt der Kellner ein Reisgericht mit Rindfleisch in einer Soße mit gelben, kross gebratenen, chipsartigen Stücken darin.

»Was ist das?«, frage ich sie.

»Büffelhaut. Sehr lecker.«

Wir fangen an zu essen. »Was hast du gestern noch gemacht?«, fragt sie.

»Ich war in der T-Box. Kennst du das?«

Mery nickt, scheint aber nicht gerade begeistert. »Das sind Orte, die eine Gefahr für die Kultur der Minangkabau darstellen!« Sie schaut dabei sehr ernst. »In den Karaokebars tun die Leute Dinge, die sie nicht tun sollten. Sie trinken Alkohol und verlieren die Kontrolle.« Sie schiebt sich ein Stück Büffelhaut in den Mund. »Der Islam und die Kultur der Minang« – zum ersten Mal kürzt Mery den Namen ihres Volkes ab – »gehören untrennbar zusammen. Alkohol ist tabu! Und junge Frauen sollten sich anständig kleiden und nicht mit kurzem Rock und freien Schultern abends in Karaokebars herumhängen.«

Ich bin wieder überrascht, dass eine so zart wirkende Frau so entschieden gucken kann.

»Diese Leute vergessen auch manchmal zu beten. Wer aber die Kultur verliert, verliert die Religion. Und wer die Religion verliert, verliert die Kultur.« Merys Weltbild scheint ganz klar zu sein. »Oft sind es Leute aus unteren Schichten oder aus zerrütteten Familien, die in Karaokebars arbeiten. Diese Leute brauchen Geld. Und für Geld sind sie bereit, alle Prinzipien über den Haufen zu werfen.«

»Gehst du denn nie aus?«

»Ich treffe mich am Nachmittag mit Freundinnen. Ich gehe zum Sport. Aber abends gehe ich nicht aus. So etwas macht man nicht!«

»Wer sagt das?«

»Unsere Kultur und unsere Religion.«

Das scharfe Rendang ist äußerst delikat. Mery freut sich über meinen guten Appetit. Und vielleicht auch darüber, dass der Bule Peter es schafft, islamisch korrekt mit der rechten Hand zu essen. Bis jetzt zumindest. Wir sind bei einem spannenden Thema angelangt. Kultur und Religion.

»Mery, ihr Minangkabau habt ja ein matrilineares System. Aber eure Religion, der Islam, ist patriarchalisch. Richtig?«

Mery nickt und lächelt.

»Aber das passt doch nicht zusammen!«

»Doch! Die Kultur respektiert die Religion. Und die Religion respektiert die Kultur. Beide gehören untrennbar zusammen.«

»Aber es gibt islamische Prediger, die euch das matrilineare System austreiben wollen!«

»Nein!«

»Doch. Ich habe davon gelesen.«

»Aber nein!«

Seltsam. Mery scheint nie davon gehört zu haben, dass es einen Konflikt zwischen Kultur und Religion gibt. »Unser matrilineares System ist sehr stabil«, behauptet sie. »Niemand wird es abschaffen können.« Sie schiebt sich in aller Ruhe einen Klumpen Reis in den Mund. »Um das zu verstehen, musst du die Geschichte meines Volkes kennen. Vielleicht weißt du es schon: ›*Minang*‹ bedeutet ›siegen‹ und ›*Kabau*‹ heißt ›Büffel‹.«

Nein, das wusste ich noch nicht. Sie fährt fort: »Vor langer Zeit wollte ein Fürst aus Java unser Volk unterjochen. Weißt du, was wir dem Feind vorgeschlagen haben? Damit kein Menschenblut vergossen wird, sollten stattdessen die Büffel gegeneinander kämpfen. Wir sind eben sehr schlau!« Mery lächelt wieder ihr gleichzeitig sanftes und entschiedenes Lächeln. Ein Lächeln, in dem viel Gewissheit liegt. »Wir wählten für den Kampf ein kleines Büffelkalb und setzten ihm zwei rasierklingenscharfe Messer auf die Hörner.« Mery deutet die Hörner mit ihren Zeigefingern an den Schläfen an. Sieht lustig aus. »Der riesige Büffel der Javaner hielt Ausschau nach einem gleichwertigen Feind und bemerkte gar nicht, wie der kleine Büffel unter ihn kroch. Der wollte natürlich Milch.« Mery lächelt schon wieder verschmitzt. So, als sei sie selbst auf die Idee mit dem Büffelkalb gekommen. »Das Kalb suchte das Euter und ritzte dabei den Unterleib des großen Büffels auf. Er war auf der Stelle tot. Die Javaner erkannten den Sieg an.« Nun schaut Mery, als habe sie selbst soeben einen bedeutenden Sieg errungen. »Seitdem heißen wir ›*Minangkabau*‹ – ›siegreiche Büffel‹.« Sehr passend zu ihrer Geschichte schiebt sich Mery nun das letzte Stück knusprig-luftig kross gebratener Büffelhaut in den zarten Mund. »Fortan war Frieden! Der javanische Prinz heiratete die Königstochter der Minang. Die stellten aber die Bedingung, dass das Land immer in weiblicher Linie bleibe. Die männliche Linie aus Java sollte davon abgehalten werden, Ländereien der Minangkabau in ihren Besitz zu bringen.«

Während ich Mery so zuhöre, wird mir klar, dass ich noch nie in einem islamischen Land solch selbstbewusste Frauen getroffen habe, nicht einmal in der relativ toleranten Türkei. Es ist klar: Der Besitz von Haus und Hof bringt große Selbstsicherheit mit sich – ein kräftiges Gegengewicht zum von Männern dominierten Islam.

»Ja, wir Frauen sind stark hier.« Mery deutet ihre Kraft mit einem Griff an den Bizeps an. Der scheint wirklich gut trainiert zu sein.

»Machst du Sport?«, frage ich sie.

»Ja, Karate. Ich trainiere zweimal die Woche.«

Das wäre im Iran oder in Saudi-Arabien sicher nicht möglich für eine Frau. »Und was sagen deine Eltern dazu?«, will ich wissen.

»Meine Mutter wollte es zuerst verbieten. Sie fragte: ›Bist du ein Mädchen oder ein Junge?‹ Aber dann sagte ich zu ihr: ›Was wird passieren, wenn ich mal allein leben sollte? Zum Beispiel während eines Auslandssemesters. Wer wird mich dann beschützen?‹ Das sah meine Mutter ein!« Gürtel und Kopftuch sind jedenfalls kein Widerspruch für Mery.

Während draußen auf der Straße eine Pferdekutsche vorbeiholpert, widmen wir uns nun den von Mery mitgebrachten Dukufrüchten: klein und grün, mit säuerlichem Geschmack. Ich muss höllisch aufpassen, dass ich sie nicht mit meiner linken

Hand aufpule und in den Mund stecke. Mery wacht darüber mit einem Blick, der so scharf ist wie das eben verzehrte Rendang. Ich empfinde das wie eine kleine Bewährungsprobe, ob mit dem Bule etwas anzufangen ist oder ob man sich für ihn schämen muss, weil er die Gepflogenheiten der Gegend und die Regeln der Religion nicht achtet.

Mery ist 24. »In welchem Alter sollte eine Minangkabaufrau verheiratet sein?«, frage ich sie.

»Spätestens mit 25!«

»Das heißt, du wirst bald heiraten?«

»Nein!« Mery lächelt. »Wenn du verheiratet bist, ist die Freiheit weg. Ich will reisen, vielleicht im Ausland studieren. Das geht nur, solange ich ledig bin.«

Interessant. In diesem Punkt sieht Mery keinen Konflikt mit Kultur und Religion. Dabei ist es noch nicht lange her, da heirateten die Mädchen hier sogar schon, wenn sie um die 15 waren. In entlegenen Dörfern Indonesiens gibt es das heute noch. Was das angeht, ist Mery ganz schön modern.

»Was sagen deine Eltern zu deinen Plänen? Wollen sie nicht, dass du bald heiratest?«

Mery schaut auf einmal nachdenklich drein. »Mein Vater ist Offizier in der Armee. Er stellte mir vor ein paar Wochen den Sohn eines befreundeten Soldaten vor.«

»Und? Wie war's?«

»Nett. Ich habe ihn noch einmal wieder getroffen, aber ich bin mir nicht sicher. Mein Vater hat gesagt: ›Wenn er dir nicht gefällt, kein Problem! Ich habe noch viele Freunde in der Armee, die Söhne im richtigen Alter haben.‹« Mery grinst wieder, aber es mischt sich zum ersten Mal eine Spur Unsicherheit in ihre Miene. Womöglich findet sie sich doch bald in einem Konflikt wieder. Wenn es darum geht: Auslandsstudium oder heiraten.

»Und was würde passieren, wenn du dich in einen Ausländer verliebst?«

»Grundsätzlich ist das kein Problem.«

»Deine Eltern würden das akzeptieren?«

Mery denkt einen Moment nach. »Ich glaube schon.«

»Und wenn er kein Muslim ist?«

»Dann muss er einer werden.«

»Und wenn er nicht will?«

»Es geht nur, wenn er zum Islam übertritt.«

»Aber wenn ihr euch liebt, er aber dennoch seine Religion, zum Beispiel das Christentum, nicht aufgeben will – was dann?«

»Am Ende werde ich meinen Eltern folgen. Ohne sie wäre ich nichts. Und sie würden nie akzeptieren, dass ich einen Nichtmuslim heirate.«

Das klingt wieder ganz entschieden. Glasklar: Mery hat ein anderes Konzept von Liebe als wir im Westen. Ein rationaleres, weniger romantisches. Religion und Familie stecken einen Rahmen, der auch die Liebe einfasst. Könnte sie sich nicht dennoch Hals über Kopf in einen Nichtmuslim verlieben und alle Konzepte über den Haufen werfen? Ich kann es mir gerade nicht vorstellen. Doch wer weiß. Ein Semester in Singapur, Kontakt mit Studierenden aus der ganzen Welt, Diskussionen über Religion und Moral, Partys – das ist in seiner Gesamtheit sicher nicht weniger gefährlich als ein Abend in einer Karaokebar. Und Mery ist neugierig, sonst würde sie sich nicht im Internet mit Besuchern aus dem Westen treffen und sich mit ihnen austauschen.

Ich hake noch einmal nach zum Thema Heirat. »Mery, wenn deine Eltern unbedingt wollen, dass du bald heiratest, verzichtest du dann auf das Studium im Ausland?«

An ihrem Blick merke ich, dass ich einen wunden Punkt getroffen habe. »Alles ist im Wandel, Peter. Früher wurden die Ehen hier arrangiert. Wir haben eine andere Vorstellung von Liebe als ihr im Westen.« Sie pult nachdenklich an einer Dukufrucht herum. »Es ging dabei auch immer um die Vermählung der Familien, um die Erweiterung von Besitz. Umso besser, wenn man dann noch zueinanderpasste. Aber Sex und Romantik als Basis einer Ehe sind nicht gut. Die Leute sagen: Das geht bald vorüber. Besser, man gewöhnt sich langsam aneinander im Laufe des Ehelebens.«

»Und das ist auch deine Ansicht?«

»Für das Gefühlsleben sind Freunde und Familie wichtiger als der Ehepartner. Oder?«

Jetzt hat sie den Spieß umgedreht. Weiß ich eine Antwort? Mir fällt gerade viel zum Thema ein – und auch wieder nichts.

Ich weiche aus. »Lass uns überlegen, wen wir hier für ein Interview aufsuchen könnten.«

Mery wiegt den Kopf hin und her. »Ich werde darüber nachdenken.«

Am nächsten Morgen gehe ich joggen. Ich laufe in Richtung Fluss. Von überall her grüßen mich Kinder mit einem freudigen »Hi, Mister«. Ich will nicht als unfreundlicher Bule erscheinen und winke mit ihnen um die Wette – ein auf Dauer fast ebenso effektives Training wie das Joggen selbst. So begeistert sind die kleinen Minang vom fremden Athleten, dass sie selbst ihre Beine in die Hand nehmen und ein Stückchen mitlaufen, dabei noch ein *»How are you?«*, rufen und damit ihren englischen Wortschatz voll ausspielen.

Die Brücke, über die ich laufe, überquert einen Fluss, der sehr bunt daherfließt – Folge einer Flut von Plastiktüten und -flaschen, die träge auf der Oberfläche treiben. Auf der anderen Seite schmiegen sich an die Hänge des Padanghügels Holzhütten, vor denen die Einheimischen sitzen, um ihren Reis zu kochen. Viele gucken sehr erstaunt, als der Bule mit gerötetem Kopf an ihnen vorbeiläuft. Es geht bergan, mein Ziel ist der Strand, der sich meiner vagen Hoffnung nach auf der anderen Seite des Padanghügels erstrecken sollte.

Auf dem Scheitelpunkt der Anhöhe muss ich feststellen, dass auf der anderen Seite zwar das Meer, keinesfalls aber ein Strand zu finden ist. Eher schroffer Fels, der ein Entlanglaufen an den

Gestaden des Ozeans unmöglich macht. Außerdem wird es mir hier oben etwas unheimlich, ist doch die Bebauung sehr spärlich, und es geht irgendetwas Seltsames von diesem bewaldeten Hügel aus. Vielleicht liegt es daran, dass ich am Abend zuvor in einem Buch über die Geisterwelt Indonesiens gelesen habe. Vielleicht treiben hier oben irgendwelche Gespenster ihr Unwesen …

Islam hin oder her: Praktisch jeder Indonesier glaubt an den einen oder anderen Geist, der auf Bäumen oder Brücken sitzt und gut oder böse sein kann. »Ist das überhaupt ein islamisches Land?«, geht es mir durch meinen gut durchbluteten Kopf. Die herausragende Stellung der Frau, der Glaube an Gespenster, die große Entfernung nach Mekka – vielleicht hat der Islam diese Gesellschaft einfach nicht in dem Maß durchdrungen wie im Nahen und Mittleren Osten. Ich stelle jedenfalls fest, dass ich mich ausgesprochen wohl in Sumatra fühle. Die Menschen strahlen große Herzlichkeit aus. Und die Frauen großes Selbstbewusstsein. Es ist leicht, mit ihnen ins Gespräch zu kommen.

Zurück im Hotel, unterhalte ich mich mit der hübschen Dame an der Rezeption. Sie ist 30.

»Sind Sie verheiratet?« Ich stelle immer wieder fest, dass man die Leute hier sehr direkt fragen kann und auch sehr direkte Antworten bekommt.

»Ich habe mit 22 geheiratet«, sagt sie, »nach fünf Jahren habe ich aber die Scheidung eingereicht.«

»Warum?«

»Mein Mann hat viel Alkohol getrunken. Und auch harte Drogen genommen.«

Ich bin schockiert. Die Frau tut mir leid. Ich muss an Nafisa auf Sansibar denken, der es ähnlich ergangen ist. »War es leicht, sich scheiden zu lassen?«

»Ja. Viele haben mitbekommen, dass mein Mann Alkoholprobleme hat. Im Islam ist das ein Tabu. Da hat jeder Verständnis, wenn die Frau sich trennt. Auch meine Familie steht hinter mir.«

Ich bin überrascht, dass es hier so einfach für eine Frau ist, die Scheidung einzureichen. Haben wir nicht immer das Bild im Kopf, dass die Frau vom Islam unterdrückt wird? In erster Linie ist der Islam aber eine Religion, die für ein friedliches Zusammenleben der Menschen steht: Nächstenliebe, Respekt. Genau wie das Christentum. Wir im Westen sind aber mittlerweile fixiert darauf, uns extreme Fälle anzuschauen und diese mit dem Islam in Verbindung zu bringen. Gesteinigte Frauen in Afghanistan zum Beispiel. Aber das ist das Werk der Taliban. Mit dem Islam hat das wenig zu tun. Indonesische Muslime sind darüber genauso entsetzt wie wir. Bislang habe ich nicht den Eindruck, dass die indonesische Frau unterdrückt ist durch die Religion. Aber ich bin ja noch am Anfang meiner Spurensuche. Und ich bin im Land der Minangkabau, in dem die Frau durch ihren Besitz ohnehin eine starke Stellung hat.

»Was ist Ihr Traum?«, frage ich die Rezeptionistin.

»Eine eigene Familie. Aber ich bin schon 30. Das wird wohl nichts mehr.«

»Wieso?«

»Gleichaltrige Männer, die noch ledig sind, suchen sich jüngere Frauen. Sie meinen, die seien noch unverbraucht und formbar.«

Ich verabschiede mich und mache mich auf zum Museum der Stadt Padang. Mery ist verspätet. Ich entspanne meine müden Muskeln auf einer Parkbank und pule die letzten, tags zuvor von Mery mitgebrachten Dukus auf. Ein paar Liebespärchen sitzen unter Bäumen, unterhalten sich oder gucken einfach Löcher in den wolkenverhangenen Himmel von Padang. Ab und zu kommen die jungen Minang auf mich zu und wollen ein Foto mit dem Bule. Daran schon gewöhnt, setze ich diesmal gleich zum Gegenangriff an, in Form der Frage: »Hi, seid ihr ein Pärchen?«

Stets fällt die Antwort gleich aus: »Nein, wir sind nur Freunde.« Mir kommt es allerdings so vor, als sei da mehr im Spiel als reine Freundschaft.

Mery taucht auf, heute zur Abwechslung im grünen Kopftuch. Die Farbe der Verhüllung wechselt jeden Tag. Sie begrüßt das Pärchen, das sich gerade mit mir unterhält, recht kühl, als wolle sie ihm klarmachen, dass wir in wichtiger Mission unterwegs sind und daher die Zeit der zwanglosen Schwätzchen vorbei ist. Als wir Richtung Museums-Langhaus gehen, bemerke ich, dass sie sauer ist. »Das ist der Einfluss der Globalisierung«, schimpft sie. »Diese jungen Leute beachten nicht die Regeln.«

»Welche Regeln?«

»Die islamischen! Eine junge Frau ohne Schleier und ein junger Mann allein hier! Das geht nicht! Der Park ist berühmt für solche Treffen.«

Was ist da los? Warum ist Mery so streng mit den jungen Liebespärchen? Sieht sie hier auch wieder die Kultur der Minangkabau und den Islam in Gefahr?

Merys Ärger ist verflogen, als wir in die Museumswelt der Minangkabau eintauchen. Nachbildungen eindrucksvoller Langhäuser mit spitzen Giebeln beherrschen den Raum. »Erkennst du das Büffelkopfförmige der Dächer, Peter?« Mery deutet mit leuchtenden Augen auf die geschwungenen Konstruktionen. »Und wenn die nächste Tochter ihre Familie gründet, wird einfach angebaut. Chefin des ganzen riesigen Hauses ist natürlich die Mutter.«

»Muss schwer sein für die Schwiegersöhne, sich da immer unterzuordnen.« Ich versuche zu provozieren.

»Die Männer sind selbst schuld, wenn sie Stress mit Frau und Schwiegermutter kriegen. Solange sie sich fügen, passiert ihnen nichts.« Mery hat wieder diesen entschiedenen Blick aufgelegt. Und ich frage mich, ob das für mich möglich wäre: unter der Fuchtel der Schwiegermutter im Langhaus zu wohnen? Das müsste dann schon eine sehr sympathische Schwiegermama sein.

»Muss der Mann denn unbedingt ins Haus der Schwiegermutter ziehen?«

»Früher war das so. Heutzutage versucht ein frisch vermähltes Ehepaar in Großstädten wie Padang selbst, eine Wohnung zu beziehen. Unter der Voraussetzung, dass genügend Geld da ist. Auf dem Land ist es aber noch wie früher.«

»Meinst du nicht, dass die Männer in eurem Volk unterdrückt werden?«

»Nein. Sie haben ja auch Rechte.«

»Welche?«

»Die männlichen Oberhäupter repräsentieren die Großfamilie nach außen und bei rechtlichen Auseinandersetzungen. Wenn ein Mann zum Clanchef, zum Penghulu, ernannt wird, ist das eines der größten Feste in unserer Kultur.«

Nun, wenn Männer Oberhäupter der Großfamilien sind, müssen sie ja doch einiges zu sagen haben. Es wird mir immer klarer: Ich bin in keinem Matriarchat gelandet. Wohl aber in einer Gesellschaft, in der die Frauen gewaltigen sozialen und wirtschaftlichen Einfluss besitzen. Dass das Ganze auch noch in einem islamisch dominierten Umfeld passiert, ist hochinteressant. Darüber muss ich unbedingt mehr herausfinden.

Von einer Treppe im zweiten Stock des Museums kommen gerade Mitarbeiter herunter. Ich erspähe oben lustige bunte Porträts und gehe hoch.

Eine Minute später stehen wir vor den Ölbildern. »Das sind alles Minangkabau, die im Kampf um die Unabhängigkeit Indonesiens und beim Aufbau der Nation eine herausragende Rolle gespielt haben!« Mery versucht, den Stolz auf ihr Volk erst gar nicht zu verbergen. »Dafür, dass wir relativ wenige sind, haben wir erstaunlich viele große Persönlichkeiten hervorgebracht: Vizepräsidenten, Premierminister, Minister, darunter auch einige Frauen.«

»Woran liegt das?«

»Die Minang sind sehr redegewandt. Und unsere Männer

müssen ja in jungen Jahren hinaus in die Welt, um Erfahrungen in anderen Gegenden zu sammeln. Das nennt man ›*Merantau*‹. Dadurch sind wir flexibler und anderen Indonesiern immer überlegen.«

Gerade schauen wir uns einen der Helden näher an, da tritt ein selbstbewusst schauender Mann auf den Plan. »Willkommen! Ein Bule in unserem Haus. Ich bin der Museumsdirektor.«

»Ich bin Peter und recherchiere über die Minangkabau. Haben Sie vielleicht Zeit für ein Interview?«

Der Museumsdirektor wirkt so, als habe er den ganzen Tag nur auf uns gewartet, und führt uns in sein geräumiges Büro, wo er sich auf seinem Chefsessel niederlässt. Das schwarze Leder ist mit Plastikfolie überzogen, wohl um zu verhindern, dass Schweiß in das edle Leder eindringen könnte.

Mery und ich nehmen auf der schwarzen Ledercouch gegenüber Platz. Der Ventilator schwirrt.

»Was interessiert dich an der Kultur der Minangkabau?«, fragt der Direktor.

»Alles! Was ist für Sie denn das entscheidende Element daran?«

»Das Vererben des Landes von Mutter auf Tochter! Das gibt unserer Gesellschaft eine einzigartige Stabilität. Wenn die Männer das Land für den Merantau verlassen und vielleicht für immer wegbleiben, ist die Versorgung von Frau und Kindern immer sichergestellt. Ihnen gehören ja die Reisfelder!«

»Oder wenn ein Mann die Frau verlässt.«

»Klar, auch dann!«

»Widerspricht das matrilineare System nicht den Lehren des Islam?«

Der Direktor schüttelt energisch den Kopf. »Der Islam erlaubt doch verschiedene Gesellschaftsformen. Nirgendwo steht geschrieben, dass das System der Minang falsch ist. Es gibt ja immer beides: Religion und Kultur, hier ›*Adat*‹ genannt. Beides muss nur die richtige Balance finden.«

»Und warum wollen konservative islamische Geistliche das System dann ändern?«

Der Direktor schüttelt den Kopf. »Das System ist gut und stabil. Niemand kann es ändern.« Seltsam. Langsam kommt es mir vor, als würde ich einen Konflikt suchen, den es gar nicht gibt. Oder der zumindest von den Menschen hier nicht als solcher empfunden wird.

Muss ich mehr provozieren, um interessante Antworten zu bekommen? Ich versuche es. »Fühlen Sie sich als Mann nicht unterdrückt in dieser Gesellschaft?« Doch schon während ich die Frage stelle, wird mir klar, wie idiotisch sie ist. Der Mann ist Museumsdirektor – kein schlechter Job! Er ist wohl kaum als von Frauen eingeschüchterter Mensch auf dem mit Plastik überzogenen Chefsessel gelandet.

Der Direktor übergeht meine Provokation – am Ende hat er sie vielleicht gar nicht verstanden. »Der Mann hat mehrere wichtige Funktionen in der Gesellschaft. Von Unterdrückung kann keine Rede sein. Weißt du, was ein Mamak ist?«

Ich schüttle den Kopf.

»Der Mamak ist der Bruder der Mutter. Ihm kommen wichtige Aufgaben bei der Erziehung seiner Nichten und Neffen zu. Er muss ihnen ihre rechte Stellung in der Gesellschaft zuweisen. Auch bei der Findung des Heiratspartners hat er ein gewichtiges Wort mitzureden.«

»Interessant. Das heißt: Als eingeheirateter Mann habe ich nicht viel zu sagen. Aber in der Familie meiner Mutter und Schwestern schon.«

»Genau!« Der Museumsdirektor strahlt. Der Bule hat etwas kapiert von der komplexen Struktur der Minang. »Für die Kinder ist der Onkel mütterlicherseits genauso wichtig wie der eigene Vater. Das ist eine Aufgabenteilung, die für noch mehr Stabilität in der Familie sorgt. Stirbt der Vater, so gibt es immer noch den Mamak, der sich dann neben der Mutter um die Erziehung der Kinder kümmert.«

Das leuchtet mir ein. »Und das alles hat Bestand in den modernen Zeiten?«

Der Direktor kratzt sich am Kopf. »Neuerdings lässt der Respekt der Jugendlichen vor ihrem Mamak etwas nach. Manchmal liegt das auch am Mamak selbst, weil der sich zu sehr um seine eigenen Kinder kümmert. Und andere Belange wie Auto und Computer. Das ist der Einfluss der Globalisierung.«

Manchmal nehmen Interviews überraschende Wendungen. So auch hier.

Während ich mir die nächste Frage überlege, springt der Direktor vom Plastikbezug seines Sessels auf und fragt mich aufgeregt, ob ich wisse, was Salat sei. Zumindest verstehe ich das so.

Ich schaue Mery an. »Lädt er uns zum Essen ein? In den Tropen esse ich aber grundsätzlich nur gekochte, gegarte oder von mir aus auch gebackene Speisen. *Cook it or peel it,* verstehst du?«

Merys Blick drückt Unverständnis aus. Und die folgenden Bewegungen des Direktors machen eine Esseneinladung in der Tat immer unwahrscheinlicher. Der Kulturexperte fuchtelt heftig mit seinen Armen, zeigt einen Ausfallschritt, dann eine Drehung und ruft uns zu: »Das ist Salat!«.

Mery flüstert mir ins Ohr: »Er spricht gar nicht von ›Salat‹, er meint ›*Selat*‹, ein alter indonesischer Kampfsport.«

Aha. Mery und der Direktor beginnen nun eine Diskussion, ob Karate oder Selat der bessere Sport sei. Der Direktor verweist auf die Eleganz des Selat und zeigt zum Beweis noch einmal einen Ausfallschritt. »Seht ihr: Es kommt hier sehr auf das geschickte Ausweichen der Schläge und Tritte an. Die Angriffsenergie des Aggressors prallt so komplett vom Gegner ab.«

Ich habe den Eindruck, dass der Direktor auch in Bezug auf das Interview auf Ausweichmanöver eingestellt ist. Immerhin habe ich einiges Interessantes zur Rolle des Bruders der Mutter, des Mamak, erfahren. Als sich der Mann in seinen kondomierten Sessel zurückfallen lässt und damit dem Plastiküberzug angesichts seiner Transpiration wirklich Sinn verleiht, verabschieden wir uns. »Danke für das Interview. Und danke für die Selat-Demonstration.«

»Sehr gern. Teile der Welt mit, dass sie von den Minangkabau lernen kann.« Der Direktor wischt sich den Schweiß von der Stirn. »Das Vererben von Mutter zu Tochter ist die große Stärke der siegreichen Büffel. Das Land im Besitz der Frau sorgt für Stabilität. Die Welt wäre gerechter, wenn es überall so wäre wie hier in Westsumatra.«

Der Mann ist Lokalpatriot, keine Frage. Aber hat er nicht auch ein bisschen recht? Je tiefer ich eintauche in die Welt der Minangkabau, desto besser gefällt sie mir. Die Balance zwischen den Geschlechtern scheint zu stimmen. Und das sage ich, obwohl ich ein Mann bin.

Eine SMS in meinem Posteingang: Indah. Ich hatte sie über die Internetplattform *Couchsurfing* angeschrieben. Auf ihrem Profil stand folgender Text, der mich neugierig gemacht hatte:

*live in Padang. Duku street No. 2. Its near the main street. Its located downtown. live with my family. I have one spare room that sometimes used by my brothers. But, when i have a guest, no one would mind it if you want to stay. I have Pet. Its a dog. a small one. i dont smoke, but i dont mind if you are smoke. Fun things maybe to bring you around the city, to the beach, i live near beach. Public transportation is easy to find cuz i live near the main street and also downtown. I can show you around, but mostly depends on the situation if you understand what i mean. lol. To go to bed, im not sure. Depends on the situation later. My best time to host is on weekend, like saturday and sunday. so, if you need a place to stay on saturday and sunday just come to my house.*

»Ich rauche nicht, aber es macht mir nichts aus, wenn du Rauch bist.« Das ist indonesisches Englisch at its best. Aber was bedeutet: »Ins Bett gehen, da bin ich nicht sicher. Es kommt auf die Situation an.«? Ich bin gespannt, wer sich hinter diesem Text verbirgt.

Indah kommt auf ihrem Scooter angerauscht, ein Strahlen im Gesicht, als seien wir schon lange beste Freunde. Im Gegensatz zu Mery, die neben mir steht, trägt Indah kein Kopftuch. Eher lässig wirkt sie mit Jeans, Shirt und runder Brille. Die beiden kennen sich flüchtig von der Uni.

Wir lassen uns kaum im Café nieder, als Mery schon wieder aufsteht. »Ich suche mir einen Platz zum Beten«, meint sie unter ihrem Kopftuch hervor.

»Was ist mit dir, Indah?«, frage ich.

»Ich kann nicht beten. Ich habe meine Tage.«

Diese Offenheit überrascht mich. Wir kennen uns seit zehn Minuten, und sie erzählt mir gleich von ihrer Periode.

»Und sonst?«, bohre ich weiter. »Betest du – wie Mery – immer fünfmal am Tag?«

Indah schüttelt den Kopf mit ihren langen schwarzen Haaren. »Ich bete zwei-, dreimal am Tag. Du siehst, ich bin keine besonders gute Muslimin.« Sie schaut dabei aber recht vergnügt drein. »Auch ein Kopftuch trage ich nur, wenn ich in die Uni gehe. Dort ist das mittlerweile Pflicht.«

So ändern sich die Zeiten. Früher, unter Suharto, war das Tragen vom Schleier an Schulen und in öffentlichen Gebäuden verboten. Heute ist es vielerorts Pflicht. Vor 20 Jahren noch war Indonesien ein in Religionsangelegenheiten eher lockeres Land, mittlerweile ist das Bekenntnis zum Islam (die Mehrheit der Indonesier sind Muslime) überall zu sehen und zu spüren. Dazu passt auch ein Artikel, auf den ich bei meiner Recherche über Indonesien stieß:

*Jakarta (dpa) – Weil er auf Facebook zugab, ein Atheist zu sein, muss ein 32-jähriger Mann in Indonesien für zweieinhalb Jahre hinter Gitter. Wie die Zeitung* Jakarta Post *am Freitag berichtete, warf ein Gericht auf der Insel Sumatra dem Mann Gotteslästerung vor. Mit der Facebookgruppe »Ateis Minang«, die er verwaltet hatte, habe er den Propheten Mohammed beleidigt. Der 32-Jährige habe das Urteil akzeptiert, berichtete die Zeitung.*

*»Glaube ist eine persönliche Angelegenheit und ich habe mich bei allen Beteiligten entschuldigt, auch bei meiner Familie«, wurde er im Blatt zitiert. Er könnte der erste Mensch in dem südostasiatischen Land sein, der ins Gefängnis muss, weil er keine Religion hat, hieß es weiter.*

*Die Menschenrechtsorganisation Amnesty International übte scharfe Kritik und forderte am Freitag die Freilassung des Mannes. Es handle sich um einen »schweren Rückschlag für die Meinungsfreiheit in Indonesien«. Das Land verstoße damit gegen internationales Recht, hieß es.*

*Indonesien ist ein säkulares Land mit der größten muslimischen Bevölkerung weltweit. Etwa 88 Prozent der rund 240 Millionen Einwohner sind Muslime.*

Mery kommt zurück vom Gebet. Wir schlürfen unsere Kaffees. »Warum trägst du eigentlich Kopftuch?«, frage ich sie.

Mery wirkt, als sei sie auf die Frage vorbereitet. »Ich hatte lange Gespräche darüber – mit meinem Vater, mit islamischen Geistlichen. Sie haben mich davon überzeugt, dass es sich für eine Muslimin gehört, die Haare und den Hals zu bedecken. So steht es ja auch im Koran.«

»Im Koran stehen viele Dinge, und jede Richtung des Islam legt sie anders aus. Außerdem ist der Koran alt und vielleicht nicht auf die heutige Zeit eins zu eins zu übertragen, oder?«

»Doch, doch!« Mery hat wieder diesen entschiedenen Blick. »Ich schütze mich dadurch vor den Blicken der Männer und verhindere, dass ich sexuelle Wünsche in ihnen wecke.«

Jetzt bin ich etwas sauer. »Meinst du nicht, dass das eher ein Problem der Männer ist? Meinst du nicht, ein Mann könnte auch Respekt vor einer Frau haben, wenn sie keinen Schleier trägt? Das Problem sitzt doch eher in den Köpfen der Männer!

Und genau die schreiben dir jetzt vor, dass du ein Kopftuch tragen solltest.«

Bin ich zu weit gegangen? Doch Mery lächelt nachsichtig – wie es sehr religiöse Menschen manchmal tun, wenn sie auf Unwissende und Ungläubige treffen. Sie scheint jedenfalls ganz fest in ihrer Haltung.

Ich wende mich an Indah: »Was sagst du dazu?«

»Ich bin noch nicht so weit, den Schleier zu tragen.« Sie wirkt nachdenklich.

»Was heißt, du bist *noch* nicht so weit? Heißt das, du wirst ihn irgendwann tragen?«

»Gut möglich. Fast alle meine Freundinnen tragen jetzt einen Schleier. Wahrscheinlich ist es besser.«

Das ist es: der Gruppenzwang. Zuerst tragen nur ein paar Fundamentalistinnen ein Kopftuch, dann ändert die Regierung ihre Haltung zur Verschleierung. Es wird langsam en vogue, sich zu verhüllen. Dann schreibt man den Schleier an Schulen und Unis vor, und schon bald wird eine Frau schief angeschaut, wenn sie keinen trägt.

Das gesellschaftliche Klima hat sich gewandelt in Indonesien. Vor allem seit dem verheerenden Tsunami, der auf Sumatra die Stadt Banda Aceh im wahrsten Sinne des Wortes dem Erdboden gleichmachte und 200 000 Menschen das Leben kostete. Viele Menschen hielten das für eine Strafe Gottes, weil sie sich nicht den Regeln des Islam konform verhalten hätten. Prediger traten auf den Plan, um die Menschen zur Umkehr zu bewegen. In der Provinz Aceh gilt mittlerweile die Scharia, das islamische Recht. So weit ist es im Land der Minangkabau zwar noch nicht gekommen, doch der Prozess der Islamisierung ist unverkennbar in ganz Sumatra. Und es findet sich kaum jemand, der das kritisch hinterfragt.

»Ich muss gehen!« Mery verabschiedet sich. Ich wundere mich, dass sie überhaupt einen ungläubigen Ausländer wie mich treffen darf.

Indah muss noch nicht weg. Anscheinend sind ihre Eltern weniger streng. »Peter, kannst du eigentlich Scooter fahren?«, fragt sie.

»Klar!« Ich verschweige, dass ich seit mindestens zwölf Jahren auf keinem Motorrad irgendwelcher Art mehr gesessen habe. Nach kurzer Einweisung rausche ich mit Indah durch den Linksverkehr der Großstadt. Beim Abbiegen muss ich mich immer wieder vergewissern, auf der richtigen Seite zu sein. Ich werde überholt von rechts und von links, und immer wieder rufen und winken uns junge Leute von anderen Scootern aus zu. »Hi, Mister, hi, Mister!« Ich versuche, locker und entspannt zurückzugrüßen, doch der starke, ungewohnte Verkehr auf der für mich falschen Seite fordert meine ganze Aufmerksamkeit. Indah klammert sich an mich und jauchzt vor Freude, dass sie von einem neuen Freund, einem Bule zudem, durch die Stadt kutschiert wird. Ich bin überrascht, dass auf dem Motorrad offenbar die sonst geltenden Verhaltensregeln zwischen Mann und Frau außer Kraft gesetzt sind, von denen eine lautet: Kein Körperkontakt in der Öffentlichkeit – niemals! Wie schwer muss das den jungen, verliebten Pärchen fallen. Sind die Indonesier doch ein äußerst verschmustes Volk. Man muss sich nur anschauen, wie die Kinder hier geherzt werden.

»Halt da mal an!« Indah zeigt auf einen Stand, an dem riesige braune Stoffbären baumeln. »Sind die nicht schön?« Indahs Augen leuchten, als sie den Stoffbären und -tigern über den Bauch streichelt.

»Indah, wie alt bist du eigentlich?«, frage ich sie.

»28. Wieso?«

»Und du stehst auf Stofftiere?«

»Alle hier mögen Stofftiere. In meinem Bett schlafen ein großer, dunkler Affe und ein Krokodil.« Indah lacht. Aber wirklich peinlich scheint ihr das nicht zu sein. »Alle indonesischen Mädchen schlafen mit Stofftieren.«

»Aber du bist doch kein Mädchen mehr!«

»Solange wir nicht verheiratet sind, betrachten wir uns als Mädchen. Wir sind zu alt, um bei unseren Eltern im Bett zu schlafen. Also brauchen wir einen Ersatz zum Kuscheln.«

Wir biegen um die nächste Ecke. Etwa 100 Meter lang ist die Marktstraße mit Stofftierständen, und überall stehen neben Kindern auch junge Frauen, die die Ware prüfen. Indah hat einen neuen Liebling entdeckt. Sie stürzt auf einen rosaroten Panther zu, der mit Schwanz bestimmt so groß ist wie sie, ich schätze, 1,60 Meter. »Oh, ist der süß!« Indah strahlt.

Irgendwie kann ich nicht widerstehen. »Was kostet der denn?«, frage ich den Verkäufer. Es sind umgerechnet zwölf Euro. Das hätte ich mir nicht träumen lassen: dass ich irgendwann einmal einer 28-jährigen Frau ein Stofftier kaufen würde.

Was soll's – Indah ist überglücklich. Auf dem Moped nimmt der rosarote Panther zwischen uns beiden Platz. Von hinten umarmen mich Indahs braune Arme und Panthers rosarote Pfoten. Schade, dass ich das nicht vom Straßenrand aus beobachten und fotografieren kann. »Hi, Mister! Hi, Mister!« Alles lacht. Alles strahlt. Was für ein vergnügtes Volk.

Hunderte Scooter kommen uns entgegen. Andere überholen uns. Oft sind es junge Pärchen. Das Risiko, vom Gefährt zu stürzen, wenn man sich aneinanderklammert, setzt die islamischen Regeln für ein paar Minuten außer Kraft, in denen die Mädchen statt Stofftieren echte Menschen umarmen können.

Wir rollen an der Strandpromenade von Padang entlang. An einer Freiluftbar halten wir an. Coole, junge Leute stehen hier. Der Anteil der verschleierten Mädchen liegt unter 50 Prozent. Ich lasse mich mit Indah an einem Plastiktisch ganz nahe am Wasser nieder. Doch wir können uns kaum eine Minute ungestört unterhalten. Jungs mit Sonnenbrillen, kecke Mädchen mit und ohne Kopftuch – quasi jeder Besucher der Bar möchte ein Foto mit dem Bule. Und ein kurzes Gespräch, meist nicht mehr als ein *»How are you?«* und *»Where do you come from?«*.

Danach sind sie zufrieden und trollen sich. Ich möchte nicht wissen, auf wie vielen Facebook-Profilen Indonesiens ich nun abgebildet bin.

Ich spreche Indah aufs *Couchsurfing* an. »Haben deine Eltern kein Problem damit, wenn du ausländische Männer beherbergst?«

»Nein, überhaupt nicht. Wir haben ja zwei Häuser. Die Gäste schlafen in den Büroräumen.«

»Hast du dich noch nie in einen Couchsurfer verliebt?«

Indah wirkt verlegen. »Es gab mal einen, der mir gefallen hat, aber es ist nichts draus geworden.«

Es ist unverkennbar, welch große Anziehungskraft ein europäischer Mann auf die indonesischen Frauen ausübt. Was ist es? Das Geld? Indonesier betrachten uns Weiße als unermesslich reiche Menschen. Allein, dass man einen Flug hierher bezahlen kann, der vielleicht einem indonesischen Jahreseinkommen entspricht, beweist das. Und dennoch glaube ich, dass im Fall der indonesischen Frau etwas anderes eine viel größere Rolle spielt: die Weltläufigeit des Mannes, seine Erfahrung, die Sprachkenntnisse, wohl auch ein Hauch Exotik. Umgangsformen. Zumindest wirkt Indah angenehm überrascht, dass ich ihr Reis aus der Schüssel auf ihren Teller schöpfe. So etwas machen indonesische Männer normalerweise nicht.

Da unser Tisch direkt am Meer steht, die Flut aber immer näher rückt, müssen wir alle paar Minuten aufstehen, um das Plastikmobiliar ein Stück weiter nach oben zu rücken. Dadurch entstehen immer wieder neue Nachbarschaften, die jeweils zu neuen »Hello Misters« und Fotosessions führen. Einige Mädchen fragen mich nach Handynummer und E-Mail-Adresse Und ziehen dann mit ihren Trophäen kichernd davon.

Als sich die Aufregung um den Bule etwas gelegt hat, kann ich endlich das Gespräch mit Indah fortsetzen, die keinesfalls beleidigt ist, dass ich dauernd von fotowütigen Menschen belagert werde. »Wie wichtig ist der Islam für dich, Indah?«

»Nun, ich bete, wie gesagt, meist zwei-, dreimal am Tag und ich halte mich auch sonst an die Regeln.«

»Was für Regeln?«

»Ich bleibe nie länger als bis neun Uhr abends weg. Und ich informiere meine Mutter, wenn ich irgendwohin gehe.«

Es ist unglaublich, aber alle Frauen, die ich hier treffe, sind wirklich um spätestens neun Uhr abends daheim. Indah ist 28, wohnt bei ihrer Mutter und gehorcht ihr.

»Wie siehst du das mit der Jungfräulichkeit?«, frage ich nun.

Indah strahlt und spreizt die Finger zum Victory-Zeichen. »Natürlich bin ich Jungfrau! Das ist sehr wichtig hier.« Sie zeigt ihre schönen weißen Zähne. Da ist nun wirklich gar nichts zu spüren von »Oje, ich bin in meinen besten Jahren und hatte noch nie Sex!«. Ich glaube ihr. Im *Stern* habe ich eine Statistik gesehen, die besagt, dass Frauen in Indonesien mit 19,1 Jahren zum ersten Mal Sex haben. Zum Vergleich: Deutsche Frauen sind im Durchschnitt 17,6 Jahre alt, und Isländerinnen sind die weltweiten Spitzenreiterinnen – mit 15,6 Jahren beim ersten Geschlechtsverkehr.

Für Indonesierinnen ist Enthaltsamkeit bis zur Ehe ein unbedingtes Muss. Eine Frau, die nachweislich ihre Unschuld verloren hat, wird kaum einen Mann finden, der sie heiratet. Für die Familie ist das eine riesige Schande.

Dennoch kommt so etwas natürlich vor. Zahlreiche vor der Hochzeit gezeugte Siebenmonatskinder legen davon Zeugnis ab. Ein schwangeres Mädchen muss ganz schnell den »Verursacher« heiraten. Oft sind das jedoch keine stabilen Beziehungen, viele werden nach einem Jahr wieder geschieden, heißt es. Aber dass eine junge Frau ein Kind gebärt ohne Ehemann, ist ausgeschlossen. Indah schaut mich mit großen Augen ganz verstört an, als ich ihr von alleinerziehenden Müttern in Deutschland erzähle. »Das ist schlimm. Wirklich schlimm!«

Dann rauschen wir davon durch den tropischen Abend. Indah klammert sich wieder fest, legt ihren Kopf an meinen Rücken. Paulchen Panther baumelt irgendwo zwischen uns. Was ist das? Es verwirrt mich, ich kann es nicht einordnen. Da ist keine Erotik, und auch für Vertrautheit, für unsere westliche Kategorie von Freundschaft, ist es zu früh. Aber es macht Spaß, so zusammen durch Padang zu düsen.

Am Hotel angekommen, gibt es zum Abschied nicht einmal einen Handschlag, von Küsschen auf die Wange ganz zu schweigen. So etwas gehört sich nicht! Kein Körperkontakt in der Öffentlichkeit zwischen Mann und Frau! Die islamischen Regeln – für 15 Rollerminuten außer Kraft – gelten wieder.

In dieser Nacht bricht ein Tropensturm los, der mich lange Zeit nicht schlafen lässt. Der Wind drückt so heftig gegen die Wände meiner bescheidenen Unterkunft, dass alles erbebt. Der Regen klatscht auf das Wellblechdach, das durch die Dunkelheit verzerrt direkt über meinem Kopf zu hängen scheint. Es kommt mir vor, als könne es jeden Moment brechen, woraufhin sich die Fluten über mein Bett ergießen.

Als ich endlich einschlafe, träume ich schlecht. Da sind ein Löwe, ein Tiger und ein Gnu. Ich bin mittendrin in der Szene und fotografiere. Ich bin überrascht, dass ich so nah ran kann an die wilden Tiere. Schließlich reißt der Löwe das Gnu vor meinen Augen. Da beobachte ich, dass das Ganze nicht in der Natur, sondern in einem kleinen Zimmer stattfindet. Seltsam! Jetzt legen sich der Löwe und der Tiger neben die blutige Antilope und schlafen friedlich ein. Ich gehe vorsichtig aus dem Raum hinaus, schließe die Tür hinter mir – und wache auf.

Mery holt mich morgens vom Hotel ab. Ich erzähle ihr von meinem Traum. »Das bedeutet vielleicht, dass dir eine gefährliche Situation bevorsteht. Aber du kannst sie meistern.«

Sie sagt das wieder mit dieser seltsamen Bestimmtheit. Aber was für eine Gefahr sollte mir bevorstehen? Noch ein Erdbeben? War das erste nur ein Vorbote eines viel schlimmeren Bebens?

Kein schöner Gedanke. Ich fühle mich gerädert von zu wenig Schlaf und dem schlechten Traum und weiß gar nicht, was ich mit diesem Tag in Padang anfangen soll. Doch Mery lächelt. »Ich habe auf dem Weg hierher vom Dembri aus eine Hochzeit gesehen.«

»Nichts wie hin!«, rufe ich spontan. Meine schlechte Laune ist wie weggeblasen.

»Aber wir haben keine Einladung.« Mery scheint überrascht von meinem plötzlichen Elan.

»Egal!«, erwidere ich. »Ich geh immer auf Hochzeiten ohne Einladung. Das ist meine Spezialität.«

## *Titisee in Sumatra*

Der Hochzeitssaal ist schon von weitem gut zu erkennen. Riesige bunte Plastikblumen begrüßen den Gast. Auch das Konterfei von Braut und Bräutigam prangt an der Wand der Halle des Polizeisportvereins.

Eine streng wirkende Dame kommt auf uns zu. Sie ist hier offensichtlich Herrin des Geschehens. »Wo wollt ihr hin?«, fragt sie.

Mery zeigt auf mich, den Bule. Sie erklärt der Zeremonienmeisterin meinen großen Wunsch, einmal einer indonesischen Hochzeit beiwohnen zu dürfen.

Der Gesichtsausdruck der Frau ändert sich. Sie schaut immer freundlicher. Am Ende strahlt sie. »Bitte, Mister! Tragen Sie sich hier ins Hochzeitsbuch ein. Und dann kommen Sie herein. Sie sind herzlich willkommen!«

Ich zwinkere Mery zu. Die Zusammenarbeit klappt wie am Schnürchen.

Der Saal ist gut gefüllt. Traditionell gekleidete Damen und Herren sitzen an den Tischen und essen und trinken. Natürlich gibt es keinen Alkohol, wir sind schließlich in einem islamischen Land. Dennoch ungewohnt für mich: Eine Hochzeit, so ganz ohne Alkohol – wie soll da ausgelassene Stimmung aufkommen? Zwar spielt eine traditionelle Combo Musik, doch niemand tanzt.

Am Ende des Saals sitzt, nein, man muss in diesem Fall wirklich sagen, thront das Hochzeitspaar – der Bräutigam in einer schicken, hellen Polizeiuniform, die Frau im Minangkabau-Outfit. Besonders auffallend: ihre goldene Krone in – wie sollte es anders sein – Büffelkopfform, also zu beiden Seiten zu gewaltigen Hörnern aufgeschwungen. Die mutige Konstruktion ragt auf jeder Seite gut einen halben Meter in die grelle bunte Kulisse hinein. Ich kann mir die Frage nicht verkneifen, ob sie ihrem frisch Angetrauten einmal die Hörner aufsetzen wird. Allerdings kann ich dieses Wortspiel niemandem mitteilen, da weit und breit keiner der deutschen Sprache mächtig sein dürfte.

Denke ich zumindest! Da kommt ein würdiger älterer Herr auf mich zu und sagt: »Canon TTC?« Habe ich richtig gehört? Er wiederholt: »Canon TTC?« Da ich fleißig fotografiere und meine Kamera in der Hand halte, will er sich wohl mit mir über meine Ausrüstung austauschen.

»Nein, ist nur eine Sony!«, erkläre ich und zeige auf meinen Fotoapparat.

Doch der so freundlich wirkende Mann insistiert. »Canon TTC?«

Wieder weise ich demonstrativ auf das Sony-Emblem.

Er schüttelt lächelnd den Kopf. »Ich war Stuttgart! Canon TTC?« Noch mal: »Kennen Titisee?«

Ach so. Das war Deutsch. Ich muss lachen. »Klar kenne ich den Titisee.«

Der Mann im bunten Hemd wirkt hocherfreut, dass ich den Titisee kenne. Er redet aber nun wieder auf Englisch, das geht flüssiger. »Ich bin 1986 für meine Bank nach Deutschland gereist. Es ging um die Einführung eines neuen Bezahlsystems.

Meine Geschäftspartner in Stuttgart haben mich zu einem Ausflug in den Schwarzwald eingeladen.« Ein Erlebnis, von dem der Mann immer noch zehrt – jedenfalls strahlt er bei dem Wort »TTC« beziehungsweise »Titisee« immer wieder bis über beide Ohren.

»Essen!« Seine Handbewegung Richtung Buffet weist mir den Weg zu Bergen von Reis, Gemüse, Fisch und Fleisch. Ich zögere einen Moment, bin ich doch gar nicht eingeladen. Doch Herr Seyamsir, so heißt er, drängt mich höflich bestimmt, die Köstlichkeiten zu probieren.

Derweil beobachte ich das Treiben vorn auf der Bühne. In immer neuen Konstellationen wird das Brautpaar abgelichtet – mal mit Onkels und Tanten, dann mit den Cousins, dann mit den lieben Nachbarn; gerade sind die Kollegen dran. Und schließlich der Gast aus Deutschland. Ich ärgere mich, dass ich Joggingschuhe und eine Tropenhose trage. Neben all den fein gekleideten Damen und Herren fühle ich mich schäbig.

Ich versuche, das mit aufrechter Körperhaltung und einem Lächeln wettzumachen, beschreite die Bühne und schüttle dem Paar die Hand. Der Bräutigam wirkt in seiner Polizeiuniform wie ein asiatischer Diktator aus den siebziger Jahren. Seiner Braut hingegen scheint das Lächeln eingefroren, das sie seit ein paar Stunden zeigt. Ich bin sicher, sie wird am nächsten Tag heftigen Kiefermuskelkater haben. Mery hat mir kurz zuvor beigebracht, wie ich auf Indonesisch meine Glückwünsche vorzubringen habe. »Alles Gute für eure restlichen Tage in gütlicher Gemeinschaft. Viele Kinder mögen euch vergönnt sein. Eure Tochter möge die Tradition der Familie fortführen.«

Die beiden schwitzen heftig von der Anstrengung des ständigen Posierens. Dennoch scheinen sie sich ehrlich zu freuen, dass ein Überraschungsgast aufgetaucht ist. Noch dazu ein exotischer Bule!

Dutzende Bilder werden geschossen, Blitze zucken, Kameras surren. Dann verabschiede ich mich vom Polizisten und der Braut und gehe zurück. Da fällt mir auf, dass etwas nicht stimmt. Es ist seltsam ruhig geworden im Saal. Ich spüre, man schaut mich an.

»Du hast ihnen gerade den Krieg erklärt«, raunt mir Mery zu.

»Wie bitte?« Ich habe mich doch ganz nett mit dem Paar unterhalten.

»Du bist dieselbe Treppe wieder hinunter gegangen, die du vorher hoch gestiegen bist. Du hättest durchgehen müssen zur anderen Treppe. Nun hast du alle guten Wünsche wieder zurückgenommen.«

Mein Gott, das tut mir jetzt wirklich leid. Aber ist das gleich eine Kriegserklärung? Muss ich jetzt den berühmt-berüchtigten Amoklauf befürchten, eines der wenigen Wörter, die uns diese Weltgegend geschenkt hat? *»Amuk«* bedeutet hier in Indonesien nämlich »öffentliche Gewalt«. Erfüllt sich nun Merys Prophezeiung nach meinem Alptraum: die gefährliche Situation?

Doch ich kann beruhigt sein. Mein Bule-Bonus hilft mir mal wieder weiter. »Der Arme, der weiß es halt nicht besser« – so oder so ähnlich werden viele der Hochzeitsgäste denken und fangen schon wieder an, mir zuzulächeln. Mery warnt mich streng: »Merk es dir fürs nächste Mal!«

Doch das nächste Fettnäpfchen wartet schon auf den ausgebildeten Ethnologen im fremden Feierrevier: Der nette Herr Seyamsir möchte unbedingt, dass wir zu ihm auf einen Tee und ein Schwätzchen mit nach Hause kommen. Nun macht er eine Handbewegung, die nur bedeuten kann, dass wir losfahren sollten. Ich stehe noch vor der Bühne, um ein paar schöne Fotos vom Brautpaar zu schießen. Als Entschädigung für meine »Kriegserklärung« will ich ihnen die Bilder später zumailen. Ich hebe also mit meiner rechten Hand die Kamera hoch, mit der linken zeige ich aufs Brautpaar. Herr Seyamsir schaut entsetzt. Per unmissverständlicher internationaler Zeichensprache fordert er mich auf, den linken Arm ganz schnell herunterzunehmen. Welch ein Fauxpas! Sogar die Mundwinkel der dauerlächelnden Frischvermählten verziehen sich nach unten. Der Fremde hat mit der unreinen linken Hand auf sie gezeigt. Mit der Hand, mit der man sich den Popo abwischt. Das ist eigentlich unverzeihlich. Selbst ein blöder Bule sollte das wissen. Es ist besser, jetzt schnell der Einladung zum Tee beim Titisee-Fan zu folgen.

Herr Seyamsir hat es nach seiner Expedition in den Schwarzwald bis zum Direktor einer großen indonesischen Bank gebracht. »Ich war aber nicht korrupt.« Er lächelt. Man merkt: Er will den Vorurteilen des westlichen Besuchers gleich den Wind aus den Segeln nehmen. Ich glaube ihm; seine Augen strahlen Würde und Ehrlichkeit aus. Wirklich korrupten Menschen sieht man ihre Verderbtheit ja meist schon von weitem an.

Der große schwarze Wagen mit Chauffeur ist auf 18 Grad heruntergekühlt. Aus den Lautsprechern zwirbeln die *Vier Jahreszeiten* von Vivaldi in unsere Ohren. Ein Klassikliebhaber ist der Mann also. Die Stadtlandschaft da draußen sehe ich wie in einem Film. Wir cruisen vorbei an schwitzenden, schwer mit Lasten beladenen Menschen, Pferdefuhrwerken, Straßengrills. Alles wird Kulisse, bequem zu betrachten von unseren weißen Ledersitzen aus.

Zwei musikalische Jahreszeiten später halten wir vor einem kleinen Palast, einem riesigen weißen Haus mit dorischen Säulen vorm Entree. Das Zuhause der Seyamsirs.

»Möchtest du Limonade oder Cola?«, fragt Frau Seyamsir, die ebenso freundlich wirkt wie ihr Gatte.

»Cola, bitte.«

Frau Seyamsir reicht Gebäck. Herr Seyamsir schaut mich entschuldigend an. »Wir gehen zum Gebet. Hier. Du kannst dir inzwischen diese Fotos ansehen!« Er überreicht mir ein paar Alben.

Der Salon ist etwa 60 Quadratmeter groß. Eine riesige Sofalandschaft, eine Bar im Stil der amerikanischen Fünfziger. Damals war Amerika noch cool, damals muss das Amerikanische eine ungeheure ästhetische Anziehungskraft auf die ganze Welt ausgeübt haben. Die Filme, die Musik, der American way of life. Die Freiheit der Menschen. Es ist nicht mehr viel davon übrig.

Ich blättre im Album, das sehr aufwendig gemacht ist und aus professionellen Fotos besteht, bis die Seyamsirs und Mery vom Gebet zurückkehren. Herr Seyamsir zeigt auf das Foto, das ich gerade betrachte. »Das ist die Hochzeit meines dritten Sohnes. Das war im Januar.«

Braut und Bräutigam strahlen mir entgegen. Die Hochzeit – das wichtigste Ereignis im Leben eines Indonesiers. Unmittelbar verbunden mit der bevorstehenden Gründung einer Familie, der Fortsetzung der Verwandtschaftslinie, im Falle der Minangkabau der weiblichen.

Herr und Frau Seyamsir wirken auf einmal bedrückt. »Ich habe vier tolle Söhne.« Herr Seyamsir blättert weiter im Album, schaut dann mit ernster Miene zu mir. »Aber Allah hat uns keine Tochter geschenkt.« Die Seyamsirs müssen um die 60 sein. Der jüngste Sohn ist 14. Das heißt, sie haben bis zuletzt versucht, noch eine Tochter zu bekommen. Aber es sollte nicht sein. Der Palast, in dem sie wohnen, das Land, das sie besitzen – alles vergebene Liebesmüh, denn es ist keine Tochter da, die das erben kann. Und die Söhne dürfen nicht. So ist das bei den matrilinearen Minangkabau. Frau Seyamsir hat mehrere Schwestern. Deren Töchter werden nach dem Tod von Frau und Herrn Bankdirektor Grundbesitz und Häuser erben. Zum ersten Mal wird mir klar, warum eine Tochter so wichtig ist in Westsumatra, so wichtig wie in vielen anderen Gesellschaften der Sohn. In Indien werden Mädchen umgebracht, weil sie der Familie eine finanzielle Last sind. Der traurige Bankdirektor hingegen würde ein Vermögen geben für eine Tochter.

Am besten wohl so eine wie Mery. Meine Reisebegleiterin kam als einzige Tochter nach ihren vier Brüdern auf die Welt. Welche Erleichterung für die Familie! Nun hüten sie Mery, die einzige Erbberechtigte, wie ihren Augapfel. Auch die Seyamsirs schließen sie sofort ins Herz. Wie brav sie da sitzt mit ihrem

Kopftuch, und doch mit ganz eigenem Kopf und großem Selbstbewusstsein. Manchmal wirkt sie streng, dann wieder ganz sanftmütig. An ihrem Kopftuch prangt heute eine Nadel mit dem Greenpeace-Emblem. Herr Seyamsir spricht sie darauf an.

»Greenpeace kämpft für den Erhalt der letzten indonesischen Urwälder. Ich mache öfter bei Aktionen mit«, erklärt sie.

Herr Seyamsir scheint beeindruckt. »Du sprichst ausgezeichnet Englisch. Möchtest du unserem jüngsten Sohn Nachhilfe geben?«

»Das überlege ich mir gern«, antwortet sie. Ich freue mich für Mery. Vielleicht hat sie bald einen neuen Job.

Wir verabschieden uns herzlich. Ich lade Herrn Seyamsir ein, sich unbedingt zu melden, sollte er wieder an den schönen Titisee fahren. Das war die Tour seines Lebens. Gut möglich, dass er nun, frisch pensioniert, noch einmal in den Schwarzwald reist.

Unser Gastgeber besteht darauf, dass der Chauffeur uns zurückbringt. Diesmal begleitet uns Ludwig van Beethoven mit der *9. Sinfonie.* Mery und ich lachen uns verschwörerisch an. Die Hochzeit und der Tee beim Direktor waren sehr ergiebig für meine Recherche, das spürt auch Mery.

Ich summe die *Ode an die Freude* mit. »Kennst du das?«

Mery schüttelt den Kopf.

»Was für Musik hörst du eigentlich?«, frage ich sie.

»Amerikanischen Poppunk. Coldplay, Greenday, Good Charlotte, My chemical Romance.«

»Was magst du daran?«

»Natürlich die Musik, aber auch die Texte. Die haben Power, da geht es um Niederlagen und wie man daraus neue Kraft gewinnen kann.«

Was für ein Spagat! Fünfmal am Tag beten und zwischendurch Greenday hören. Spätestens um neun zu Hause sein müssen, wo dann Musikvideos von Coldplay warten. Das alles ist für Mery kein Widerspruch.

Am nächsten Tag steht wieder eine Hochzeit auf dem Programm. Mery hat mir eine richtige Einladung besorgt, es handelt sich nämlich um Nachbarn von ihr. Ich nehme mir vor, diesmal alles richtig zu machen.

Es ist unglaublich heiß, am Morgen war ich joggen, und ich habe immer noch einen roten Kopf von der Anstrengung. Das Ganze wird nicht besser, als ich mich am Buffet bediene. Hier kochen die Nachbarn, und die haben ordentlich roten und grünen Chili ins Essen gemischt. Es fällt mir schwer, Reis und Soße zu einem Klumpen zu formen und in den Mund zu schieben, ohne dass wieder alles runterfällt. Zumal fast alle Hochzeitsgäste mich beobachten. Manchmal ist es anstrengend als Bule in Indonesien. Also: Bloß keinen Fehler machen. Immer schön die rechte Hand benutzen, niemals die linke. Uh, da war wieder ein Chilikern, uh, jetzt wird mir aber heiß! Ich spüre, wie mir das Blut in den Kopf schießt.

Ich bin erleichtert, als vorn auf der kleinen Bühne eine Sängerin auftritt. Für kurze Zeit wendet sich die Aufmerksamkeit ihr zu, und ich kann mich auf mein Essen konzentrieren, was schwer genug ist. Ich habe ordentlich Hunger und bediene mich nochmals am Buffet, diesmal mit ganz viel Reis und ganz wenig Soße. Dazu Wasser, viel Wasser.

Die Indonesier trinken ihr Wasser oft aus kleinen Bechern, die aussehen wie kleine Joghurtbecher. Da stecken sie einen Strohhalm hinein und trinken. Warum schafft es mein Strohhalm nicht durch die Plastikhaut? Die Spitze ist stumpf. Ich versuche es mit etwas mehr Kraft, wieder nichts. Noch mal. Es spritzt! Eine weiß geschminkte Frau an meinem Tisch schreit laut auf. Ihr schönes Kleid ist nass. Nein, ich würde sagen: benetzt – Interpretationssache. Jedenfalls schaut sie so böse, wie ich es noch nie bei einer Indonesierin gesehen habe. Ich merke, wie sie um Fassung ringt. Ein paar Sekunden später lächelt sie aber schon wieder. Ist ja auch nichts passiert. Die feine Dame ist noch nicht für den Wet-T-Shirt-Contest qualifiziert, ihr grünes

Kleid ist aus dickem Stoff, keinerlei Transparenz weit und breit, alles wieder gut. Dennoch glühe ich. Wegen der Hitze, wegen des Chilis, wegen der ständigen Beobachtung und wegen der Aufregung um das Spritzwasser.

Da höre ich die Sängerin vorn auf der Bühne sagen. »Ich habe gehört, wir haben heute einen besonderen Gast hier.« Ist ja klar, wen sie meint ... Alle 150 Hochzeitsgäste schauen mich an. Ich zwinge mich zu einem Lächeln. Die Sängerin kündigt an: »Ich denke, unser Gast wird nun ein Lied für das Brautpaar singen.«

Moment. Habe ich richtig gehört? Das ist ein netter Scherz, nicht wahr? Die Sängerin wollte mal witzig sein, wie? Aber warum schauen mich alle so erwartungsvoll an? Warum lacht niemand?

»*Yes, Sir?*«, fragt die Sängerin von der Bühne herunter. War ich schon mal röter als in diesem Augenblick? Vielleicht bei der Geburt, als ich mich – sowieso schon zehn Tage zu spät – mit aller Kraft aus dem Mutterleib zwängte. Danach sicher nicht mehr.

Ich zwinge mich erneut zu einem Lächeln und sage leise: »Vielleicht später.« Die Sängerin und die Hochzeitsgäste scheinen enttäuscht zu sein, aber Gott sei Dank bedrängt mich niemand weiter.

»Ich kann nicht singen«, flüstere ich Mery zu.

»Das macht nichts«, meint sie.

»Aber was soll ich hier denn vortragen?«

»Irgendetwas Deutsches!«

»Aber die Band kennt doch gar keine deutschen Lieder!«

»Dann singst du eben ohne Begleitung! Jeder Gast würde erfreut aufspringen, wenn er hier singen dürfte. Das ist eine Ehre!«

Was soll ich bloß singen? Kenne ich den Text eines deutschen Liedes? Was für ein peinlicher Auftritt wäre das! Oder vielleicht auch nicht? Natürlich, ich könnte irgendeinen Unsinn singen, wenn mir der Text ausgeht. Niemand würde es merken. *Do kanns zaubere* von BAP, das beste deutsche Liebeslied aller Zeiten, das würde ich hinkriegen. Kölschrock auf einer Hochzeit in Padang, warum nicht? Mal drüber nachdenken. Erst einmal geht es darum, ein wenig Farbe im Gesicht zu verlieren. Dann trete ich in das Haus, in dem das Brautpaar sitzt, um unablässig fotografiert und gefilmt zu werden.

Hierzulande ist eine Hochzeitsfeier eher ein Kommen und Gehen. Niemand außer der engen Familie bleibt von Anfang bis Ende. Die Leute essen, gratulieren dem Paar und verschwinden wieder. Also gratulieren auch wir und machen Fotos.

»Wie habt ihr euch kennengelernt?«, frage ich die beiden.

»Über Facebook.«

»Wirklich? Wie lief das ab?«

»Wir haben einen Monat lang gechattet. Danach haben wir uns über vier Monate immer mal wieder getroffen.« Und heute, fünf Monate nach dem ersten Facebook-Kontakt, ist Hochzeit. 27 sind beide. Trotz der traditionellen Tracht, in der sie stecken, sind sie ein modernes Paar. Auch in Indonesien ist das Internet als Heiratsarrangeur mittlerweile gefragt, noch nicht so sehr wie im Westen, aber es kommt mit großen Schritten.

Der Kameramann kommt auf mich zu. Mery übersetzt. »Er will, dass du dem Paar Glückwünsche auf Indonesisch sagst.« Das tu ich gerne. Mery sagt mir jedes einzelne Wort vor, ich wiederhole. Das klappt. Sicher besser als Singen. Und dann nichts wie weg.

Zwei Hochzeiten und ein Erdbeben: Mehr kann ich nicht erwarten von Padang, der modernen Hauptstadt Westsumatras an der Küste. Nun aber will ich dahin, wo die Minangkabau-Kultur entstanden und gewachsen ist: ins Hochland. Die alten Städte liegen auf rund 1000 Metern, umgeben von erloschenen und aktiven Vulkanen. Seit Tagen liegt mir Mery in den Ohren, dass wir so bald wie möglich nach Batusangkar fahren sollten, in die alte Königshauptstadt des Büffelvolkes.

## *Bulle und Bule*

Am nächsten Morgen wartet vorm Hotel ein großer schwarzer Wagen, eine Art Sammeltaxi. Der Fahrer wirkt wie ein lässiger Sunnyboy. Er ist Anfang 20. Ich setze mich neben ihn auf den Vordersitz, Mery nimmt hinten Platz. Direkt vor meiner Nase sticht eine gelbe Plakette ins Auge mit der Aufschrift *Sex only*. So etwas habe ich noch gar nicht gesehen im islamischen Sumatra.

»Warum hast du diese Plakette hier? Du magst wohl Sex?« Ich versuche, ein lockeres Gespräch zu beginnen.

Doch der junge Mann nimmt das Schild ab und legt es ins Handschuhfach. »Ist nicht von mir.« Ich merke gleich, dass er und ich keine Freunde werden. Mit der rechten Hand beginnt er nun zu telefonieren, während er mit der linken abwechselnd lenkt und schaltet. So etwas hasse ich. Seine Aufmerksamkeit ist nicht so sehr auf den Verkehr gerichtet, wie sie sollte. Ich versuche, ihn durch vorwurfsvolle Blicke zu bändigen, doch das funktioniert nicht. Aber wer weiß: Vielleicht kann ich von dem jungen Fahrer ja einige interessante Einblicke in die Liebe in Westsumatra gewinnen.

Als er eine kurze Telefonpause einlegt, spreche ich ihn an. »Na, hast du eigentlich eine Freundin?«

Er lacht laut auf. »Klar! Deshalb arbeite ich ja als Chauffeur.« Ich verstehe den Zusammenhang nicht. »Eine Freundin zu haben ist teuer. Du musst sie zum Essen einladen und ihr immer wieder Geschenke machen. Deshalb habe ich mein Sportstudium geschmissen.«

»Wegen deiner Freundin hast du dein Studium aufgegeben?«

»Na ja. Die Uni hat mich rausgeworfen, weil ich wegen meines Jobs als Fahrer zu oft gefehlt habe.«

Ich kann mir darauf immer noch keinen Reim machen. Warum denn gleich das Studium aufgeben, wenn man eine Freundin hat?

»Wie kannst du es mit dem Islam vereinbaren, eine Freundin zu haben, ohne verheiratet zu sein?«, frage ich weiter.

»Ich bin verheiratet. Allerdings heimlich.« Er grinst ein unsympathisches Grinsen. Trotzdem interessant, was er da von sich gibt. »Die Eltern meiner Braut wissen nichts davon. Wir treffen uns zweimal die Woche. Wir haben uns kennengelernt, als ich meine Schwester im Krankenhaus besuchte. Meine Frau ist Krankenschwester.«

Ich wende mich an Mery. »Kannst du mir das erklären? Heimliche Heirat. Was ist das?«

Mery ist das sichtlich unangenehm. Obwohl der Fahrer uns gut hören kann, sagt sie mit ziemlich vorwurfsvoller Stimme. »Heimliche Heiraten sind nach der Kultur der Minangkabau nicht in Ordnung.«

Der Fahrer zuckt mit der Schulter und zündet sich eine Zigarette an. »Im Islam ist das erlaubt. Ein Geistlicher hat uns ja getraut. Alles ist in Ordnung!«

»Nein!« Mery schaut nun sehr streng. »Nichts ist in Ordnung. Deine Frau hat aus dieser Heirat keinerlei Rechte. Du missbrauchst sie für deine Vergnügungen.«

Der Fahrer zuckt erneut mit der Schulter. »Schau dir die ganzen Araber an, die nach Java fahren, um dort Kurzzeitehen mit unseren indonesischen Mädchen einzugehen. Ist das etwa okay?«

Mery mag es nicht, dass ich von solch schmutzigen Dingen in der indonesischen Gesellschaft erfahre. Ich hatte aber schon vorher darüber gelesen: Reiche Araber, oft Geschäftsleute aus den Golfstaaten, kaufen für ein paar Wochen indonesische Jungfrauen aus armen Familien. Sie schließen eine sogenannte Kurzzeitehe, die es nach islamischem Recht gibt.

»Mery, gibt es das in Westsumatra auch? Kommen Araber aus den reichen Ölstaaten auch hierher?«

Meine Gefährtin schüttelt den Kopf. »Hier haben die Frauen eine viel zu starke Stellung in der Gesellschaft. Unsere Mütter würden so etwas sofort unterbinden.«

Der verhinderte Sportstudent gibt kräftig Gas. Das Auto ist mit acht Passagieren voll besetzt. Es geht hoch in die Berge. Eine nervenaufreibende Fahrt, weil unser heimlicher Gatte jede Gelegenheit nutzt, andere Gefährte zu überholen. Besser gesagt, er überholt auch dann, wenn eigentlich keine Gelegenheit besteht. Ich bin in dieser Hinsicht recht cool, doch der Junge übertreibt es, so dass ich ihn immer öfter auffordere, riskante Überholmanöver zu unterlassen. Er nickt dann kurz, um gleich darauf wieder Gas zu geben. Gleichzeitig telefoniert er auf seinem Handy, und als ob das nicht langte, schreibt und versendet er noch SMS auf einem zweiten Gerät.

Das ist mir zu viel Fingerakrobatik auf halsbrecherischer Strecke. Es reicht. Ich fordere den ehemaligen Sportstudenten auf, sofort mit dem Unsinn aufzuhören. Ungefähr zehn Minuten wirkt meine Drohung, dann wird der heimliche Ehemann wieder rückfällig. Schreibend und quatschend überholt er einen LKW in einer gefährlichen Kurve. Warum sagt außer mir eigentlich niemand etwas? Es ist doch offensichtlich, dass wir in Lebensgefahr schweben! Warum sitzen alle mehr oder weniger gelassen im SUV? Mir egal, ich werde jetzt aussteigen!

Da drosselt der telekommunikative Mann plötzlich den Wagen. Wir sind in Batusangkar.

Ich beziehe ein Zimmer im Hotel Pagaruyung. Einfach, aber mit kostenlosem Wifi. In dieser Hinsicht ist Westsumatra Deutschland um einiges voraus. Freies Internet ist hier Standard.

Mery fährt weiter zu ihrer Mutter. »Morgen früh hole ich dich ab«, sagt sie noch. »Das Erste, was du sehen musst, ist unser alter Königspalast!«

Ich stöbere noch ein wenig in Artikeln über die Liebe in Indonesien:

*Jakarta (dpa) – Nach einem Sexskandal ist einer der beliebtesten Popstars Indonesiens aus dem Gefängnis freigekommen. Der 30-jährige Ariel von der Rockband »Peterpan« war Medienbe-*

*richten zufolge nach zwei Jahren Haft am Montag entlassen worden. Fans hießen ihren Star vor dem Gefängnis in Bandung in der Provinz Westjava willkommen. Der Leadsänger der Gruppe war 2010 festgenommen worden, nachdem im Internet Videos kursierten, die ihn beim Sex mit zwei indonesischen Fernsehstars zeigten. Die intimen Videos hatten das muslimische Land schockiert. Ariel hatte bestritten, sie ins Netz gestellt zu haben. Die Videos seien von seinem Computer gestohlen worden.*

*Die Band »Peterpan« ist mehrfach ausgezeichnet worden. Bei den MTV Asia Awards 2006 erhielt sie den Preis für die beliebtesten Künstler Indonesiens. Ariel, der eigentlich Nazril Ilham heißt, war auf Grundlage eines umstrittenen Pornographiegesetzes von 2008 zu dreieinhalb Jahren Haft verurteilt worden. Die Richter sahen es als erwiesen an, dass er Pornographie hergestellt und verteilt hat. In Indonesien können Verurteilte aus der Haft entlassen werden, wenn sie zwei Drittel der Strafe abgesessen haben.*

Was beweist diese Meldung? Dass Indonesien ein sittenstrenger Staat ist? Vielleicht im Vergleich zu Deutschland. Nicht aber in der islamischen Welt. Allein, dass so ein Vorfall öffentlich gemacht und darüber geschrieben und diskutiert wird, beweist einen gewissen Grad an Offenheit und Aufgeklärtheit. Unvorstellbar wäre so etwas in den meisten Ländern der arabischen Welt.

An strahlend grünen Reisfeldern vorbei laufen Mery und ich am nächsten Morgen Richtung Palast. Es hat geregnet, die Erde dampft in der tropischen Sonne. Ich fühle mich von der nervlichen Anspannung der gestrigen Fahrt immer noch gerädert.

Ein uralter LKW hält an und nimmt uns mit. Doch wenige Minuten später hat der Laster einen Platten. Mery und ich müssen wieder laufen. Die Landschaft ist großartig – ebenso die Häuser mit ihren Dächern in Büffelhornform darin! An einem winzigen Verkaufsstand erstehe ich eine Tüte Cassava-Chips, die mit Chili scharf bestrichen sind, sehr lecker. Doch Mery ist nicht bereit, ihr sonst so schönes Lächeln zu zeigen. Streng wirkt sie heute unter ihrem schwarzen Kopftuch.

Nach weiteren 30 Minuten Fußmarsch steht der riesige alte Königspalast plötzlich vor uns. Und eine unglaublich kleine, aber sehr gut gelaunt wirkende Frau: Leni. Obwohl ich ihr geschrieben hatte, dass ich in Sachen Liebe nach Indonesien reise, scheint sie mich für einen normalen Touristen zu halten, denn sie rattert nun die Jahreszahlen zum Palast herunter.

Ich trete in den mächtigen Holzbau ein. Es wird gezimmert und geschraubt – erst vor kurzem hat der Palast Feuer gefangen, er wird nun zum wiederholten Mal neu aufgebaut. Zwar haben die Mingang schon lange keinen König mehr, aber die Erinnerung an die Monarchie halten sie unverdrossen hoch.

Leni gehört wie Indah in Padang zu den nicht Kopftuch tragenden Frauen, was Mery – so glaube ich zu beobachten – nicht gefällt. Sie ist immer noch schlecht drauf. Während Leni mit dem Himmel um die Wette strahlt, sitzt Mery verstockt auf einem Holzbalken vorm Palast. Ich versuche, die beiden miteinander ins Gespräch zu bringen. Da sagt Mery in vorwurfsvollem Ton zu Leni: »Ich habe dich vor zwei Jahren über Couchsurfing angeschrieben und eine Freundschaftsanfrage gestellt. Warum hast du darauf nicht reagiert?«

»Weil wir uns doch gar nicht kannten.« Leni lächelt weiter. »Wir treffen uns doch heute zum ersten Mal.«

»Aber wir stammen beide aus Batusangkar.« Für Mery anscheinend eine hinreichende Bedingung für eine Freundschaft.

Leni ignoriert den scharfen Ton einfach und beginnt, über das matrilineare System der Minangkabau zu sprechen. »Vergiss nie, Peter: Wir können dich jederzeit aus Westsumatra rausschmeißen. Hier haben die Frauen das Sagen.«

Und tatsächlich: Jetzt schmunzelt auch Mery endlich mal ein bisschen. »Keine Angst! Ein Sprichwort sagt: Der Mann hat die Ehre, die Frau den Besitz. Das sorgt für Harmonie zwischen den Geschlechtern!«

Leni ist mit dem Scooter da. »Kannst du fahren, Peter?« Ich fühle mich durch meine Erfahrung in der Millionenstadt Padang darauf vorbereitet. Allerdings erfordert das Steuern des kleinen Motorrads diesmal noch mehr Geschick, sitzen doch gleich zwei – wenn auch schmächtige – Minangkabau-Fräuleins hinterm Bule und klammern sich fest. Wir durchqueren herrliche Landstriche von leuchtendem Grün. In den Feldern arbeiten Frauen und Männer, Kinder und Alte und winken uns fröhlich zu. Ein Weißer mit zwei jungen einheimischen Frauen – eine mit, eine ohne Kopftuch. Was mag dieses Bild auslösen in den Köpfen der Menschen? Offenbar nichts Unangenehmes. Niemand scheint etwas Verwerfliches darin zu sehen. Die Minangkabau sind ein fröhliches und für islamische Verhältnisse erstaunlich tolerantes Volk.

Wir erreichen ein winziges Dorf mit fast ausschließlich traditionell spitzgiebligen Häusern. Eines von ihnen in Schwarz-Grau ist besonders imposant. Leni zeigt stolz Richtung Haus. »Das ist das älteste erhaltene Minangkabau-Haus. Ganz viele Touristen kommen hierher, um dieses Gebäude anzusehen.«

Es gibt keine Kasse, man gelangt einfach über eine Leiter in das obere Stockwerk. Die Struktur der Minangkabau-Architekur ist gut zu erkennen. Jede Tochter baut einen Flügel an, sobald sie eine eigene Familie gründet. Oben drauf entsteht dann ein neuer Giebel, wodurch die Häuser der Gegend ihr typisches Aussehen erhalten. Die Großfamilie wohnt unter einem Dach, und die Großmutter ist die oberste Herrin.

Ich trage mich im Gästebuch ein. Der letzte Besucher war vor fünf Tagen da. Vom Massentourismus ist das Hochland der Büffelleute glücklicherweise noch ein ganzes Stück entfernt.

Dieses Hochland durchpflügen wir nun weiter auf Lenis altem Moped. In Serpentinen schrauben wir uns knatternd einen Vulkan hinauf. Auf dem Gipfel angekommen, haben wir freie Sicht auf den schönsten und klarsten See, den ich je gesehen habe. Ein Fischer rudert über die glatte Oberfläche in einer Würde, wie ich sie sonst nur aus Karl-May-Filmen kenne.

Wir lassen uns am Ufer nieder. Ich möchte etwas über Lenis Leben erfahren. Sie ist zwar klein, aber sehr attraktiv und aufgeweckt. »Wie alt bist du?«

»34.«

»Und nicht verheiratet?«

Leni schmunzelt. »Mein Leben hat es bisher nicht zugelassen. Ich bin zum Arbeiten nach Java gegangen. Ich hatte einen guten Job in einer Barbie-Puppen-Fabrik.« Jetzt muss ich schmunzeln. Die Indonesier haben es wirklich mit Puppen und Stofftieren. »Aber als mein Vater starb, zog ich zurück zu meiner Mutter. Da meine Schwestern schon Familien hatten, bin ich diejenige, die sich um sie kümmert.«

»Ist sie krank?«

Leni lacht: »Nein, sie ist noch jung und stark, sie arbeitet viel. Ich helfe ihr, wenn sie Reis auf dem Markt verkauft.«

Nach mehrmaligem Nachfragen kapiere ich, dass eine Mutter schlicht und einfach nicht allein gelassen wird in der hiesigen Gesellschaft. Dass Leni einen guten Job auf Java hatte, spielte dabei keine Rolle. Der Tod des Vaters erforderte, dass eine der Töchter wieder bei der Mutter lebte. Auch, um Haus und Hof zu hüten, den die Tochter ja später von der Mutter erbt. Was mich erstaunt, ist die Selbstverständlichkeit, mit der das geschieht.

Wir blicken auf das glitzernde Blau des Sees. »Was muss ich mir im Hochland von Batusangkar unbedingt ansehen?«, frage ich.

Leni denkt einen Augenblick nach. »Gerade finden in einigen Dörfern die traditionellen Kuhrennen statt. Das musst du gesehen haben. Und du solltest versuchen, den heiligen Stein zu heben!«

»Den heiligen Stein? Was ist das?«

»Ein uralter Stein aus unserer Königszeit. Er wird gehütet von einer Nachfahrin der königlichen Familie. Nur wenige Menschen können den Stein heben. Magst du es probieren?«

»Klar! Nichts wie hin!«

Ich fühle mich, als sei ich Teil einer Märchengeschichte. Die zwei Büffelfrauen steigen wieder hinter mir aufs Moped. Wir fliegen durch die magisch wirkende Landschaft. Schwere Wasserbüffel durchpflügen die Reisfelder. Das Grün ist so kräftig, dass die Augen schmerzen. Ich bin gespannt auf den heiligen Stein.

Vor einem riesigen Haus sitzt ein alter, verwirrt dreinschauender Mann, daneben ein junger Kerl, der auch nicht ganz auf der geistigen Höhe zu sein scheint. »Oh, ein Bule!« Er lächelt seltsam entrückt. »Kommst du, um den Stein zu heben?«

»Hmmm … ja.«

»Tritt ein! Noch kein Bule hat es geschafft, den Stein hochzukriegen.« Er bricht in schallendes Lachen aus.

Ich betrete mit Leni und Mery das Haus über eine Treppe. Der Boden besteht aus alten Holzdielen. In der Mitte des Raums liegt ein etwa ein Meter langer Stein in Form eines Ambosses. Rechts davon sitzt eine geheimnisvoll lächelnde Frau um die 60. Die Hüterin des Steins. Ein kräftiger Mann links im Raum hält die Hände vor seinem massigen Körper gefaltet. Hinter ihm steht offenbar seine kleine Tochter, keine zehn Jahre alt und ganz zierlich.

»Willkommen!« Die Steinhüterin lächelt mich an. »Du solltest deinen Gott um Kraft und Energie bitten. Und dir dann deinen Wunsch überlegen. Wenn du den Stein hochheben kannst, wird der Wunsch in Erfüllung gehen.«

Ich bin nicht besonders abergläubisch, aber Leni und Mery an meiner Seite wirken auf einmal ganz ernst und irgendwie heilig.

Vor allem Mery! »Ob du den Stein heben kannst, hat nichts mit deiner Muskelkraft zu tun«, sagt sie. »Schau, der Mann dort!«

Der kräftige Mann hat sich inzwischen hinter den Stein gekniet. Er greift mit seinen Unterarmen unter ihn. Sein Gesicht verzerrt sich. Er sammelt all seine Kraft. Der Stein rührt sich keinen Zentimeter. Er muss wirklich sehr schwer sein. Dreimal versucht es der Mann. Dreimal scheitert er kläglich. Nun ist seine kleine Tochter an der Reihe. Ich traue meinen Augen nicht: Das zierliche Mädchen hebt den Stein mit Leichtigkeit und lässt ihn auf ihren Oberschenkeln ruhen.

»So. Du bist dran!« Die sonst so abgeklärte Mery scheint ganz aufgeregt, ob der Bule hier etwas reißen kann. Ich sammle mich. Ich spreche ein Gebet. Einen Wunsch habe ich auch: die Liebe. Ich knie mich hinter den Stein. Ich umfasse ihn. Schließe die Augen. Er ist schwer. Unglaublich schwer. Aber er löst sich vom Holzboden. Es fällt mir nicht so leicht wie dem Mädchen vor mir, aber ich schaffe es, den grauschwarzen Amboss auf meine Oberschenkel zu hieven.

»Bravo!« Leni und Mery spenden Applaus. Auch die Hüterin des Steins strahlt mich an. »Dein Wunsch wird in Erfüllung gehen. Allerdings nicht leicht. Sondern mit einer gewissen Anstrengung.«

Nun macht sich Mery für die Übung bereit. Ich hatte nichts anderes erwartet: Sie hebt den Stein, als wäre er aus Pappe. Sie strahlt. »Ich habe mir gewünscht, dass ich das Examen schaffe.«

Ich blicke zu Leni hinüber. Doch die schüttelt den Kopf. »Ich darf heute nicht. Ich habe meine Tage.«

Aha. Beten geht dann nicht und Steine heben auch nicht. Die menstruierende Frau darf mit den heiligen Dingen nicht in Berührung kommen.

Wir brausen knatternd davon. Der Bule stößt unterwegs das Triumphgeheul eines siegreichen Büffels aus. Er hat den heiligen Stein gehoben, es gibt also Hoffnung für ihn.

Aber die nächste Prüfung wartet schon. Am nächsten Morgen steht Leni wieder mit ihrem Moped vorm Hotel. »Mery kommt heute nicht mit. Sie musste nach Padang.«

Ich bin erstaunt. »Wieso so plötzlich?«

»Sie will sich zu ihrem Examen anmelden. Du kannst sie vor deinem Abflug noch mal in Padang treffen.«

Ich steige hinten auf. Heute will Leni den Lenker in der Hand halten. Nach einer Weile tauchen rechts und links von uns mächtige Vulkane auf. Wieder dampft das fruchtbare Land der Minangkabau. Es schwitzt vor Feuchtigkeit und Hitze. Nach einer halben Stunde biegt Leni auf einen Feldweg ab. Bunte Fähnchen flattern im Wind. Hunderte Rinder sind auf einer Wiese versammelt. Tausende Schaulustige tummeln sich.

»Diese Kuhrennen sind ein seltenes Spektakel!« Leni schaut vergnügt an mir herunter. »Deine Hose wird nicht lange weiß bleiben.«

Dann geht es los. Junge Männer treiben Kühe und Ochsen zusammen. Einige haben kräftige, lange Hörner. Gespanne werden gebildet. Die Rennrinder werden auf ein langes Reisfeld geführt, das knietief unter Wasser steht. Leni führt mich an den Rand des Ackers. »Das ist der tiefere Sinn dieser Rennen: Die Reisfelder müssen gepflügt werden. Durch das Rennen können die jungen Männer gleichzeitig ihren Mut und ihre Ausdauer beweisen.«

Aha. Auch in der matrilinearen Kultur der Minangkabau müssen junge Burschen demnach Männlichkeit beweisen, besonders tapfer und geschickt sein.

»Die trainieren wochenlang für diese Rennen.« Leni schaut mich herausfordernd an. »Gibt es so etwas auch in Deutschland?«

Ich schüttle den Kopf.

»Magst du es probieren?«, fragt sie.

»Äh, mal sehen …«

Es geht los. Die ersten Gespanne sind bereit. Ein nervöser junger Mann steht mit bloßen Füßen auf einem Holzpflug hinter den Tieren, die von mehreren Männern im Zaum gehalten werden. Zu meiner Verblüffung beißt der Junge einer der Kühe in den Schwanz. Da geht sie ab. Ich wusste nicht, dass Kühe so schnell laufen können. Hinter ihnen spritzt der Schlamm auf. Nach wenigen Metern ist der junge Mann zugekleistert. Nur seine Augen und Zähne leuchten weiß hervor. Ein Schrei. Der Mann stürzt in das Reisfeld. Die Kühe galoppieren weiter. Die Zuschauer, dicht an dicht, schreien auf, springen zurück. Meine weiße Hose bekommt ein paar braune Flecken ab.

»Es gibt immer ein paar Verletzte!« Leni lacht, als sie meine Hose sieht. »Manchmal springen die Kühe in die Zuschauermenge. Sei also vorsichtig.«

Das nächste Gespann rauscht vorbei. Der junge Jockey macht es besser. Er schafft es, fast das ganze Reisfeld zu durchpflügen. Die Menge applaudiert.

»Peter, ich kenne den Chef des Rennens. Magst du es probieren?«, fragt Leni erneut.

Ich schaue an meiner Hose herunter, die mittlerweile mehr braun als weiß ist. »Ich fotografiere lieber erst noch ein bisschen«, rede ich mich heraus.

Es werden spektakuläre Bilder: schneeweiße Kühe im tiefen Schlamm. Plötzlich muss ich an Tiziana im Vulkan denken. Künstliche Brüste sind kein Thema in der bäuerlichen Kultur der Minangkabau – noch nicht. Und Machos gibt es hier auch nicht. Höchstens Matschos, fährt mir als Wortspiel durch den Kopf. Und Leni scheint unbedingt zu wollen, dass ich auch einer werde. »Komm mit!« Sie zieht mich Richtung Anfang des Reisfeldes. Dort, wo sich die Gespanne sammeln, um zu starten.

Wie viel Kraft die Rinder haben. Zehn Männer können sie kaum halten. »Da vorn. Schau. Das sind kleine Kühe.« Leni macht Ernst. Sie will mich unbedingt das Reisfeld durchpflügen sehen.

Ich ziehe meine Schuhe aus. Der Schlamm ist tief und schwer. Hinter jeder der zwei Minirinder ist ein Holzpflug gespannt. Es ist schwieriger als gedacht. Erst einmal einen festen Stand erwischen. Die Männer schreien die Kühe an, die nervös zucken, als sie das Gewicht des Bule hinter sich spüren. Tausend Augenpaare sind auf mich gerichtet. Ein Mann reicht mir den Schwanz einer Kuh und deutet an, ich solle zubeißen. Ich muss an den Beißer aus James Bond denken. Augen zu, Zähne auseinander. Es schmeckt borstig.

Ruckartig setzt sich das Gespann in Bewegung. Ich halte mich an den Schwänzen fest. Was für ein Tempo. Ich schlucke Schlamm und Schlimmeres. Mir fliegen Fladen ins Gesicht, groß wie Frisbeescheiben. Ich sehe nichts mehr, ich höre nichts mehr. Weich lande ich im Reisfeld. Die Zuschauer applaudieren. Ein Bule hinter Bullen – das hat es noch nicht gegeben. Ich recke die Arme in die Höhe, lasse mich dann noch einmal rücklings ins Reisfeld fallen und genieße den schlammigen Moment. Dann wate ich erhobenen Hauptes aus dem Morast.

»Jetzt bist du ein richtiger Mann!« Leni steht lachend neben mir. »Jetzt könntest du hierbleiben und eine Minangkabau-Frau heiraten.« Meint sie es ernst? »Lass uns zu mir nach Hause fahren«, sagt sie dann. »Unser Dorf ist nicht weit weg. Du kannst dich bei uns waschen und umziehen. Meine Mutter wollte dich sowieso kennenlernen.«

»Danke, Leni! Aber ich will lieber zurück ins Hotel.«

Am nächsten Tag fahre ich zum Flughafen von Padang. Mery wartet dort auf mich. Sie überreicht mir ein Päckchen. »Du darfst es aber erst aufmachen, wenn du Westsumatra verlassen hast.« Kein Küsschen, keine Umarmung zum Abschied. Und doch sind wir Freunde geworden. Mery, Indah und Leni werde ich nie vergessen. Die Tage im Land der Minangkabau zählen zu den glücklichsten meiner Weltreise. Ich muss an die Worte des Museumsdirektors denken: Die ganze Welt kann vom matrilinearen System der Minangkabau lernen. Ja! Ich habe nie eine ausgeglichenere, glücklichere Gesellschaft erlebt – kein Hunger, kaum Verbrechen, viel Gastfreundschaft und Herzlichkeit.

Im Flieger zurück nach Singapur packe ich Merys Geschenk

aus: ein wunderschönes rotes Miniaturhaus der Minangkabau. Ich denke einen Moment darüber nach, ob ich in Westsumatra leben könnte. Wohl nicht im traditionellen Langhaus unter der Fuchtel der Schwiegermutter, dafür bin ich zu lange im Westen sozialisiert, zu sehr Individualist. Aber ich habe den Stein gehoben. Vielleicht begegnet mir das große Glück ja auf meiner nächsten Station: in der Südsee.

## *SÜDSEE*
## *Freie Liebe oder was?*

Ich fliege von Singapur über Sydney und Auckland in die Südsee. Wie ich mich freue! Fidschi und Samoa sollen Abschluss und Höhepunkt meiner Liebesreise werden. Ich will mein Abenteuer ein bisschen auschillen lassen. Keine mühsamen Bergtouren mehr, keine Erdbeben, keine Gefahren durch die Guerilla im Urwald, oder Brauträuber im Gebirge. Am Ende soll es ein bisschen lockerer zugehen. Südsee – das klingt wie ein Versprechen auf Traumstrände mit Palmen, Hula-Hoop-kreisenden Inselschönheiten, Dauerlächeln. Null Stress.

Trotzdem habe ich natürlich eine Aufgabe vor Augen. Der Liebe will ich auch in Ozeanien auf den Grund gehen. In meinem Reisegepäck befindet sich ein kleines rotes Buch. Eine der berühmtesten Ethnologinnen, Margaret Mead, hatte in den 20er Jahren des letzten Jahrhunderts Feldforschung auf der kleinen Insel Tau betrieben. Ihr Buch *Kindheit und Jugend in Samoa* ist ein Klassiker. Knapp zusammengefasst, ist das Ergebnis ihrer Studie, dass die Samoaner in sexuellen Dingen sehr frei aufwachsen und dass deshalb viele Konflikte, mit denen westliche Jugendliche zu kämpfen haben, dort gar nicht erst auftreten. Freie Liebe als Gegenmodell zum prüden Amerika der Zwanziger – das Buch erregte weltweit Aufsehen und wurde in 16 Sprachen übersetzt.

Wie sieht es heute dort aus? Gibt es die freie Liebe in der Südsee? Und wenn ja: Was macht das mit den Menschen? Sind sie glücklicher?

Fast ein Jahrhundert nach Margaret Mead lande ich im südlichen Pazifik. Genauer gesagt: auf dem internationalen Flughafen Nadi auf Fidschi. Von dort will ich weiter nach Samoa, auch auf Margaret Meads winziges Eiland Tau.

## *Gestrandet in Fidschi*

*I*ch trete vors Terminal und traue meinen Augen nicht: Der Himmel ist trüb, fast wie bei uns im November. Wenigstens ist es deutlich wärmer.

Mit mir an der Bushaltestelle vor dem Flughafen wartet eine Frau. Sie ist vielleicht 30, sehr groß und ziemlich dick. Sie hat kurzes, krauses Haar und das Gesicht einer Boxerin.

»Wissen Sie, wann der Bus nach Suva fährt?«, frage ich sie.

»Müsste gleich kommen.« Kurz und knapp ist die Antwort. Kein Lächeln auf dem Gesicht.

Wir stehen eine halbe Stunde beisammen, wechseln aber kein Wort mehr. Sehr ungewohnt, diese Distanz, nach meinem Aufenthalt in Indonesien.

Es wird bereits dunkel, als endlich der Bus mit der Aufschrift *Suva-Express* vorfährt. Regen setzt ein. Nach zehnminütiger Fahrt hält der Express schon wieder, diesmal in Nadi City. Zwei Dutzend Passagiere steigen ein. Alle haben dieses kurzgeschorene, krause Haar. Und fast alle haben dieses runde Boxergesicht. Mir ist kalt. Die digitale Anzeige vorn zeigt 13 Grad. Ich hasse Klimaanlagen.

Ich stelle meinen kleinen Reiserucksack neben mich. Immerhin habe ich einen Doppelsitz für mich allein, als wir Nadi verlassen. Glück gehabt, denn nach Suva sind es mehr als 200 Kilometer, fast fünf Stunden Fahrt.

Ich mache es mir gerade bequem, da hält der Bus schon wieder. Eine Frau steigt ein. Es ist die dickste, die ich je in meinem Leben gesehen habe. Mit vier Plastiktüten bahnt sie sich den Weg zum letzten freien Platz: dem neben mir. Ich stehe höflich auf, um ihr den Sitz am Fenster zuzuweisen, damit ich wenigstens meine Beine noch in den Gang ausstrecken kann. Doch sie fordert mich ziemlich bestimmt auf, reinzurutschen. Da ich Gentleman bin und mich von den anderen Südseeinsulanern im Bus beobachtet fühle, folge ich ihrer Anweisung und nehme also den Rucksack zwischen die Beine, so dass die nächsten Stunden keine Gelegenheit mehr sein wird, selbige zu bewegen.

Die sicher 120 Kilogramm schwere Dame quetscht sich auf den Gangsitz. Ein Teil von ihr quillt rüber zu mir. Immerhin scheint die Frau Humor zu haben. Fortwährend stößt sie ein grunziges Lachen in ihr Handy aus. Sie scheint sich auf meinem schönen Sitz recht wohl zu fühlen. Ich fühle mich nicht wohl. Ich hatte zur Begrüßung in der Südsee zugegebenermaßen langhaarige Inselschönheiten erwartet, mit Blumen im Haar und einem sanftem Blick – so, wie sie eben aussehen auf den Bildern von Gauguin. Sonderlich exemplarisch für die Leute hier sind sie nicht. Ist ja auch schon etwas her, dass Gauguin sie gemalt hat.

Nach einer halben Stunde beschweren sich meine Beine. Die einzig mögliche Bewegung in den unteren Extremitäten ist ein leichtes Anwinkeln der Zehen. Die beklemmende Situation treibt mich dazu an, das Gespräch mit meiner Nachbarin zu suchen, eigentlich nur, damit die Zeit schneller vergeht.

»Fahren Sie auch nach Suva?«, frage ich sie.

Sie strahlt. »Ja! Wo kommst du her?«

»Aus Deutschland.«

Da wird ihr Boxermund noch größer vor lauter Strahlen. »Deutschland! Wow! Kennst du Manfred?«

Viele mögen jetzt denken: »Was für eine blöde Frage.« Doch eine Südseeinsularin weiß vielleicht nicht, dass in Deutschland 80 Millionen Menschen leben, von denen sich die wenigsten persönlich kennen. In einem Staat wie Fidschi leben schließlich gerade mal eine Million, in Samoa sind es nur 200 000, von Kiribati und Vanuatu ganz zu schweigen. Daher macht die Frage »Kennst du Manfred?« für die Südseebewohnerin durchaus Sinn. Woher soll sie wissen, dass es in Deutschland mehr als zwei, drei Manfreds gibt?

»Manfred war ein netter Kerl!« Meine Nachbarin scheint Lust zu haben, sich mit mir zu unterhalten. »Weißt du, wie ich ihn kennenlernte?« Sie wartet meine Reaktion erst gar nicht ab. »Es passierte in Suva, direkt vor meinen Augen: Manfred, damals schon ein älterer Mann, über 60, wollte die Straße überqueren und wurde von einem Auto angefahren. Er war ganz allein unterwegs. Selbstverständlich habe ich mich um ihn gekümmert. Ich habe ihn regelmäßig im Krankenhaus besucht und ihm die Wäsche gewaschen.«

»Einfach so?«

»Ja! Man kann einen Menschen in der Fremde doch nicht alleinlassen.«

Ich bin gerührt. Offenbar aus reiner Menschlichkeit, ohne irgendetwas von Manfred zu erwarten, kümmerte sich die riesige Südseedame um den deutschen Pensionär.

»Was machst du denn hier?« Johanna, so heißt sie, schaut mich fragend an.

»Ich mache eine Weltreise. Und ich will sehen, wie sich die Liebe so entwickelt in anderen Ländern.«

Johanna lacht. »Das ist ja ein schönes Thema!«

Ich lächele. »Finde ich auch.«

»Weißt du, Peter, hier sind die Menschen sehr gesellig. Und christlich! Es ist zum Beispiel unvorstellbar, Weihnachten allein zu verbringen. Bei uns in der Nähe hat sich ein Südafrikaner ein großes Haus gekauft, fast ein Palast. An Heiligabend sahen wir ihn durch die Straßen laufen. Wir fragten, wo seine Familie sei. Er erklärte, die Verwandten hätten alle in Südafrika zu tun und könnten darum nicht kommen. Wir haben ihn nicht in Ruhe gelassen, bis er Weihnachten mit uns feierte.«

Das klingt nett. Nach Nächstenliebe. Dass man in der westlichen Welt einsam sein kann, weiß auch die dicke Johanna schon.

»Ich habe mal eine Reise nach Melbourne gewonnen«, erzählt sie weiter. »Ich habe oft Glück bei Preisausschreiben.« Sie grinst wie ein Boxer nach gewonnener erster Runde. Doch dann wird sie wieder ernst. »Da habe ich alte Leute gesehen, die ganz allein in ihren Häusern sitzen. Wenn die sterben, kriegt das niemand mit. Das ist doch schrecklich!«

»Ja! In Deutschland passiert das leider auch. Wir haben die alten Familienstrukturen nicht mehr. Viele Paare wollen auch keine Kinder.«

»Was ist mit dir?«

»Ich bin ledig und kinderlos.«

Johanna schaut mich mitleidig an. »Das musst du ändern.« Sie mustert mich. »Du hast noch Zeit. Aber nicht mehr sehr viel!« Ihre Worte klingen bestimmt. Sie ahnt nicht, sondern sie weiß. Die instinktive Klugheit der Frau.

»Bei uns auf Fidschi gibt es diese Tendenz leider ebenfalls. Das kommt durch die Globalisierung. Ich habe drei Kinder, alle zwischen 25 und 30, aber nur ein Sohn ist bislang verheiratet. Mein Mann und ich hingegen, wir haben noch früh geheiratet.«

»In welchem Alter denn?«

»Ich war 21!«

»Hast du denn viele Geschwister?«

»Stell dir vor: Ich bin das jüngste von zehn Kindern. Ich bin 50, mein ältester Bruder ist gerade 80 geworden. Mit allen Kindern und Enkeln hat die Familie 256 Mitglieder.« Johanna kann den Stolz auf ihre Familie nicht verbergen.

Das ist schon eine erste Erkenntnis. Auch in der Südsee scheint die moderne Familienplanung eingekehrt. Heute bekommen – wie fast überall auf der Welt – die Frauen später und weniger Kinder.

So ruckeln wir durch die Nacht: die dicke Johanna und der eingeklemmte Deutsche. »Du kannst ruhig schlafen«, sagt sie. »Ich sorge dafür, dass der Bus an deinem Hotel hält.«

Ein leichter Stoß in die Rippen weckt mich drei Stunden später auf. Johanna, die Frau mit dem Boxergesicht, umarmt mich zum Abschied. Berührungsängste wie in der islamischen Welt scheint es hier nicht zu geben.

Ich betrete das Hotel. Nach der langen Fahrt brauche ich ein

Bier. In der Bar, die direkt am Meer liegt, ordere ich ein Fiji Gold.

»*Bula*«, begrüßt mich die Bedienung. Nie passte der weibliche Artikel besser auf einen männlichen Kellner als in diesem Fall. Denn der Herr Ober kommt mit einer roten Blume, adrett hinters Ohr gesteckt, und in braunem Rock an meinen Tisch. Das macht ihn schon feminin, und sein Lächeln und der sanfte Ausdruck seiner Augen tun ihr Übriges dazu. Er scheint Zeit zu haben für ein Schwätzchen und bleibt noch eine Weile bei mir stehen.

»Warum trägst du einen Rock?«, frage ich ihn.

»Das gehört sich so. Zu offiziellen Anlässen und auch im Job trage ich Rock. Sonst auch schon mal Hosen.«

»Interessant«, murmele ich, halb zu mir selbst, halb zu ihm.

»Der Rock heißt hier *Sulu*. Du solltest auch einen kaufen. Sie sind hier viel besser und billiger als in Samoa.«

Vom Meer her dröhnt ein Grollen. »Oh, der Sturm kommt.« Der Suluträger kassiert noch ab. Dann gehen alle Lichter aus. Nur mühsam finde ich den Weg in mein Zimmer.

Die ganze Nacht trommeln Sturm und Regen gegen mein Fenster. Ich kann nicht schlafen. Immerhin gibt es irgendwann wieder Licht. Ich bin froh, dass ich Margaret Mead bei mir habe. Sie unterhält mich mit ihren Erzählungen über die Liebe in der Südsee vor 100 Jahren. Sie versucht, die westliche Liebe mit der in der Südsee zu vergleichen:

*Die romantische Liebe unserer Gesellschaft, untrennbar verbunden mit Vorstellungen von Monogamie, Ausschließlichkeit, Eifersucht und unerschütterlicher Treue, gibt es auf Samoa nicht. Selbst eine leidenschaftliche Bindung an eine Person, die lange Zeit anhält und auch Perioden der Entmutigung überdauert, jedoch andere Beziehungen nicht ausschließt, kommt bei den Samoanern nur selten vor. Hier wird die Ehe als gesellschaftliches und wirtschaftliches Übereinkommen angesehen, bei dem Vermögen, Rang und Können der beiden Partner ins Gewicht fallen.*

*Es gibt viele Ehen, in denen beide Teile, besonders wenn sie mehr als 30 Jahre alt sind, vollkommene Treue halten. Doch dies ist einerseits der Leichtigkeit der sexuellen Anpassung, andererseits dem Übergewicht zuzuschreiben, das sonstige Interessen – die gesellschaftliche Organisation der Männer, Kinder und Frauen – besitzen, und weniger der leidenschaftlichen Bindung an den Ehepartner.*

Das klingt wirklich wenig romantisch und sehr interessengesteuert. Ich schlafe darüber ein.

Als ich aufwache, habe ich eine wunderbare Aussicht auf winzige bewaldete Inseln in einer kleinen Bucht, nicht weiter als hundert Meter von meinem Balkon entfernt. Geradezu paradiesisch wäre es hier – wenn es nicht die ganze Zeit regnen würde.

Ich schleppe mich zur Rezeption. Was ist denn da los? Viele Gäste wirken aufgeregt. »Wie komme ich nach Nadi?«, »Warum fährt kein Bus?« Solche Fragen hallen durch die Empfangslobby.

Die freundliche Inderin an der Rezeption erklärt: »Eine Flut im Westen der Insel hat Städte und Dörfer unter Wasser gesetzt. Die Brücken sind weggespült.«

Ich schaue auf einen Fernsehmonitor: Die Nachrichten zeigen Menschen, die auf den Wellblechdächern ihrer Hütten sitzen. Direkt hinter meinem Suva-Express muss das Unwetter über den Westen der Insel hereingebrochen sein. Ich habe Glück im Unglück: Die Hauptstadt Suva und mein Hotel sind von der Flutkatastrophe bisher verschont.

Ich komme mit einem Neuseeländer ins Gespräch, Martin, Mitte 40, ebenfalls hier gestrandet. Er sieht mein rotes Buch. »Was liest du da?«, fragt er. Ich halte ihm das Buch von Margaret Mead entgegen. »Das kenne ich«, sagt er darauf. »Habe ich auch mal gelesen.«

Martin ist halber Fidschianer. Seine Haut ist weiß, doch seine Physiognomie verrät den Südseeeinschlag. »Als ich ein kleiner Junge war, stand das Haus von Margaret Mead noch. Nicht weit von meinem Elternhaus. Hier in Suva. Aber ich glaube, sie selbst war zu dieser Zeit schon tot. Ich denke, dass vieles, was sie beschrieben hat, noch da ist in der Kultur auf Samoa. Anders als in Neuseeland.« Martin ist enttäuscht, dass die Südseeinsulaner ein so trauriges Bild abgeben in seiner neuen Heimat Neuseeland. »Sie schrauben dort die Kriminalitätsrate nach oben. Es sind meist die Leute der zweiten Generation. Sie haben ihre samoanische Identität verloren und ihre neuseeländische noch nicht gefunden. Das ist wie bei euch mit den Türken und Arabern.«

Ich schlage die Zeitung auf. Die ersten vier Seiten der *Fiji Times* widmen sich dem Unwetter. *Ein Mensch tot, vier noch vermisst! – Brücke zusammengekracht!* Eine ganze Liste von Horrornachrichten und die Wetteraussichten für die nächsten Tage machen nicht eben Mut.

Es regnet. Was sonst? Gott sei Dank funktioniert das Internet. So kann ich mich mit Sammie per E-Mail verabreden. Ich hatte sie schon von Deutschland aus angeschrieben. Wir treffen uns im Café des Shoppingkomplexes Tappoo City.

Sammie lacht mich gleich sehr sympathisch an. Ich vermute, dass sie Fidschianerin indischer Herkunft ist, doch das entpuppt sich als Irrtum. »Mein Vater war Chinese, meine Mutter ist waschechte Fidschianerin.«

»Gute Kombination!«

»Danke!«, sagt sie auf Deutsch.

»Du kannst Deutsch?«

»Nur ein bisschen. Ich habe eine Zeitlang in der Schweiz gelebt.« Sammie arbeitet für eine Nichtregierungsorganisation in Suva, die sich um Konfliktlösungen bemüht. »War ’ne harte Woche – zu viele Meetings«, klagt sie.

Wir trinken einen Kaffee. Ich lausche Sammies Zukunftsplänen. »Nur noch drei Monate, dann werde ich meine Zelte in Fidschi abbrechen. Mein Freund ist Schweizer.«

»Das ist ja die maximale Fernbeziehung, die man sich vorstellen kann. Wie macht ihr das?«

»Viel skypen, und zweimal im Jahr sehen wir uns. Einmal fliege ich nach Europa, einmal kommt er hierher.«

Um ihrem Freund in Genf näher zu sein, beginnt sie im Sommer einen Masterstudiengang *Konfliktlösung* in England. Sammie liebt Europa. »Diese alten Städte wie Bern sind großartig. Sie strahlen so viel Historie aus. Davon haben wir in Fidschi nichts.«

»Hmmm – aber du wirst Fidschi sicher auch vermissen, oder?«

»Na klar! Was hier schön ist: der Zusammenhalt in der Familie. Obwohl ich allein lebe, bin ich nie einsam. Andauernd kommt Besuch. Unser melanesisches System des Schenkens und Nehmens ist noch intakt. Ich kriege dauernd Anrufe von Geschwistern und Cousinen. Wenn ihre Kinder Schuhe brauchen oder Geld für den Schulbus, dann gebe ich ihnen selbstverständlich die dafür nötigen Fidschi-Dollar. Schließlich verdiene ich relativ gut und habe noch keine Familie zu versorgen.« Sammie grinst: »Mein Freund in Genf kann das gar nicht nachvollziehen. Er sagt immer: ›Komm her, dann kannst du dein Geld behalten.‹«

Wir ziehen um in ein indisches Restaurant im vierten Stock des Einkaufszentrums. Die Inder kamen im 19. Jahrhundert als Arbeiter auf die Zuckerrohrplantagen von Fidschi. Heute stellen sie hier fast die Hälfte der Bevölkerung. Eine Bereicherung für die Küche des Inselstaates sind sie auf jeden Fall. Ein Mann mit Turban bringt uns die Currygerichte.

»Guten Appetit, Peter!«, wünscht mir Sammie.

»Guten Appetit! Schön, dich hier zu treffen. Ich habe dir ja geschrieben, dass ich über die Liebe recherchiere. Wie läuft es denn hier so zwischen Mann und Frau?«

Sammie muss schlucken. »Nun ja, euer Bild von der lockeren Liebe in der Südsee stimmt nicht wirklich. In Fidschi jedenfalls gibt es ziemlich viel Gewalt von Männern gegenüber Frauen. Leider ist es normal hier, dass Männer ihre Frauen schlagen.«

Mist. Brutale Männer scheinen ein globales Phänomen zu sein. Irgendwie hatte ich das den Kerlen in Rock und mit Blume im Haar nicht zugetraut.

Sammie fährt fort: »Meistens wird der Konflikt beigelegt durch das traditionelle System des Bulu Bulu.«

»Wie funktioniert das?«

»Angehörige des Mannes, zum Beispiel seine Onkel oder Brüder, gehen mit Geschenken zu der Familie der geschlagenen Frau und bekunden, dass es ihnen leidtue, was mit der Frau geschehen sei. Nehmen die Verwandten der Frau die Geschenke an – und das tun sie in aller Regel –, so ist wieder Frieden hergestellt zwischen den Eheleuten.«

Das klingt ja wiederum einigermaßen vernünftig. Zumindest scheint es den Männern später leidzutun, wenn sie ihrer Frau etwas angetan haben, und die Sache wird nicht totgeschwiegen.

Ich höre Sammie weiter zu. »Der Nachteil des Systems ist, dass die geschlagene Frau selbst dabei nichts zu sagen hat. Theoretisch kann sie Anzeige erstatten, doch dann muss sie befürchten, dass ihr Mann sich von ihr trennt und damit als Ernährer der Familie wegfällt. Deshalb ziehen die meisten Frauen nach wie vor das Bulu Bulu vor.«

Insgesamt klingt das in der Tat nicht nach der angeblich so freien Liebe in der Südsee. Kann mir Sammie dazu etwas berichten? »Darf ich fragen, wie alt du bist?«

Sammie lächelt. »32.«

Also schon wieder eine globalisierte Frau zwischen 30 und 40 auf der Suche nach dem Glück. Immerhin hat sie schon in Europa gelebt. Mit ihr müsste man also auch Delikates besprechen können. »Wie tolerant ist die fidschianische Gesellschaft in sexuellen Dingen?«, frage ich daher.

»Sehr unterschiedlich. Viele Leute hier sind sehr gläubig. In meiner Pfingstkirche zum Beispiel ist vorehelicher Sex ein absolutes Tabu. Gott sei Dank ist meine Mutter eine Ausnahme und da recht liberal. Mittlerweile will sie unbedingt, dass ich ein Kind kriege, egal, ob ich vorher verheiratet bin oder nicht.« Sammie lacht über die Inkonsequenz ihrer Mutter, die sie früher immer vor Sex gewarnt hat. »Einmal haben wir mit Freunden aus unserer Kirchengemeinde einen Film angeschaut, in dem es eine eigentlich recht harmlose Szene zu sehen gab: Ein Pärchen wurde gezeigt, das dabei war, sich auszuziehen. Alle drehten die Köpfe weg, nur ich sah weiter auf den Fernseher und rief ihnen zu: ›Jetzt tut nicht so, ist doch alles ganz natürlich!‹«

Auch das klingt nun gar nicht nach der angeblich so freien Liebe. Ich habe die Bilder von Paul Gauguin vor Augen. Fröhliche, barbusige Südseeschönheiten. Ich spreche Sammie darauf an.

»Wie heißt der Maler? Gauguin? Nie gehört«, lautet ihre Reaktion. Seltsam, in Europa denkt man bei Südsee doch immer gleich an die Bilder des Franzosen, der auf Tahiti mit einem 13-jährigen Mädchen zusammenlebte. Kann es sein, dass in den letzten hundert Jahren die Einstellung hier strenger und prüder geworden ist, während der Rest der Welt liberaler wurde? Oder laufen wir seit Hunderten von Jahren mit einem schiefen Bild von der Südsee im Kopf herum?

»Muss ein Mädchen Jungfrau sein, wenn es heiratet?«, frage ich weiter.

»Kommt drauf an. Hier in Suva wird das lockerer gesehen. Allerdings nicht in den konservativ-christlichen Kreisen. Die sind streng! Bei der Hochzeit einer meiner Freundinnen untersuchte eine Tante nach der Hochzeitsnacht das Bettlaken zum Beweis der Jungfräulichkeit. Das passiert ab und zu noch.«

»Und wie ist es draußen auf den entlegenen Inseln?«

»Da gibt es noch sehr kuriose Bräuche. Manche sind witzig, manche grausam. Es gibt eine Insel, da wird bei der Hochzeit ein Wildschwein gefangen, aufgespießt und gebraten. Ist der Anus des Schweins dabei offen, gilt dies als Beweis, dass die Braut keine Jungfrau mehr ist. Verrückt, oder?«

»Und was passiert dann mit dem Mädchen?«

»Früher wurde sie aus der Gemeinschaft ausgestoßen. Das war wie ein Todesurteil. Heute muss sie die Insel verlassen und hier in Suva ein neues Leben beginnen. Oder in Neuseeland. Oder Australien. Wenn sie Glück hat.«

Ich verabschiede mich von Sammie. »Vielleicht sehen wir uns mal in Europa!«

»Das wäre schön!«, meint sie.

Draußen regnet es immer noch. Alles wirkt trostlos. Ich betrete eine schäbige Spelunke, die voller Chinesen ist. Was machen die alle hier? Ich bestelle ein Bier.

Eine 40-jährige Frau rückt mir ganz nah auf den Pelz. Sie ist grell geschminkt. »Wo kommst du her?«

»Deutschland.«

»Das ist weit weg.«

»Und selbst?«

»China!«

»Auch nicht um die Ecke. Warum sind denn hier so viele Chinesen?«

»Unsere Regierung hat hier viel Land und viele Minen gekauft. Es gibt reiche Bodenschätze in Fidschi.«

»Und was macht du hier?«

»Ich gebe Massagen. Willst du eine?«

Tatsächlich fühle ich mich noch verspannt von der langen Busfahrt. »Was kostet das denn?«

»100 Fidschi-Dollar. Ich komme mit dir zu deinem Hotel.«

Ich werde misstrauisch. »Was für eine Massage ist das?«

Sie schaut sehr verschwörerisch. »Sehr entspannend. Du wirst es genießen.«

Ich habe verstanden. »Vielleicht ein anderes Mal«, sage ich aus Höflichkeit, trinke schnell aus und mache mich auf den Weg ins Hotel.

Der Regen hört nicht auf. In der Nacht habe ich einen furchtbaren Alptraum. Ich bin auf einer Insel (was wohl kein Wunder ist), die langsam im Ozean versinkt. Es ist unabänderlich. Ich und alle ihre Bewohner mit mir sind dem Untergang geweiht. Es gibt keine Chance, wegzukommen. Wir stehen alle am Strand und merken, wie die Insel langsam in den Ozean rutscht.

Ich wache auf. Draußen rüttelt der Sturm an den Fenstern. Matt schleppe ich mich zum Frühstück und schlage die *Fiji Times* auf. Ein weiterer Todesfall durch die Fluten im Westen der Insel. Ingenieure versuchen, die Brücke zwischen Suva und Nadi zu flicken. Die weiteren Wetteraussichten: miserabel. Ich blättere zu den Leserbriefen. Ein Herr bedauert, dass die Kinder heute nicht mehr miteinander spielen. Zu seiner Zeit, in den Achtzigern, hätten die Kinder aus der Nachbarschaft jeden Tag miteinander gespielt. Die traditionellen fidschianischen Spiele drohten auszusterben. Die Kinder heute säßen vor ihren Computern und könnten somit auch nicht den Gemeinschaftsgeist erlernen, der doch wichtig sei für den Zusammenhalt der Gesellschaft.

Ich finde es seltsam und traurig, dass auch in Fidschi die Kinder offenbar nicht mehr allzu viel miteinander spielen, bin aber nicht sicher, ob deshalb gleich die ganze Gesellschaft untergeht.

Eine andere Leserin schreibt, dass Nachbarschaftshilfe immer seltener werde. Sie erzählt von einem Fall, wo eine Witwe bei der Nachbarin geklingelt habe, diese sie aber weggeschickt habe mit den Worten, sie sei gerade sehr beschäftigt. In der Nacht habe sich die Witwe dann umgebracht. Die Leserin bemerkt eine immer seltener werdende Liebe unter den Menschen und wertet dies als sicheres Zeichen, dass die Welt in ihre letzte Phase eingetreten sei. Denn auch in der Bibel heiße es, die Welt gehe unter, wenn die Liebe unter den Menschen verschwinde.

Mein Gott, wer hätte gedacht, dass die Menschen in der Südsee solch trübe Gedanken haben? Ich blicke von der Zeitung hinauf in den nicht enden wollenden Regen.

Das Internet im Hotel fällt aus. Sämtliche Brücken zur Außenwelt sind nun abgebrochen: die Straße zum internationalen Flughafen und die Datenautobahn zu den Freunden nach Hause. Mein Südseetraum wird langsam tatsächlich zum Alptraum. Wenigstens lässt mich meine Freundin Margaret nicht im Stich. Was würde ich ohne sie nur anfangen?

In einer kurzen Regenpause mache ich mich auf, die Stadt zu erkunden. Suva ist arm an Sehenswürdigkeiten. Aber ich freue mich auf einen Kaffee im legendären Gran Pacific Hotel. Ich stelle mir schon vor, wie ich dort wie der junge Burt Lancaster hineinspaziere. Lancaster drehte da für eine Szene in *Weißer Herrscher über Tonga*. Mein Auftritt aber endet an einem Bauzaun: Das Hotelgebäude ist verfallen. Mir bleibt nur, eine Baustelle zu fotografieren.

Es fängt wieder an zu regnen. Ich flüchte mich ins Fidschimuseum.

In einem Raum geht es um die Geschichte der Inselgruppe. Ich hatte bislang die Berichte über Kannibalismus nicht ganz ernst genommen, eher als Ammenmärchen, die europäische Missionare verbreiteten, um Gelder in Europa einzusammeln zur Bekehrung der menschenfressenden Wilden. Doch nun lese ich über die »Tragödie des Thomas Baker«. Der Missionar wurde 1867 zusammen mit sieben fidschianischen Begleitern zu Tode gehackt, gekocht und gegessen – historisch verbürgt. Ich trete wieder hinaus. Von der Traufe in den Regen.

Am nächsten Morgen springe ich mit meinem Gepäck auf die Straße und halte den ersten Überlandbus an, der vorbeikommt. Die Brücken sind wieder notdürftig repariert. Ich will nur noch weg von dieser traurigen Insel.

Nach vier Stunden Fahrt sind wir in Nadi. Hier herrscht Tristesse pur. In Gummistiefeln schippen die Menschen den Schlamm aus ihren Läden und Wohnungen. Einigen stehen Tränen in den Augen.

»Ich habe alles verloren!« Ein indischer Geschäftsmann sucht das Gespräch mit mir.

»Das tut mir sehr leid. Haben Sie wenigstens eine Versicherung?«

Er schüttelt den Kopf.

Ich nehme ein Taxi zum Flughafen. Der Fahrer meint unvermittelt: »Wenn du noch Zeit hast, fahren wir zu einem Ort, wo es schöne Fidschimädchen gibt.«

»Nein, danke!« Ich möchte weg von diesem nassen Ort, der Regen setzt gerade wieder heftig ein. Ausläufer des Tropentiefs Daphne treffen auf die Insel. Mit Frauen, die mit ›Da‹ anfangen, habe ich nie Glück gehabt. Es gab eine Dagmar, eine Daria, und jetzt kommt Daphne. Dieser Südseealptraum muss ein Ende haben.

## *Hulafulafulafa – Midlifekreiseln*

Im Flugzeug fallen mir sofort die Augen zu. Als ich wieder aufwache, geht die Sonne auf. Eine wunderschöne grüne Insel mit einem majestätischen Berg rückt ins Bild. Nur wenige freundliche Wolken sind am Himmel. Es ist ein herrlicher Morgen mit magischem Licht. Sanft setzt die Maschine auf.

Ich nehme ein Taxi nach Apia, die Hauptstadt Samoas. Links der Straße glitzert der Ozean, rechts stehen putzige Häuschen in allen Farben, dazwischen die beeindruckenden offenen Fales, in denen die Versammlungen des Dorfes abgehalten werden. Auffallend viele Kirchen säumen den Weg. Palmen, bunte Blumen. Zum ersten Mal im Pazifik denke ich an das Wort *Paradies*.

Der einzige Knacks in diesem Bild ist mein Fahrer. Obwohl uns kaum ein Auto entgegenkommt, wirkt der 60-Jährige hochgradig nervös. Keine zwei Sekunden vergehen, ohne dass er sich irgendwo kratzt oder zupft: am Ohrläppchen, an der Brust, mal streicht er über seine Armbanduhr, dann durch das lichte Haar. Dazu hustet er. Dann räuspert er sich, wobei sein ganzer Oberkörper zehn Zentimeter nach oben befördert wird. Nun schaltet er wieder, obwohl es eigentlich nichts zu schalten gibt. Er öffnet seinen Gurt, dann schließt er ihn wieder.

Ich versuche, ihn in ein Gespräch zu verwickeln und ihn so von seiner Nervosität abzulenken. Doch sein Englisch ist so schlecht, dass bis auf die Sätze »*First time Samoa?*« und »*Beautiful here!*« nichts dabei herauskommt. Schade, ich wüsste gern, wie er lebt, ob er Familie hat und auch, wie sich diese nervöse Störung in ihn geschlichen hat, die ich bei einem gestressten Taxifahrer in Berlin sofort nachvollziehen könnte. Hier, mitten in der Südsee, wirkt sein ständiges Kratzen und Fuchteln seltsam deplatziert. Vielleicht hat der Mann ja einen Berliner Urgroßvater? Einen Kolonialbeamten, der seine nervösen Gene hier zurückließ?

Robert Louis Stevenson, der Autor der *Schatzinsel*, hat diesen Abschnitt an der Nordküste von Samoas Hauptinsel Upolu als den schönsten Fleck der Südsee beschrieben. Ich könnte ewig so dahingondeln.

Dann tauchen die ersten Häuser von Apia auf. Alles wirkt kleinstädtisch aufgeräumt. Der Taxifahrer bringt zwar keine ganzen Sätze, aber doch ab und zu ein Wort heraus. »Regierungsgebäude«, »Aggie Grey's Hotel«, schließlich »*Your hotel*«: das Pasefika Inn, ein dreistöckiges Haus mit umlaufenden Holzbalkonen.

Obwohl die offizielle Frühstückszeit vorbei ist, reicht mir eine gewisse Nikita beim Eintritt mit einem herzlichen Lächeln Toast und Kaffee. Danach falle ich in einem großen Bett in einem riesigen Zimmer in einen tiefen, zufriedenen Schlaf.

Bis es an meine Tür klopft.

»Wer ist da?«

»Nikita.«

»Komm herein!« Ich bin leicht irritiert und ziehe mir die Decke über den Bauch. Was will sie hier, so mitten am Tag?

Nikita tritt ein und lächelt mich an.

»Was ist los?«

»Ich wollte mich ein bisschen mit dir unterhalten.« Die Hotelangestellte steht einfach da und lächelt. Und sagt nichts. Ich beschließe, einfach zurückzulächeln. Was soll ich schon tun in solch einer Situation? Ich will nicht unhöflich sein und sie hinausschicken.

Schließlich macht sie doch ihren Mund auf. »Was möchtest du sehen von Samoa?«

»Falls ich Zeit habe, fahre ich an die Südküste.«

»Ich komme aus einem Dorf im Südosten. Du kannst bei mir übernachten!«

Ups – ist das wieder die Art Gastfreundschaft, wie ich sie in Kolumbien erlebt habe? Die Hotelangestellte ist vielleicht Mitte 30 und schaut mir länger in die Augen, als es der internationale Hotelangestelltenkodex erlaubt.

»Wie alt bist du?«, frage ich sie schließlich.

»34.

»Bist du verheiratet?«

Nikita schüttelt den Kopf. Sie ist weder hübsch noch hässlich und für eine Südseefrau ihres Alters sehr schlank.

»Warum bist du noch nicht verheiratet?«, frage ich neugierig weiter.

»Ich mag keine Männer aus Samoa.«

»Warum denn nicht?«

»Die sind mir zu rüde und brutal.«

Ich muss an die Worte von Sammie in Fidschi denken.

»Ich habe ein Visum für Australien, mein Onkel lebt dort«, fährt Nikita fort. »Ich habe ihn schon einmal besucht. Vielleicht fliege ich demnächst wieder hin.«

»Klingt doch gut!«

»Ein weißer Australier will mich. Aber er ist nicht mein Typ. Er ist zu dick.«

Warum erzählt sie mir das alles? Diese Offenheit einer Hotelangestellten erstaunt mich.

Nun dreht sie den Spieß um: »Bist du verheiratet?«

»Nein.«

»Wirklich?« Pause. Sie steht einfach da in meinem riesigen Schlafzimmer und sagt wieder nichts. Lächelt nur immer weiter. Unwillkürlich muss ich an Dominique Strauss-Kahn denken. Sie könnte mich verführen und anschließend verklagen oder die *Samoa News* informieren. Aber ich bin nicht berühmt, das macht keinen Sinn. Was solche Medienereignisse alles im Kopf bewirken …

Da macht die Hotelfachfrau zwei Schritte auf mich zu und beugt sich herunter. Sie will mich küssen! Das darf nicht wahr sein. Ich drehe den Kopf weg. Jetzt streicht sie mir über die Haare.

»Was tust du da?«, frage ich verwundert.

Sie schaut mir in die Augen. »Du bist nicht verheiratet, und ich auch nicht.« Sie sagt dies so, als sei die logische Konsequenz aus beiderseitigem Ledigsein, dass eine Hotelangestellte über den Gast herfällt.

Ist das nun die freie Liebe der Südsee? Oder treffe ich hier einfach wieder auf die globalisierte Mittdreißigerin, die merkt, dass es langsam Zeit wird, sich einen Mann zu angeln? Ich fische im Trüben – trotz des herrlichen Meerblicks, den ich von meinem Zimmer aus genieße.

Ich versuche, gefasst zu wirken und Zeit zu gewinnen. »Ich muss mich jetzt fertigmachen.«

»Wo gehst du denn hin?«

»Ins Aggie Grey's, eine Tanzshow anschauen.«

»Vielleicht sehen wir uns später …?« Nikita verlässt lächelnd das Zimmer.

Ich muss an ein Interview mit dem französischen Bestsellerautor Frédéric Beigbeder in der *Bunten* denken. Beigbeder gab sich dort besorgt um die Liberalität. *Als meine Eltern so alt waren wie ich, wuchsen die Freiheiten. Heute werden sie jeden Tag weiter eingeschränkt. (…) Ich darf nicht mehr rauchen in Restaurants, bald wird Foie gras verboten werden. Wir sind un-*

*freier, als wir es in den 60ern waren.* Das sei im Grunde auch die Erklärung für die Aufregung um die Seitensprünge des Ex-IWF-Chefs Dominique Strauss-Kahn. Er benehme sich, als sei er noch in den Sixties. *Die Gesellschaft um ihn herum aber ist auf dem Weg zurück ins 19. Jahrhundert.*

Das Aggie Grey's ist eines der berühmtesten Hotels der Südsee. Als nach dem Zweiten Weltkrieg Tausende US-Soldaten auf Samoa stationiert waren, eröffnete Miss Grey zunächst eine kleine Pension. Schnell erwarb sich das Aggie Grey's einen Ruf im gesamten südlichen Pazifik. Das zunächst schäbige Nest wurde zum Luxushotel. Die Hollywoodgrößen kamen: Marlon Brando, Harry Bullock, William Holden. Alle wohnten im Aggie Grey's, wo die Besitzerin hohen Komfort mit samoanischem Charme verband. Ein Höhepunkt waren die Tanzshows, die »Fiafias«. Aggie selbst tanzte standesgemäß jeden Abend die letzte Nummer unter dem Applaus der illustren Gäste.

Heute führt ihr Enkelsohn das Hotel. Und immer noch gibt es zweimal die Woche eine Show, die man gesehen haben sollte, wenn es einen nach Samoa verschlägt. Ich ergattere eine Platz ganz vorn. Touristen aus Australien, Neuseeland und den USA bilden das Publikum. Los geht's!

Brüllend springen junge Männer zwischen Pflanzenkübeln hinter der Bühne hervor. Muskulös und durchtrainiert sind sie. Imposant trotz des Grünzeugs, das überall an ihnen herunterhängt. »Hulahulafalifa«, »Hulahulafalifa«, irgendetwas in dieser Buchstabenkombination schmettern sie heraus. Dazu ertönen Trommeln, dann auch Streichinstrumente, ein ganzes Orchester. Die jungen Männer trommeln sich wie Gorillas auf die Brust und wirbeln in großartigen Verrenkungen über den Boden.

Jetzt kommen die Mädchen, mit bunten Blumen im Haar, hübsch anzusehen. Eine sticht heraus in ihrer Schönheit. Sie wird umgarnt von den tanzenden Jünglingen und straft sie tänzelnd mit Missachtung. Es ist die Taupo, die traditionelle Prinzessin. Sie trippelt ein bisschen, zeichnet ein paar Bahnen mit ihren grazilen Armen. Sie ist die Anmut in Person, der Mittelpunkt des Geschehens. Auf ihrem Kopf thront eine riesige Krone. Lächelt sie mich an? Ich meine schon. Ich nippe an meinem Cocktail und beobachte die Show.

Als Leser von Margaret Mead begreife ich sofort, was hier gespielt wird. Zu ihren Zeiten kam dem Tanz eine herausragende rituelle Funktion zu: beim Werben, bei Hochzeitsfeiern, bei Besuchen von Delegationen anderer Inseln. Fernsehen und Internet gab es damals noch nicht, also war der Tanz auch *das* Unterhaltungsprogramm der Samoaner. Die willkommene Abwechslung im Alltag, der vor allem aus Nahrungsbeschaffung und der Herstellung der traditionellen Matten bestand.

Laut Mead waren die Tänze auch die einzige Gelegenheit, individuelles Talent zu entwickeln und zu präsentieren. Beim Fischen und bei der Hausarbeit war das Zusammenwirken in der Gruppe maßgebend. Beim Tanz durfte man hingegen auch mal ausscheren und durch spektakuläre Einlagen Aufmerksamkeit auf sich ziehen.

Was nun auch heute auf der Bühne geschieht: Die Taupo trippelt in einer Anmut, die mir fast den Atem raubt. Ihre Helferinnen umrahmen sie, dahinter sind die jungen, durchtrainierten Kerle in die Hocke gegangen und trommeln sich schwer schwitzend weiter auf die Brust. Nur das Grünzeug an den braunen Körpern macht langsam schlapp. »Hulofila Hufala! Halofila Hafila!«

Ein 50-jähriger Mann im Baströckchen springt nun vor die Bühne und brüllt ins Mikrofon: »Wir brauchen einen König für unsere Taupo. Freiwillige vor!« Nun also soll das Werben des Königs um die Prinzessin tänzerisch gemimt werden. Peinlich, diese heilige Tradition der Samoaner zum Touristenspektakel zu machen. Ich sauge sinnierend an meinem zweiten Cocktail und fühle mich durch meine Lektüre von Mead den anderen Gästen intellektuell überlegen. Vielleicht strahle ich dadurch etwas Besonderes aus? Jedenfalls ernte ich immer wieder ein Lächeln von der Prinzessin. Mein Gott, ihre Bewegungen sind einfach wahnsinnig anmutig.

»Will hier keiner König sein?«, brüllt der von oben bis unten tätowierte Showmaster in die Runde der Touristen. Niemand rührt sich. Vorne trippelt die Taupo in freudiger Erwartung und reckt ihre Fingerchen gen Südseefirmament. Immer auffordernder werden ihre Blicke ins Publikum.

Als sich ihre Augen in meine Richtung bewegen, ducke ich mich weg, runter zur Fototasche, und wechsele das Objektiv. Doch es hilft nichts: Als ich meinen Blick wieder Richtung Bühne hebe, tänzelt die Prinzessin schon auf mich zu.

Als Meister der Vermeidung, der ich bin – jedenfalls haben mir das bereits einige Frauen attestiert –, tue ich unbeteiligt und schaue so demonstrativ wie möglich durch die Linse. Ich ignoriere auch das Anstupsen meines amerikanischen Sitznachbarn zur Linken, der mir *»I think it's your turn«* zuraunt. Im Fadenkreuz des Suchers sehe ich, wie sich die Prinzessin in ihrem Grünzeug nähert. Da spüre ich auch schon, wie ihre Fingerchen die meinen greifen. Applaus brandet auf – es gibt kein Zurück.

Der Zeremonienmeister springt herbei und fragt mich nach Namen und Herkunft. »Oh, ein König von Deutschland – das hatten wir noch nie hier«, brüllt er ins Mikro. Der ganze Saal lacht auf. Die meisten Männer sind wohl erleichtert, dass es den blöden Deutschen getroffen hat. Ich muss an Rio Reiser denken: Wenn ich König von Deutschland wär, würde ich mich jetzt ganz schnell aus dem Staub machen, mich vom Inselboden verschlucken lassen, die Biege machen.

Es kommt schlimmer als gedacht. Zwei Helferinnen der Taupo ziehen mir mein in Fidschi erworbenes Hawaiihemd über den Kopf. Oben ohne also soll ich nun den Balztanz vollführen. Halofila Hufala. Halofila Hufala.

Die schöne Prinzessin kreist mit den Hüften, wie eben nur

eine Südseeprinzessin mit den Hüften kreisen kann. Und sie bedeutet mir durch Blicke und Gesten, dass ich es ihr gleichtun soll. Was natürlich nicht funktioniert. Statt Kreisen zeichne ich Rauten. Allenfalls »Midlifekreiseln« könnte man das nennen. Dennoch gerate ich heftig ins Schwitzen, so wie die jungen Samoaner, die sich weiter beim Auf-die-Brust-Trommeln austoben.

Die Prinzessin vor mir dreht sich weiterhin und bietet einen Anblick, den ich unter anderen Umständen sicher genießen würde. Doch ich bin hüftsteif weiter dabei, heftig zu rautieren: links, rechts, vor, zurück. So eckig ward wohl noch nie ein Hula-Hoop getanzt. Das Publikum johlt, der König von Deutschland bereitet ihnen einen unvergesslichen Abend.

»Bei Peter ist wohl nicht nur die Hüfte steif!«, höre ich den Tanzgruppenleiter ins Mikro rufen. Sehr lustig … Da springen die jungen Samoaner hinter mir auf und beginnen mit den blumigen Mädchen virtuose Balztänze zu vollführen. Nicht mehr im Mittelpunkt des Interesses, frage ich meine Prinzessin nach ihrem Namen.

»Sula.« Sie lächelt bezaubernd.

»Kann ich dir nachher ein paar Fragen stellen?«

»Klar, das hast du dir verdient.«

Kurz danach stehe ich am Tresen der Hotelbar und nippe an meinem dritten Cocktail. Warten auf Sula. Neben mir steht der Showmaster, der ebenfalls einen Cocktail bestellt. Die Taupo macht sich noch frisch.

Ich wende mich an den Mann im Bastrock: »Erfüllen die Prinzessinnen in den Dörfern immer noch wichtige rituelle Funktionen?«

»Woher weißt du das denn?«

»Von Margaret Mead.«

Den Namen hat er zwar noch nie gehört, er hat aber dennoch eine Antwort parat. »Klar! Es hat sich nichts verändert. Wir hüten unsere Taupos daher wie unsere Augäpfel.«

»Müssen sie immer noch Jungfrauen bleiben bis zur Hochzeit?«

»Natürlich. Das ganze Dorf passt darauf auf.«

»Glaub ihm kein Wort!« Die Taupo steht plötzlich neben ihm und kneift ihrem tätowierten, grünzeugbehangenen Tanzgruppenleiter freundschaftlich in die Seite. Er wackelt von dannen.

»Bist du eine richtige Taupo?«, frage ich Sula, die an einem Mineralwasser nippt.

»Ja. Ich habe offiziell den Titel einer Prinzessin, aber er hat – ehrlich gesagt – kaum noch Bedeutung. Meine Großmutter wartete tatsächlich noch auf einen Häuptling von einer Nachbarinsel, der dann auch eines Tages mit Freunden im Kajak aufkreuzte und um sie warb. Und bei meiner Mutter hat es ebenfalls noch gewisse Regeln gegeben.«

»Welche denn?«

»Jungfräulichkeit bis zur Hochzeit war ein absolutes Muss.«

»Und welche Zukunft schwebt dir vor als Prinzessin in Samoa?«

»Gar keine. Ich habe vor drei Monaten einen Amerikaner kennengelernt. Er saß im Publikum, wie du. Er hat auch vorn mit mir getanzt.«

»Besser als ich, nehme ich an.«

Sula lacht. »Jedenfalls ziehe ich um nach Texas und setze dort mein Studium fort.«

»Wie alt ist dein Freund?«

»38.«

»Wirst du denn deine Familie und Freunde hier nicht vermissen?«

»Schon. Aber Gott sei Dank gibt es ja Skype.«

Das nenne ich Globalisierung. Klar: Auch früher verliebten sich Männer aus dem Westen in Schönheiten aus der Südsee. Man kennt die Geschichten der Matrosen auf den Schiffen von James Cook. Später waren es die amerikanischen Soldaten. Der Unterschied: Sie blieben meist hier, und es waren Einzelfälle. Heute ist es leichter. Die Flugverbindungen ermöglichen schnelle Reisen, und das Internet lässt das Gefühl aufkommen, man ginge gar nicht wirklich weg. So wie bei Sula.

Trotzdem kann ich mir vorstellen, dass sie viele junge Männer hier traurig zurücklässt. Früher hätte ein junger Mann mit Häuptlingstitel das erste Anrecht auf die attraktive Prinzessin besessen. Heute hat irgendein Tourist aus Amerika bessere Karten. In anderen Teilen der Welt beklagt man den »Brain Drain«: Gut ausgebildete Menschen verlassen ihre arme Heimat und bleiben in Amerika oder Europa, weil sie dort besser leben und mehr verdienen können. In der Südsee handelt es sicher eher um ein »Body Drain«: Die Fitten, Schlanken, Gesunden verlassen die Inseln, zurück bleiben die Kranken und Unansehnlichen.

Am nächsten Morgen gehe ich joggen. Kurz nach Sonnenaufgang springe ich auf die Kaimauer, die eine ganze Halbinsel einfasst. Vom Meer her weht ein angenehmes Lüftchen, die Palmen wiegen sich leicht im Wind. Kaum Autos und nur wenige Menschen sind unterwegs. Die Hauptstadt Samoas strahlt eine angenehme Ruhe aus.

Ich laufe und laufe und erreiche das kleine Observatorium aus deutscher Zeit, an der Spitze der Mulinuu-Halbinsel. Hier endet die Kaimauer, und ich muss ein wenig querfeldein durch Buschwerk laufen. Und da lauern sie schon – meine ärgsten Feinde. Fletschen schon die Zähne, als sie mich kommen sehen. Springen auf. Ein großer Schwarzer, ein Brauner, noch einer – mein Gott, eine ganze Horde. Ich halte an, suche einen Ausweg. Die sieben oder acht Hunde stehen mir feindselig gegenüber, vielleicht 50 Meter entfernt. Wer läuft zuerst? Und wohin? Weit und breit kein Mensch, der mir helfen könnte.

Ich habe über die gefährlichen Hunde der Südsee gelesen. Anscheinend kommt der Mensch nirgendwo ohne Feinde aus, und da es im Pazifik weder große Raubkatzen noch giftige

Schlangen gibt, hat sich der Südseemensch halt den Hund als Feind herangezogen Ganze Horden rennen durch Dörfer und Städte und beißen alles, was ihnen über den Weg läuft, heißt es. Ich kenne keine Opferzahlen, aber ich denke, dass hier mehr Menschen durch Hunde als durch herabfallende Kokosnüsse verletzt werden.

Nun kommen sie auf mich zu. Ignorieren scheint nicht zu funktionieren. Ich beschließe zu rennen, zurück auf die Kaimauer. Sie kommen immer näher. Sie bellen und fauchen. Schon spüre ich sie im Nacken. Noch etwa 30 Meter weit sind sie entfernt. Jetzt nur noch 20. Ich lege einen Zahn zu. Es ist heiß und mein Puls auf 160. Die Horde kommt näher. Wenn sie mich einholen, werden sie mich zerfleischen.

Ganz plötzlich, in der Nähe des Parlaments, lassen sie von mir ab und verschwinden in den Büschen. Mein Kopf ist hochrot vor Anstrengung und Aufregung. Ich brauche sofort Abkühlung. An einer Stelle ist die Kaimauer unterbrochen von einer Betonplatte, die dazu dient, Boote ins Wasser zu lassen. Etwas Wasser über den Kopf, das brauche ich jetzt. Kaum betrete ich die Platte, falle ich auf den Allerwertesten – der Schlick ist heimtückisch wie ein böser Hund. Es gibt kein Halten mehr: Ich rutsche auf allen vieren in den Pazifischen Ozean.

Unten im Wasser angekommen, schaue ich hoch zur Kaimauer, wo drei Männer sitzen. Ich bin sicher, sie werden sich totlachen über den Weißen, der in einer tollen Showeinlage mit roter Rübe 20 Meter ins Meer rutscht. Doch sie verziehen keine Miene. Ich bin irritiert. Keine Schadenfreude, keine Anteilnahme, einfach nichts. Diese Menschen sind offenbar zu lethargisch, um über das Unglück anderer zu lachen.

Ich gehe zurück Richtung Hotel. Da steht plötzlich Felix Magath vor mir und legt mir einen Blumenkranz um den Hals. Zumindest sieht der Mann dem Fußballtrainer verblüffend ähnlich. Nur, dass er lächelt. »Hättest du eine kleine Spende für den Kindergarten?«, fragt er mich.

Gute Masche, das mit dem Blumengebinde. Ich drücke dem glücklichen Felix ein paar Tala in die Hand.

»Wo kommst du her?«, fragt er mich daraufhin.

»Aus Deutschland.«

Er nimmt meine Hand. »Ich danke euch!« Er schaut feierlich ernst. »Schade, dass wir nur 14 Jahre das Glück hatten, unter deutscher Verwaltung zu leben. Schau dir die schönen alten Gebäude an, die es noch gibt – sie stammen alle aus deutscher Zeit. Die Neuseeländer haben nichts Gutes hinterlassen. Wären wir länger deutsch geblieben, würde es Samoa jetzt richtig gut gehen!«

Magath meint das offenbar ernst. Fast 100 Jahre nach dem Abzug der Kolonialtruppen schwärmen Samoaner noch immer von deutscher Gründlichkeit und Bausubstanz.

Mit einem Blumenkranz um den Hals gehe ich weiter, bis ein Mann mit einer großen Plastiktüte auf mich zukommt. »Willst du Lover, Lover?«

Das verstehe ich zumindest. Ob ich einen Liebhaber möchte? Entrüstet weise ich sein Ansinnen zurück. Sehe ich durch den Blumenkranz plötzlich schwul aus?

Da greift er in die Tüte und zieht ein paar Stofftücher hervor. »*Very good Lava Lava, good quality.*« Lava Lava – so heißt hier der traditionelle Umhang, der auf Fidschi »Sulu« genannt wird. Knallig bunt sind die Männerröcke meistens, und praktisch in der tropischen Hitze.

Ich kaufe dem Mann einen Rock ab, für 25 Tala, etwa fünf Euro. Vielleicht hilft mir der Lava Lava, wenn ich unverhofft auf einer traditionellen Feier lande.

In einem Straßenrestaurant preist ein Schild asiatisches, amerikanisches und deutsches Essen an. Bei näherem Hinsehen handelt es sich wahlweise um Reis mit fettem Fleisch (asiatisch), fette Cheeseburger (amerikanisch) und vor Fett triefende rosafarbene Riesenwürste (deutsch). Ich entscheide mich für die asiatische Variante ohne Fleisch und beobachte das Geschehen in dem einfachen Lokal, das nach allen Seiten offen ist und nur von einem Dach vor schweren Regengüssen geschützt. Arbeiter essen hier, aber auch einige Büroangestellte. Sie verschlingen das fette sogenannte asiatische, amerikanische und deutsche Essen. Dazu trinken sie Coca-Cola in 750-Milliliter-Flaschen. Kalorienbewusste Ernährung ist hier anscheinend ein Fremdwort, und das Resultat ist augenscheinlich: Fast alle sind schwer übergewichtig, der Schweiß tropft ihnen von der Stirn. Schon das In-die-Würste-Beißen scheint den Samoaner schwer anzustrengen. Das Fett trieft, der Bauch wabbelt – und niemanden scheint das ernsthaft zu stören.

Da wackeln zwei auffällig schlanke Gestalten um die Ecke, der eine im lilafarbenen, der andere im roten Kleidchen. Sie fächeln sich auf sehr feminine Art und Weise Luft zu mit den traditionellen, aus Palmblättern geflochtenen Fächern. Die Lippen sind knallrot geschminkt, das Make-up ist sorgsam aufgetragen. Mit wackelndem Po trippeln sie zur Essensausgabe.

Ein paar Arbeiter schauen ärgerlich drein, andere amüsiert, die meisten aber beachten die beiden Fa' afafine gar nicht. »Fa' afafine« – so heißen die samoanischen Männer, die sich wie Frauen fühlen und benehmen. In der ganzen Südsee findet man sie. Sie stehen zwar oft am Rand der Gesellschaft, aber nicht im Abseits.

Ich beschließe, die beiden Fa' afafine anzusprechen: »Darf ich ein Foto von euch machen?«

Der eine – er sieht ein bisschen aus wie der junge Prince – verfällt in ein verschämtes Lachen und sagt: »Ach, ich weiß nicht.« Demonstrativ fächelt er sich Luft zu, um seine Aufregung zu verbergen. Der andere ist offener und meint: »Natürlich, nur zu!«

Ich mache ein paar Fotos von den beiden in der Schlange vor der Essensausgabe. Sie bestellen das asiatische Essen zum Mitnehmen. »Willst du sehen, wo wir arbeiten?«, fragen sie.

Und ob! Also trippeln wir gemeinsam aus dem Restaurant.

Nach zehn Minuten Fußweg erreichen wir einen einfachen, zweigeschossigen Kastenbau und gehen hinauf in den zweiten Stock. In einem großen Raum voller Stoffbahnen und Tücher begrüßt uns ein weiterer Fa' afafine mit einem herzlichen Hallo. Er hat eine rote Blume im Haar und ist der Chef des Lava-Lava-Designstudios. »Wir machen hier ein ganz besonders kunstvolles Design.« Er zeigt auf die bunten Lava Lavas. Wie das Stereotyp mal wieder stimmt. Womit beschäftigen sich offenbar homosexuelle Männer in Frauenkleidern? Mit kreativen Dingen wie Lava-Lava-Design, was sonst …

Ich setze mich an den kleinen Mittagstisch, wo das mitgebrachte Essen gerade ausgepackt wird. Caroline, der eine der beiden Fa' afafine, beginnt zu erzählen. »Ich liebe Frauenarbeiten. Deshalb habe ich mir diesen Job ausgesucht.«

»Wirst du als Fa' afafine manchmal diskriminiert?«

»Nun ja, das Leben hier ist nicht gut. Es gibt zu viel Luftverschmutzung.«

Die Antwort muss man sich im Gehörgang zergehen lassen. Luftverschmutzung! Wir sitzen mitten in der Südsee, auf einer Insel ohne Industrie und mit minimalem Verkehr, und Caroline klagt über Luftverschmutzung, wenn ich ihn nach Diskriminierung frage. Es ist das Klagen eines Mannes, der wohl noch nie an einem anderen Ort gewesen ist, aber offenbar irgendwo mal aufgeschnappt hat, dass Luftverschmutzung in anderen Teilen der Welt ein Problem ist, und nun darin vielleicht einen Grund für sein eigenes Unwohlsein gefunden hat.

»Es stört mich auch, dass die Menschen mich hier manchmal hänseln, weil ich Fa' afafine bin«, fährt er fort. »Manche rufen mir böse Dinge hinterher. Gott sei Dank passiert das aber nicht oft. Wir Fa' afafine respektieren doch auch die anderen, so wie sie sind. Also sollten sie uns auch so nehmen, wie wir sind.«

Das klingt nachvollziehbar.

»Ich denke manchmal, ich sollte auswandern.« Caroline meint wohl, dass es ihm in anderen Teilen der Welt besser erginge. Doch ein Mann in Frauenkleidern wird wahrscheinlich nirgendwo in gleicher Weise fast bedingungslos akzeptiert wie in der Südsee.

»Hast du Hobbys?«, frage ich ihn.

»Ich liebe Rugby und Fußball.« Er stopft sich ein Stück verklebten Reis in den Mund. »Ich war ein sehr guter Fußballspieler! Und ich schreibe gern Gedichte!«

»In welcher Sprache?«

»Auf Samoanisch und auf Englisch.«

»Interessant! Und wo lebst du?«

»Ich lebe allein mit meiner Mutter. Ich bin das jüngste von fünf Kindern. Ein Bruder lebt in Neuseeland, die anderen hier in Apia.«

»Was ist dein Traum, Caroline?«

Er scheint gerührt, dass ihn jemand nach seinen Wünschen fragt, und schaut mir in die Augen. »Mein Traum ist, ein eigenes Business zu haben, mein eigener Chef zu sein. Am liebsten hätte ich einen eigenen Laden.«

Ich versuche, wieder zum Thema Liebe zurückzufinden. »Bist du gerade in jemanden verliebt?«

Caroline wird rot. Er lacht verschämt, sein Prince neben ihm ebenso. »Nein«, kommt es schließlich.

»Du bist also Single?«

»Ja! Du auch?«

Ich befürchte, dass mich Caroline interessant finden könnte, und sage vorsichtshalber, dass ich zwar nicht verheiratet sei, aber eine Freundin in Deutschland hätte.

Caroline meint daraufhin: »Das ist gut. Man braucht jemanden, auf den man sich verlassen kann.« Er zündet sich eine Zigarette an.

»Warst du denn schon mal verliebt?«, bohre ich nach.

»Ja«, antwortet Caroline, ein Wölkchen in die Luft blasend.

»Magst du Männer oder Frauen?«

»Männer!« Caroline lächelt mich an.

»In welchem Alter hast du entdeckt, dass du dich für Männer interessierst?«

»Mit acht.«

»Mit acht?«

»Ja. Ich glaube, es war, weil ich mehrere Onkels hatte, die auch halb waren.«

»Halb?«

»Halb Mann, halb Frau.«

»Und was sagt deine Mutter dazu?«

»Mama und Papa hatten nie Probleme damit. Auch mein Pfarrer nicht. Ich bin in der London Missionary Society und singe im Kirchenchor.«

Ich stelle mir vor, wie Caroline in Frauenkleidern Bass singt. In dieser Hinsicht scheint die samoanische Gesellschaft sehr tolerant zu sein. Ich kann mir nicht vorstellen, dass das bei uns so einfach ginge – außer an Karneval vielleicht. In Polynesien gehören Transvestiten einfach dazu. Bereits im Kindesalter werden manche Jungen zu Mädchen erzogen. Oft hat das praktische Gründe: Hat ein Ehepaar überwiegend Söhne, bringt man einem von ihnen die typisch weiblichen Hausarbeiten bei. Allmählich übernehmen die Fa' afafine dann ihre neue Rolle als Mädchen und später sogar jene als Frau. Sie sind sozusagen das dritte Geschlecht in der Südsee. Wie groß ihre Akzeptanz ist, wird daran deutlich, dass sich die Wahlen zur Miss Galaxy größter Beliebtheit erfreuen. Dem Publikum Polynesiens scheint das zu gefallen.

Ich verabschiede mich von den beiden Lava-Lava-Designern und ihrem Chef. Nach einem letzten Blick auf die bunten Tücher trete ich hinaus in die sonnige Wärme, die ich genieße nach dem Dauerregen von Fidschi.

Ich laufe zum Kultusministerium. Dort soll es einen ausgezeichneten Experten für samoanische Kultur geben.

Es ist immer wieder ein erstaunliches Erlebnis in den Behörden der sogenannten Dritten Welt: Der Journalist aus Deutschland, der ganz spontan vorbeischaut, wird freundlich empfangen und in einen abgedunkelten Raum geführt, in dem in diesem Fall ein etwa 55 bis 60 Jahre alter, schwerer Mann sitzt mit grauem, gelockten Haar. Er wirkt, als habe er schon seit vielen Jahren auf mich gewartet. Er scheint nichts, aber auch gar nichts anderes zu tun zu haben, als mir ein Interview zu geben. Er trägt ein buntes Südseehemd. Seine Augen wollen freilich nicht zu diesem Outfit passen. Sie sind müde und schwer und haben diesen seltsamen, ungesunden Glanz, den man oft bei Diabetikern sieht. Es liegt nahe, dass er zuckerkrank ist, denn kaum ein Mann in seinem Alter hat keinen Diabetes in der Südsee. Zucker ist die Seuche Samoas.

Elia Mta'afa ist Abteilungsleiter für samoanische Kultur und Linguistik im Erziehungsministerium. »Wie hat sich die samoanische Kultur in den letzten 20, 30 Jahren unter Einfluss der Globalisierung verändert?«, frage ich ihn.

Die Antwort kommt zäh und träge aus seinem Mund: »Sehr viel hat sich verändert. Unsere traditionellen Zeremonien finden kaum noch statt. Wenn früher jemand einen Häuptlingstitel verliehen bekam, war das mit vielen Ritualen verbunden. Geschenke wurden ausgetauscht, und zwar auf unsere typische Art: geflochtene Matten. Das macht heute beinahe niemand mehr – zu teuer. Auch unsere Tänze und Fiafias gibt es heute kaum noch, allenfalls Relikte – Vorführungen für Touristen, oft Mischungen von samoanischen Tänzen mit denen anderer Südseeinseln.« Elia Mta'afa schaut traurig aus seinem bunten Hemd. »Auch unsere traditionelle Architektur verschwindet immer mehr. Wenn du heute die Insel bereist, siehst du nur noch wenige traditionelle Fales, diese typischen Häuser ohne Wände. Und die wenigen, die es noch gibt, sind mit Wellblech überdacht. Der Boden und die Pfeiler sind aus Beton statt aus Holz. Und selbst die Essgewohnheiten verändern sich. Immer weniger Fischer fahren raus aufs Meer, und immer mehr Leute kaufen Tiefgefrorenes im Supermarkt. Das ist sehr traurig und auch sehr ungesund. Viele hier leiden unter hohem Blutdruck und Diabetes.«

Ist mein Interviewpartner selbst krank geworden durch Fast Food und Bewegungsmangel? »Früher hast du hier alte Männer gesehen, die fischen gegangen sind oder auf dem Feld gearbeitet haben«, fährt er fort. »Heute musst du schon verdammtes Glück haben, um überhaupt noch einen gesunden Alten zu finden. So gut wie jeder über 40 hat hier Zucker. Sogar Jugendliche leiden immer öfter daran. Alles wegen der schlechten Ernährung und dem Rumsitzen. In meiner Jugend sind die Männer von Insel zu Insel gerudert; heute gibt es große Boote mit Motoren. Fast jeder hat ein Auto und ein Telefon. Auch das führt dazu, dass sich niemand mehr viel bewegt.«

Tiefe Sorgenfalten durchfurchen das Gesicht des Spezialisten für samoanische Kultur und Sprache. Offenbar schüttet er gern sein Herz vor dem deutschen Besucher aus. Ungefragt redet er immer weiter. »Noch vor 15 Jahren hast du kaum ein Mädchen mit kurzen Hosen oder kurzem Rock gesehen. Schau, wie die jungen Dinger heute herumlaufen. Das widerspricht unserer Tradition! Aber wir haben kaum noch Einfluss auf die jungen Leute.«

»Wie macht sich das bemerkbar?«

»Nun, früher ist es keinem Mädchen erlaubt gewesen, bei Dunkelheit aus dem Haus zu gehen. Selbst tagsüber hat man gut auf sie aufgepasst. Heute gehen sie zur Schule und zur Arbeit und sind nicht mehr kontrollierbar. Ich bin jetzt 58. Seit meiner Jugend wurde Samoa komplett auf den Kopf gestellt!«

Es betrübt ihn offenbar, dass die traditionelle samoanische Kultur nach und nach verschwindet. »Die Sitten verfallen. Vor 20 Jahren war es undenkbar, dass ein Häuptling betrunken durchs Dorf läuft, mittlerweile ist das an der Tagesordnung. Nur wenige Samoaner führen noch das traditionelle Leben.«

Das Lamento geht weiter. »Unsere Kultur entstand, als ein paar hundert junge Menschen im fernen Malaysia und Indonesien kleine Boote bestiegen, die die Stärksten und Fittesten über Tausende Kilometer bis hierher trugen. Wir haben eine reiche Kultur voller Mythen und Legenden hervorgebracht, aber auch stolze, kräftige Krieger, Bauern und Fischer, die der Natur abtrotzten, was sie zum Überleben brauchten. Und nun haben wenige Jahrzehnte westlichen Einflusses genügt, um aus uns schwache, fette Diabetiker zu machen, die ihre Kulturfertigkeiten und Traditionen weitgehend verlernt und vergessen haben.«

Das hört sich alles wirklich unschön an. Mein Gesprächspartner und ich wissen beide, dass dieser Prozess unumkehrbar ist.

Ich frage ihn nach dem Liebesleben der Samoaner. Der Abteilungsleiter holt weit aus: »Früher mussten die Kinder den Eltern bedingungslos gehorchen. Heute kann sogar ein Vater sein eigenes Kind nicht mehr schlagen, ohne dass er mit Konsequenzen rechnen muss. Und die Jugendlichen wissen das. Sie nutzen die gewonnene Freiheit schamlos aus. Der Respekt für die Alten ist verloren! Das führt zu mehr Freiheit in der Sexualität. Viele Mädchen in Samoa verlieren ihre Unschuld schon vor der Ehe.«

Ich will es genauer wissen. »Wie viel Prozent der Mädchen sind überhaupt noch Jungfrau, wenn sie heiraten?«

»Das ist schwer zu sagen. Vielleicht die Hälfte.« Doch er sieht dabei so aus, als würde er sich diese Zahl eher wünschen, als wirklich daran glauben.

Ich frage nach der Taupo, der Prinzessin, die es in jedem Dorf traditionell gab. Die Miene des Abteilungsleiters hellt sich etwas auf. »Die Taupo ist meist die Tochter eines Häuptlings. Sie hat einen wichtigen Rang in der Gesellschaft. Sie muss Jungfrau bleiben bis zur Hochzeit, das ganze Dorf passt darauf auf!«

»Wird ihre Jungfräulichkeit kontrolliert?«

»Früher ja. Die Taupo lag während der Hochzeitsnacht auf einer Tapa, dem traditionellen samoanischen Stoff. Am Morgen hatte die weiße Tapa rote Flecken.«

»Und warum wird das heute nicht mehr gemacht?«

»Weil die Kirche es nicht will. Weil man glaubt, das sei nicht christlich. Weil die Pfarrer meinen, das könnte Schande über das Mädchen und seine Familie bringen.«

Interessant, dass ausgerechnet die christlichen Kirchen die Hauptschuld daran tragen sollen, dass die Mädchen ihre Unschuld verlieren. Ich kann das kaum glauben: »Die Kirchen sind doch diejenigen, die Enthaltsamkeit bis zur Ehe predigen, oder? Schauen Sie sich nur unseren Papst an!«

Elia Mta'afa lächelt müde. »Sie predigen es, aber sie sorgen nicht dafür, dass es auch kontrolliert wird, das ist das Problem. Die jungen Mädchen brechen morgens um fünf Uhr mit dem Schulbus von ihrem Dorf auf, in der Dunkelheit. Niemand kontrolliert, was in diesem Bus geschieht. Es gibt keine Sicherheit mehr!«

»Gab es die denn früher?«

»Absolute Sicherheit natürlich nicht. Aber früher konnten die Leute auch außerhalb ihres Dorfes anhand ihres Tattoos sofort ihrem Herkunftsort, ihrem Clan zugeordnet werden. Dann kam die Kirche und sagte, Tätowierungen seien gefährliche Verletzungen, sie seien Sünde. Und so ging wieder ein Stück soziale Kontrolle verloren. Denn die Leute können jetzt außerhalb ihrer Gemeinschaft nicht mehr ohne weiteres identifiziert werden.«

Soziale Kontrolle durch Tattoos! Wer im Westen denkt schon an so etwas, wenn er sich ein cooles Bild in die Haut ritzen lässt? Und die Kirche als Katalysator einer Veränderung, die sie selbst wohl am wenigsten wünscht – wer hätte das gedacht?

Doch wie sieht es aus mit dem Einfluss, der von außen kommt? Mittlerweile leben mehr Samoaner im Ausland als auf den Inseln selbst – vor allem in Neuseeland und Australien. Wie verändert das die samoanische Gesellschaft?

»Migration per se ist nicht schlecht.« Mein Gesprächspartner schaut nun etwas freundlicher drein. »Durch den Austausch und durch Erfahrungen im Ausland kann Samoa profitieren.

Zu verurteilen ist aber, wenn sich Samoaner in anderen Ländern schlecht benehmen. Weil sie damit ein schlechtes Bild auf Samoa werfen.« Er spielt damit auf die hohe Kriminalitätsrate junger Samoaner in Neuseeland an. Seiner Ansicht nach sind Menschen, die mit anderen Lebenswelten in Berührung kommen, anfällig für Versuchungen und Verlockungen. Klar: Die soziale Kontrolle, von der mein Gegenüber anscheinend so viel hält, funktioniert in einer Millionenstadt wie Auckland weniger gut als in Apia, der Hauptstadt Samoas, mit ihren gerade mal 40 000 Einwohnern.

»Politisch sind die ausländischen samoanischen Gemeinschaften erstaunlich stabil. Das Matai-System, also unser Häuptlingssystem, besteht in vielen fernen Ländern fort«, erklärt er weiter. »Du findest samoanische Matai in Neuseeland, Australien, in den USA und vielen anderen Ländern. Migration ist also eigentlich kein Problem für die samoanische Kultur!« Das klingt nach einer genau ausgeklügelten Hierarchie. Jeder scheint seinen Platz in der samoanischen Gesellschaft zu kennen. »Du siehst: Vieles verändert sich, vieles bricht weg, aber das Fundament der samoanischen Gesellschaft, das Matai-System, besteht fort, und ich glaube, so wird es immer sein.«

Ich verabschiede mich vom Kulturexperten und beschließe, mir das Museum von Samoa anzusehen, das nicht weit vom Erziehungsministerium entfernt liegt. Ein altes, baufälliges Haus, das ziemlich verlassen daliegt. Eine große Holzstatue lehnt an einer Außenwand, so, als wisse man nicht recht, wohin mit dem guten Stück. Ich wette, ich könnte das Kunstwerk einfach auf meine Schultern laden und durch die Stadt zu meinem Hotel tragen – niemand würde mich davon abhalten.

Südseeinsulaner scheinen keine begeisterten Museumsgänger zu sein. Wie in Suva auf Fidschi bin ich auch hier der einzige Besucher. Vielleicht liegt es aber auch an der Museumsdidaktik: Der größte Ausstellungsraum besteht aus einer Ansammlung von Schautafeln, die über die deutsche Kolonialzeit in Samoa berichten, gesponsert vom deutschen Außenministerium. Vielleicht fehlt der Regierung in Apia das Geld oder das Interesse, etwas eigenes auf die Beine zu stellen. Interessant sind die alten Fotos. Die Samoaner trugen Anfang des 20. Jahrhunderts noch ihre traditionellen Kleider, und viele Frauen präsentierten sich mit großer Selbstverständlichkeit oben ohne. Es hat also eine Zeitlang gedauert, bis die Missionare ihnen das ausgetrieben haben. Ich denke an die Worte des Kulturexperten, der sich über die kurzen Röcke der jungen Mädchen beklagt und an anderer Stelle über den Einfluss der Kirche. Nun ja: Offenbar werden die Kleidungssitten jetzt wieder etwas lockerer und nähern sich den Gepflogenheiten aus der Zeit an, bevor Samoa kolonialisiert und christianisiert wurde. So zumindest könnte man es auch sehen.

Während ich über diese Widersprüchlichkeit sinniere, tritt eine etwa 40 Jahre alte, sehr freundlich blickende Frau ein. Für Südseeverhältnisse ist sie erstaunlich schlank. »Ich bin die Museumsleiterin. Kann ich Ihnen helfen?«, fragt sie.

Eigentlich wollte sie das Museum gerade schließen, doch nun öffnet sie mir nach und nach die anderen Räume des alten Hauses. Ich erzähle ihr von meiner Recherche. Vor einem alten Schwarzweißbild einer schönen, barbusigen Frau mit beeindruckendem Kopfschmuck im Haar bleiben wir stehen: »Das ist eine Taupo, eine samoanische Prinzessin.«

»Ich finde es sehr interessant, dass die Taupos auch heute noch bis zu ihrer Hochzeit Jungfrauen bleiben. So hat es mir jemand im Ministerium erklärt.«

Die Frau schüttelt sichtlich belustigt den Kopf. »Auch unter den Taupos werden Sie heute kaum noch eine Jungfrau finden – das ist vorbei.« Ach so? Offiziell gilt noch das »Reinheitsgebot« für die Prinzessinnen, doch es kommt mir so vor, als halte sich wirklich keine Taupo mehr dran. Insgeheim weiß das wohl auch jeder.

Die Frau scheint mir eine ehrliche und interessante Gesprächspartnerin zu sein. »Können wir ein kleines Interview machen?«, frage ich sie.

»Es tut mir leid. Ich habe keine Genehmigung dafür.«

»Wen empfehlen Sie mir denn als Gesprächspartner?«

»Den Präsidenten.«

Ich kann es nicht recht glauben. »Den Präsidenten von Samoa?«

»Ja. Der hat samoanische Kultur studiert, er ist ein ausgezeichneter Kenner.«

»Und er wird mir so einfach ein Interview geben?«

»Ich denke schon. Der Präsident gibt eigentlich sehr gern Interviews.«

Gut gelaunt verlasse ich das Museum und beschließe, tatsächlich den Präsidenten des Inselstaates um ein Interview zu bitten. Allerdings muss ich zuerst von Samoa nach Amerikanisch-Samoa reisen, um dort auf der winzigen, abgelegenen Insel Tau das Liebesleben zu studieren. Dort recherchierte Margaret Mead in den 1920er Jahren und sorgte mit der Veröffentlichung ihrer Ergebnisse weltweit für Furore.

In einem kleinen, gemütlichen Reisebüro treffe ich drei ältere Damen an, die ebenfalls den Eindruck machen, als hätten sie den ganzen Tag bereits auf mich gewartet. Sie freuen sich ganz offensichtlich auf ein Schwätzchen mit einem Fremden.

»Ich möchte nach Amerikanisch-Samoa fliegen, nach Pago Pago«, erkläre ich mein Ansinnen.

»Was willst du dort?« Eine der Damen hält es offenbar für normal, Reisende nach ihren Gründen zu fragen.

Ich beschließe, mit offenen Karten zu spielen. »Ich mache eine Recherche über die Liebe in Zeiten der Globalisierung.«

Die drei Damen gucken jetzt neugierig. »Als wir jung waren, da konnte man als Mädchen nicht so einfach abends auf der Straße herumlaufen«, sagt eine von ihnen. »Ins Kino durften wir nur tagsüber. Bars und Kneipen gab es damals nicht. Heute ist alles freier. Heute können sich Verliebte schon vor der Hochzeit treffen.«

Normalerweise frage ich ältere Damen so etwas nicht direkt, doch die ungewohnte Offenheit der Reiseverkehrskauffrauen will ich nutzen. »Waren Sie denn alle noch Jungfrauen, als Sie geheiratet haben?«

Sie nicken mit dem Kopf, ohne rot zu werden. »Aber heute gibt es keine Jungfrauen als Bräute mehr«, sagt die eine. Im Gegensatz zum Kulturexperten des Ministeriums sieht sie allerdings nicht traurig aus. Die gute, alte Zeit war vielleicht auch nicht nur gut mit ihren Kontrollen und Zwängen.

Schließlich bekomme ich mein Ticket. Abflug Apia: Freitag, 4. April, 14.30 Uhr. Ankunft Pago Pago: Donnerstag, 3. April, 15 Uhr. Kann das sein? Zuerst denke ich: »Das kommt dabei raus, wenn alte Frauen im Reisebüro alle paar Wochen versuchen, einen Flug zu buchen.« Doch dann fällt mir ein, dass ich ja über die Datumsgrenze fliege. Im Flug werde ich einen ganzen Tag Südsee gewinnen!

Zurück im Pasefika Inn läuft mir Nikita über den Weg. »Morgen reise ich ab«, sage ich ihr.

»Warum?« Sie schaut ganz traurig.

»Ich fliege nach Amerikanisch-Samoa.«

»Und wann kommst du zurück?«

»In ungefähr einer Woche!«

Sie lächelt beruhigt.

Am nächsten Morgen fahre ich zum Flughafen. Zuerst muss ich auf die Waage. Gut, dass ich so viel jogge – gegenüber meinen Mitreisenden, allesamt adipöse Samoaner, habe ich einen klaren Gewichtsvorteil. Mein ganzes Gepäck darf mit nach Pago Pago.

Eine halbe Stunde später heben wir in einer kleinen Propellermaschine ab. Von oben sieht Upolu, die Hauptinsel Samoas, phantastisch aus. Bewaldete Hügel in saftigem Grün, der Ozean in Blau, die Korallenriffe schimmern in allen möglichen Farben. Nach einer halben Stunde taucht die nächste Insel auf: Tutuila, die Hauptinsel von Amerikanisch-Samoa. Jetzt ist also wieder Donnerstag. Genau wie gestern in Samoa.

## *Harry holt schon mal den Wagen*

Der Flughafen von Pago Pago ist genauso winzig wie der in Apia. Im Büro von Inter Island Airways erfahre ich, dass schon am nächsten Morgen ein Flieger nach Tau startet. Da die Insel nur sporadisch angeflogen wird, reserviere ich sofort einen Platz, obwohl bislang kein Rückflug angeboten wird. »Vielleicht in vier, vielleicht in fünf Tagen«, bemerkt die gelassene, ältere Ticketverkäuferin. »Frag morgen früh noch mal nach.«

Nach meinem Fidschi-Unwettertrauma bin ich etwas nervös angesichts dieser vagen Auskunft. Doch was solls: Ich muss nach Tau. Notfalls fahre ich halt mit dem Schiff zurück, das einmal die Woche geht. Kurz vor dem Ziel will ich auf keinen Fall aufgeben.

Per Internet hatte ich schon vor Monaten einen gewissen Harry kontaktiert. Er hatte zurückgeschrieben, ich solle ihn anrufen, sobald ich in Pago Pago sei.

Die freundliche Dame bei Inter Island Airways lässt mich ihr Telefon benutzen. Nach zweimal Klingeln meldet sich ein älterer Herr am anderen Ende der Leitung. Auch Harry hört sich so an, als habe er seit Monaten nur auf diesen Augenblick gewartet: »Ah, Peter aus Deutschland! Klar! Ich bin in 20 Minuten da.«

Ich beobachte die Amerikanisch-Samoaner, die am Flughafen warten. Im Grunde sehen sie genauso aus wie die »normalen« Samoaner, nur noch etwas fetter als ihre Brüder und Schwestern im Westen. Da in unmittelbarer Nähe des kleinen Terminals einschlägige Fastfoodketten ihre Logos in der Sonne blitzen lassen, habe ich auch sofort eine Erklärung für die von mir kaum für möglich gehaltene weitere Steigerung der Adipositas.

Harry dagegen ist schmal wie ein Marathonläufer. An den Schläfen hat er noch ein paar weiße Härchen, ansonsten ist er kahl. Seine Augen blitzen gewitzt. Typisch amerikanisch verliert er keine Zeit, die Vorzüge seiner Wahlheimat aufzuzählen. »Amerikanisch-Samoa ist viel weiter entwickelt als Samoa«, meint er, während wir in seinem schwarzen SUV an McDonald's vorbeifahren. »Tutuila ist zwar kleiner als Upolu, doch wir produzieren hier viel mehr.« Wir passieren zwei riesige Thunfischkonservenfabriken, die – wie ich vorher gelesen habe – zu den größten Umweltverschmutzern der Südsee gehören. »Ich habe viele Jahre lang die Öffentlichkeitsarbeit für diese Fabrik gemacht, doch die Zukunft liegt nicht da« – Harry weist mit dem Kopf auf ein hässliches Fabrikgebäude –, »sondern hier.« Harry zeigt mit dem Zeigefinger auf seinen kahlen Schädel. Er grinst dabei so, als habe er den Stein des Weisen mitten in der Südsee gefunden. »Bildung ist die Zukunft. Ich werde hier in Pago Pago ein College aufbauen. Tausende chinesische Studenten werden kommen. Denn die können dann von hier aus problemlos weiter ins gelobte Land, nach Amerika.« Der 66-Jährige grinst. »Es herrscht schließlich absolute Freizügigkeit zwischen Amerikanisch-Samoa und dem Festland der USA.«

Harry zeigt nach rechts: »Schau dir diesen Naturhafen an, der ist einzigartig im samoanischen Archipel! Und Tutuila hat auch den besterhaltenen Urwald der ganzen Südsee! Da fahren wir jetzt hin und machen eine kleine Wanderung!«

Bisher bin ich kaum zu Wort gekommen. Als Harry – vielleicht angesichts der atemberaubenden Schönheit der Insel – eine Minute schweigt, nutze ich die Gelegenheit. »Wie hat es dich hierher verschlagen?«

»Ich war als Student im Peace Corps. Drüben in Apia habe ich ein Freiwilligenjahr gemacht. Und meine samoanische Sally gefunden.« Harry grinst so, als habe er mit Sally einen Sechser im Lotto gewonnen. Ich bin sehr gespannt, seine Frau kennenzulernen.

Doch erst einmal müssen wir durch den Urwald, der – da hat Harry nicht übertrieben – wirklich wunderschön ist. Allerdings auch sehr überschaubar. Ein Pfad führt hinunter zu einer Klippe, von der aus man rechts und links herrliche Buchten ausmachen kann, die aussehen, wie man sich die Südsee vorstellt. Zehn Minuten später sind wir wieder am Ausgangspunkt. Harry klatscht mich ab und strahlt: »Du hast es getan, Peter: Du hast den Urwald von Amerikanisch-Samoa bezwungen. Ich werde dir die Urkunde nach Deutschland schicken!«

Ich bin fast enttäuscht, dass die Wanderung schon vorüber ist. Doch dann fällt mir ein, dass ich mich ja noch um eine Unterkunft für Tau kümmern muss. Es gibt nämlich keinerlei Hotels und Pensionen auf der kleinen Insel. Die einzige Möglichkeit besteht darin, sich über die Tourismusbehörde in Pago Pago eine Privatunterkunft zu organisieren. So habe ich es zumindest im *Lonely Planet* gelesen.

Harry, noch keuchend vom 20-minütigen Urwaldausflug, hat jedoch eine Lösung parat: »Keine Sorge, Peter! Du kennst Harry, okay? Und wenn du Harry kennst, hast du keine Probleme in Amerikanisch-Samoa.«

Ich stelle mir vor, wie ich auf Tau lande und jedem Einwohner erzähle, dass ich Harry kenne. Hmmm … Doch er fährt fort: »Meine Tochter hat den Sohn eines Häuptlings von Tau geheiratet. Ich ruf ihn gleich mal an.« Uff, wenn das stimmt, bin ich ein absoluter Glückspilz. Ein direkter Draht zu einem mächtigen Mann von Tau – das könnte mir sehr helfen bei meinen Recherchen.

Tatsächlich kramt Harry sein Handy hervor, während wir durch ein kleines Dorf an der Nordküste fahren, in dem ich keine Menschen sehe, sondern nur Hunde. Sie sind so aggressiv, dass sie gegen die Beifahrertür springen. Ich kurbele schnell das Fenster hoch.

»Er geht nicht ran.« Harry kratzt sich am Kopf. »Ich versuche es später noch einmal bei Lemana – so heißt er, der Häuptling. Eine höchst beeindruckende Persönlichkeit. Lemana ist der beste Fischer, den ich je gesehen habe. Wo wir nur eine blaue Wasseroberfläche sehen« – Harry zeigt auf den im Vergleich zu den unablässig bellenden Hunden wirklich sehr Stillen Ozean –, »entdeckt er Tausende Fische. Er braucht nur ins Meer zu greifen, und schon hat er einen prächtigen Fisch in der Hand.«

Nun bin ich wirklich sehr gespannt auf diesen Häuptling. Aber Harry scheint ihn nicht zu erreichen. »Macht nichts. Lemana ist bei Facebook, ich schreibe ihm heute Abend eine Nachricht.«

Ich traue meinen Ohren nicht. Tau gehört zu den entlegensten Orten des Planeten. Von Pago Pago sind es immer noch 130 Kilometer Richtung Osten. Drum herum nichts als der Pazifik. Margaret Mead kam in den 1920ern her, weil sie hier eine noch vollkommen unverfälschte Kultur vorfand. Gut, seitdem sind ein paar Jahre vergangen, aber ein Häuptling mit Facebook-Account, das erscheint mir doch äußerst unerwartet!

Ich weihe Harry in mein Liebesprojekt ein. *»Oh, really!«*, staunt er. »Tolle Idee!« Er wirkt geradezu euphorisch, dass ich über das Liebesleben der Samoaner recherchiere. »Dann muss ich dir jetzt eine Legende von Amerikanisch-Samoa vorstellen. Die solltest du unbedingt interviewen!«

Über die kleine, aber schroffe Gebirgskette sind wir im Lenkradumdrehen wieder an der Südküste von Tutuila. Statt nach rechts zu den stinkenden Thunfischkonservenfabriken biegt Harry links auf die malerische Küstenstraße ab. Nach 20 Minuten erreichen wir eine Strandbar mit angeschlossener Pension.

»Das ist einer der magischen Orte Amerikanisch-Samoas.« Harry zeigt auf ein Schild: »Die weltberühmte ›Tisa's Barefoot Bar‹.«

Dafür, dass der Ort so berühmt ist, liegt er erstaunlich verlassen da: Nur der Barkeeper, ein junggebliebener, pferdeschwänziger Neuseeländer, hält die Stellung, bringt drei Flaschen Bier und setzt sich zu uns. Wir schauen in die wunderschöne Bucht hinaus und schweigen.

Harry ist allerdings nicht der Typ, der lange ruhig sitzt. »Der Deutsche hier schreibt ein Buch über Samoa«, erklärt er dem Barkeeper. »Tradition, Kultur und so. Da dachte ich, er müsste sich unbedingt mal mit Tisa unterhalten.«

»Ich schau mal, wo sie ist«, sagt der Pferdeschwänzige und trabt davon.

Harry erzählt mir die Geschichte der Bar. »Tisa hat sie 1989 eröffnet. Sie galt früher als eine der schönsten Frauen der Südsee!« Er lächelt mir verschwörerisch zu, so, als würden wir uns gleich einen Leckerbissen teilen. »Gleichzeitig ist sie ein wandelndes Buch. Niemand sonst hier weiß so viel über traditionelle Medizin und alte Rituale.«

»Ist der Neuseeländer ihr Mann?«

»Das weiß keiner so genau. Die beiden unterstützen sich jedenfalls. Als ein Hurrikan die Barfußbar zerstörte, hat er ihr alles wieder aufgebaut, schöner und solider als zuvor. Er ist ein guter, ehrlicher Typ. Tisa hat vorher im Leben viel Pech mit Männern gehabt.«

Der Neuseeländer kommt zurück und knurrt: »Weiß nicht, wo Tisa steckt.« Harry beschließt, die Gesprächslücke zu schließen, indem er über das Fischen fachsimpelt. Ein Thema, das auch den Neuseeländer interessiert. »Gestern habe ich in der Bucht fünf Meeresschildkröten gesehen.« Wir schauen in die Richtung, in die er zeigt, und sehen aus dem Wasser zwei junge Frauen und einen Mann steigen, alle so um die 30. Offenbar übernachten sie in Tisas Barfußbar. Mit leuchtenden Augen kommen sie an unseren Tisch.

»Wir haben Meeresschildkröten gesehen. Beeindruckend!« Die Rothaarige stellt sich als Francis aus Australien vor. Die andere Frau, eine lockige Brünette, ist ihre Schwester, der Mann ihr Freund. Francis arbeitet für den australischen Honorarkonsul in Apia und kennt sich gut aus in der Geschichte des Archipels, denn als ich meinen Flug nach Tau sowie Margaret Mead erwähne, weiß sie sofort Bescheid. »Die Leute hier hassen Margaret Mead. Sie sagen, Mead habe ihren Ruf versaut, weil sie den Samoanern die freie Liebe zugeschrieben hat.«

Harry nickt. »Kein Mensch ist hier verhasster als Margaret Mead. Die Leute sagen, Mead habe entweder mit den falschen Leuten gesprochen oder absichtlich falsche Schlüsse gezogen. Die Samoaner sehen sich durch sie in ein schlechtes Licht gerückt.«

Ich widerspreche. »Es ist doch unfair, *Kindheit und Jugend auf Samoa* auf eine Aussage zur freien Liebe zu reduzieren. So explizit sagt Mead das doch gar nicht.«

»Ich bin der einzige Mensch weit und breit, der Margaret Mead mag«, mischt sich plötzlich eine neue Stimme in unsere Diskussion ein. Das muss die berühmte Tisa sein. Eine in der Tat beeindruckend schöne Frau, groß und schlank, mit wallenden dunklen Locken und einem großen, schön geformten Mund. Ihre Augen kann ich allerdings nicht erkennen, sie sind von einer riesigen Sonnenbrille bedeckt. »Ich war letztens erst wieder in einem kleinen Dorf und bin abends spazieren gegangen. Da saßen die jungen Männer in den Büschen und haben mich sehr eindeutig zu sexuellen Handlungen aufgefordert.« Tisa imitiert die Pfiffe der Liebeshungrigen und lacht über das Erlebnis, während sie sich zu uns setzt. »So war es und so ist es. Wir sind in der Südsee! Wir haben gern Sex. Nur darf es niemand aussprechen, weil wir ja alle so verdammt christlich sind.«

Harry lacht verlegen, der Neuseeländer schaut – warum auch immer – bedrückt, Francis neugierig. Ich auch.

Tisa hat einen roten Lava Lava um die Hüften gewickelt, ihre Beine hat sie so übereinander geschlagen, dass ihre Tätowierungen gut zu sehen sind. Über ihrem Knöchel lacht mir ein Männchen entgegen, das eine gewisse Ähnlichkeit mit den Simpsons hat. Waden und Schienbein sind tattoofreie Zone, doch kurz unterhalb des Knies setzen sich die Muster fort. Als Tisa meinen Blick bemerkt, zieht sie ungefragt ihren Lava Lava hoch – sehr hoch. Kaum zu glauben, dass sie schon 60 ist. Über ihre Oberschenkel ziehen sich Striche, Sterne und andere Symbole. »Die Samoaner haben die Kunst des Tätowierens fast verlernt«, erklärt sie. »Als ich das merkte, habe ich ein Tattoofestival ins Leben gerufen. Aus der ganzen Welt kommen nun Interessierte hierher. Es wird gestochen, was die Haut hält. Und das Ereignis wird live im Internet übertragen.«

Ich verspüre große Lust, mich weiter mit Tisa zu unterhalten, doch Harry drängt zum Aufbruch, weil er seine Frau abholen muss. Unterwegs sprechen wir weiter über Tisa. »Habe ich dir zu viel versprochen?«, grinst der Amerikaner. »Sie ist eine lebende Legende. Sie ist übrigens auch Matai, also im Häuptlingsrang.«

»Eine Frau kann Matai werden?« Ich bin überrascht.

»In Ausnahmefällen schon. Ich habe übrigens auch einen Matai-Titel. Allerdings drüben in Apia. Es ist eher ein Ehrentitel, eine Anerkennung. Ich heiße ›Malu Papa‹. Damit genieße ich besonderen Respekt unter den Samoanern.« Harry grinst sein stolzestes Grinsen. »Allerdings muss man sich den Respekt hier jeden Tag neu erkämpfen. Dadurch, dass man sich gut benimmt. Du und deine Familie müssen sich den Regeln entsprechend verhalten. Sonst ist die Anerkennung schnell futsch. Aber ich liebe die Kultur der Leute hier. Und ich mag auch das Konzept ihrer ursprünglichen Religion. Da gibt's keine Erbsünde. Ich bin überzeugter Katholik, aber verflucht, im Christentum werden wir ja schon als Sünder geboren. Wir sind aus dem Garten Eden vertrieben worden. Aber kein Samoaner ist je aus dem Paradies vertrieben worden.«

Harry lacht. Ich auch. Schließlich cruisen wir beide als Sünder Geborene durchs Südseeparadies. »Die Kirche hat es auch nie geschafft, den Samoanern ihren Geisterglauben auszutreiben. Auf Tau wirst du einiges davon mitbekommen«, ergänzt er noch.

Wir müssen weiter, Harrys Frau vom Krankenhaus abholen. Sie arbeitet als OP-Schwester. Als ich ihr gegenüberstehe, schätze ich sie auf Mitte 50. Sie macht einen sehr sympathischen Eindruck. Alle sind wir müde vom Tag. Harrys Frau bezieht mir noch rasch eine Matratze, dann schlafe ich ein.

Am nächsten Morgen sitzt Harry schon vorm Computer, als ich aufwache: »Lemana hat noch nicht geantwortet, aber ich habe ihm noch mal über Facebook geschrieben.« Allmählich scheint sich auch mein Gastgeber Sorgen zu machen, dass der deutsche Rechercheur auf Tau landet und draußen in einer Bananenplantage übernachten muss. Oder am Strand, um dann von einer Horde bissiger Hunde ins Meer getrieben zu werden.

Schnell verscheucht Harry meine düsteren Gedanken: »Lass uns noch ein paar Geschäfte abklappern. Du solltest Gastgeschenke nach Tau mitbringen.«

Das halte ich für eine gute Idee – unter der Voraussetzung, dass auf der Insel überhaupt jemand sein wird, der diese Geschenke entgegennimmt. Wir fahren durch Pago Pago, aber es ist Karfreitag und die meisten Geschäfte haben geschlossen. Harry flucht, doch sein amerikanischer Optimismus lässt ihn nicht so schnell aufgeben. In einem kleinen Laden packt er mir ein paar Brote und einen kleinen Kasten Bier in den Einkaufswagen.

»Aber den kann ich doch nicht mit ins Flugzeug nehmen«, wende ich ein.

»Klar kannst du! He, du kennst Harry, du hast keinerlei Probleme in Amerikanisch-Samoa.« Harry klatscht mich wieder ab, als hätten wir gerade einen Match Point verwandelt. Die nächste Station ist der McDonald's von Pago Pago. »Du weißt ja, was Kids mögen!«

Ich verkneife mir zu sagen, dass ich Fleisch aus Massentierhaltung im Allgemeinen und von McDonald's im Besonderen ablehne. Hier ist es erst einmal wichtiger, als guter Gast aufzutreten, und wenn sich die Kinder von Tau nichts sehnlicher wünschen als einen pappigen Cheeseburger von McDoof, dann schlucke ich das eben ausnahmsweise mal – beziehungsweise müssen die das ja schlucken.

Harry drückt mir zwei riesige Tüten in die Hände: insgesamt sechzehnmal Cheeseburger und sechzehnmal große Pommes. Ein paar Minuten später stehen wir beim Check-in. Ich staune nicht schlecht, als mir tatsächlich das Reisen mit Fast Food und Bier erlaubt wird. Allerdings muss ich 48 Dollar fürs Übergepäck bezahlen. Harry grinst. Er wünscht mir einen guten Flug.

»Hat der Häuptling inzwischen geantwortet?«, frage ich ihn noch.

»Nein. Aber mach dir keine Sorgen!«

## *Mit Tante Margaret in Tau*

*I*ch sitze in einer winzigen Propellermaschine mit elf dicken Samoanern, die trotz ständigen Fächelns furchtbar schwitzen. Auf meinem Schoß dampft es aus den McDonald's-Tüten. Die Maschine rumpelt los und schafft es, trotz des menschlichen, tierischen und flüssigen Übergewichts abzuheben. Unter mir entdecke ich den Urwald, durch den ich mit Harry gewandert bin. Mir wird schlecht vom Dunst aus den Tüten und vom Auf und Ab des kleinen Flugzeugs. Was mache ich eigentlich hier oben über dem Stillen Ozean? Was erwartet mich auf Tau, dem winzigen Eiland des samoanischen Archipels?

Es erwartet mich tatsächlich: der Häuptling! Aus einem dicken schwarzen Geländewagen winkt er mir zu. Irgendwie hat es mit der Kommunikation dann wohl doch geklappt.

Ich drücke Lemana den McDonald's-Ballast in die Hände. Er nimmt das Gastgeschenk regungslos entgegen. »Vor 20 Minuten habe ich Harrys Anruf bekommen«, sagt er. »Da wollte ich gerade fischen gehen«, ergänzt er noch. Lemana scheint nicht gerade begeistert von meinem Besuch. Doch das ficht mich nicht an.

»Kann ich mit?«, frage ich, jede gastliche Zurückhaltung aufgebend.

»Okay«, knurrt Lemana. »Hältst du heftiges Schaukeln aus?«

»Klar«, lüge ich; in Wahrheit war ich auf Klassenfahrten im Bus immer der Erste, der kotzen musste. »Harry hat mir erzählt, dass du ein berühmter Fischer bist!« Ich versuche, dem großen Häuptling ein wenig zu schmeicheln. Doch der verzieht keine Miene. Egal – Hauptsache, ich bin dabei, wenn er mit traumwandlerischer Sicherheit und bloßen Händen riesige Fische aus dem Meer zieht.

Ich könnte vor Glück platzen. Ich sitze beim Häuptling im dicken Wagen. Über die einzige Straße, entlang der Nordküste, cruisen wir dahin – rechts der tosende Pazifik, links von Dschungel überwucherte Hügel. »Wir haben nur drei Dörfer auf Tau.« Der Häuptling wirkt nun etwas freundlicher. »Eines liegt direkt an der Flugpiste hinter uns, die beiden anderen im Nordwesten der Insel.«

»Du sprichst sehr gut Englisch«, sage ich.

»Ich habe 16 Jahre auf Hawaii gelebt. Ich habe auf dem Bau gearbeitet.«

»Oh, Hawaii. Es muss dort wunderbar sein. Da würde ich auch mal gern hin!«, erwidere ich mit leuchtenden Augen.

»Hawaii ist viel zu stressig. Dort hat die Zeit schon die Herrschaft über die Menschen gewonnen.« Lemana fährt sich mit seiner riesigen Pranke über seinen dichten grau-schwarzen Schnurrbart. Endlich lächelt er mal ein wenig. »Tau ist viel entspannter. Hawaii kannst du wirklich vergessen.«

Ich hatte einen Holzverschlag als Unterkunft erwartet, doch der Häuptling besitzt standesgemäß ein großes, solides Haus. Im Wohnzimmer, das man als Erstes betritt, stehen Couch und Sessel, davor der Kamin der Südsee: der Flachbildfernseher, 50 Zoll. Auf der anderen Seite des Raumes prunkt ein iMac, von dem aus Lemana seine Facebook-Nachrichten in die Welt schickt. Dahinter erkenne ich die große Küche, in der eine stämmige Südseeinsulanerin gerade im Kochtopf rührt. Fächelnd und hechelnd kommt sie auf mich zu und gibt mir die Hand. »Willkommen in unserem Haus!« Lemanas Frau schenkt mir ein knappes, kurzes Lächeln. »Mein Name ist Philippa.«

Artig begrüßen mich auch die Kinder. Die jüngste Tochter, Manuula, zeigt mir mein Zimmer: ein mit rosa Plüschtieren vollgestopfter Raum mit einem bequemen Bett. Alles ist picobello sauber. Ich bin erleichtert, unter solch angenehmen Umständen schlafen zu können.

Lemana knurrt durch die Tür: »Ich geh jetzt fischen. Kommst du mit?«

»Natürlich!«

Im winzigen Hafen warten schon drei Mitfischer. Die Anweisungen gibt zu meiner Überraschung nicht der große Häuptling Lemana, sondern ein selbst für Südseeverhältnisse ungewöhnlich dicker Mann am Steuerrad. Am Horizont erkenne ich Taus Schwesterinseln, Ofu und Olosega, berühmt für ihre mächtigen Geister.

Lemana zeigt in Richtung der Gespensterinseln. »Vor ein paar Wochen wurde ein Straßenbauarbeiter mit einem Bagger nach Olosega geschickt. Es gibt viele Tabus auf der Insel, die unbedingt respektiert werden müssen. So darf zum Beispiel zwischen 12 und 14 Uhr nicht gearbeitet werden. Der Matai der Insel sagte das dem Arbeiter, doch der ignorierte das Tabu, wohl um schneller mit der Arbeit fertig zu werden. Wenige Stunden später fiel ein paar Dorfbewohnern auf, dass der Bagger immerzu im Kreis fuhr: Der Arbeiter auf dem Gerät war tot.« Die mächtigen Geister hatten ihn also bestraft. Die anderen Männer im Boot nicken, so als sei die Geistergeschichte unumstößlicher Fakt. Könnte es nicht sein, dass der Mann einen Herzinfarkt erlitt, weil fettiges Essen seit Jahrzehnten seine Blutbahnen verklebte? Das scheint niemand in Erwägung zu ziehen. Harry hatte recht: Der Geisterglaube ist offenbar stark auf den weit abgelegenen Inselchen von Amerikanisch-Samoa.

Als das Boot aus dem Hafen schaukelt, wird Lemana der Sonnenhut von seinem Kopf geweht. Auch das ein Werk von Geistern? Wir nehmen Fahrt auf, es geht ein Stück ins offene Meer hinaus, dann halten wir südwärts, parallel zur Westküste Taus. Lemana und die beiden anderen Fischer lassen ihre Angelhaken an einer Leine ins Wasser surren. Also benutzt Lemana doch erst einmal nicht seine Hände, um der Fische habhaft zu werden. Vielleicht, um vor den anderen nicht wie ein großer Angeber dazustehen? Ich bin gespannt, wie es weitergeht. Es fällt kaum ein Wort auf dem Boot. Versonnen schaue ich hinüber nach Ofu und Olosega, die wunderschön geformt daliegen.

Die Männer auf dem Boot schauen freundlich drein, sind an meiner Person aber nicht sonderlich interessiert. In Indonesien hätte es schon Dutzende Fragen und Fotos gegeben. Hier tut sich nichts. Kein Sterbenswörtchen kommt. Und auch – zu meiner großen Überraschung – kein Fisch. Nach einer Stunde Schaukeln und Angelauswerfen haben wir immer noch keine Beute.

Lemana schaut etwas besorgt. Wird er gleich seine riesigen Pranken ins Meer tauchen und einen kleinen Hai, einen Schwertfisch oder einen Thunfisch aus dem Wasser ziehen? Der Häuptling und große Fischer lässt sich Zeit.

Wir nähern uns dem Ufer kurz vor der Südwestspitze Taus. Zwei Männer in Neoprenanzügen, mit Flossen an den Füßen und Taucherbrillen auf den Augen, liegen im Wasser. Sie halten sich fest an großen grünen Plastikbehältern, die vor ihnen im Wasser auf- und abhüpfen. Die Männer im Boot ziehen die beiden und ihre Beute an Bord. Lemana öffnet einen der Behälter: Er ist bis oben hin gefüllt mit riesigen, blau schimmernden Krabben: »*Coconut crabs!*« Lemana hält sie stolz vor mein Objektiv: Der Häuptling lächelt sehr zufrieden. Und so geht Harrys Prophezeiung in Erfüllung: Lemana muss nur seine Hände irgendwo hineintauchen und hat schon reiche Beute gemacht. Dass es nicht der Stille Ozean ist, sondern ein grüner Plastikbehälter – was soll's!

Auf der Rückfahrt zum Dorf gibt es weitere Angelversuche, keiner ist von Erfolg gekrönt. Lemanas Pranken bleiben brav im Boot. Er bekommt vier Kokosnusskrabben als seinen Anteil am Fischzug »ausbezahlt.«

Ermüdet von dieser Angel-Strengung, falle ich zu Hause sofort ins Bett. Was für ein Glückspilz bin ich doch! Auf Margaret Meads Insel im Haus des Häuptlings untergekommen, bleiben mir vier Tage Zeit, um alles über die Liebe auf Tau herauszufinden – hoffentlich mit besserer Ausbeute als beim Fischen. Die Zeit sollte reichen, die Interessantesten der 2000 Inselbewohner zu interviewen. Aber erst mal sinke ich in einen wohligen Schlaf.

Als ich aufwache, ist kein Mensch im Haus. »Lemana?« Keine Antwort. Ich öffne die Haustür. Aggressives Hundegebell schallt mir entgegen. Das Risiko geh ich lieber nicht ein. Ich lege mich noch mal aufs Bett und blättere in Margaret Meads Buch. *Auf Samoa wird romantische Treue nur nach Tagen oder höchstens Wochen gerechnet; Erzählungen von lebenslanger Treue werden meist mit Spott abgetan. (Die Geschichte von Romeo und Julia zum Beispiel wurde mit ungläubiger Verachtung aufgenommen.)* Margaret Mead begegnete nur einem einzigen Paar, das seine Leidenschaft konstant und intensiv lebte in den Dörfern Taus: ein Mädchen namens Sila, das in seinen Onkel verliebt war. Vor fast hundert Jahren. Und heute? Zu gern würde ich Lemana, seine Frau und seine Kinder aushorchen. Wo stecken sie nur?

Endlich höre ich die Tür. Sofort wird der Fernseher angeschaltet, eine amerikanische Spielshow läuft. Die halbe Familie starrt in die Glotze.

»Wir waren in der Kirche.« Der Häuptling fühlt sich wohl verpflichtet, wenigstens ein paar Worte an mich zu richten.

Ich beschließe, ehrlich zu sein: »Es wäre nett, wenn du mir das nächste Mal Bescheid geben würdest.«

»Du möchtest in die Kirche?« Lemana wirkt erstaunt.

»Natürlich! Ich will Kontakt zu möglichst vielen Einheimischen knüpfen.«

»Warum?« Der Häuptling und seine dicke Frau schauen mich argwöhnisch an.

»Ich recherchiere für ein Buch. So wie Margaret Mead.«

Die Mienen der beiden verfinstern sich weiter. »Margaret Mead ist eine Lügnerin!« Lemanas Frau schnauft. »Sie hat den Leuten hier das Wort im Mund herumgedreht. Nichts ist wahr von ihren Geschichten. Freie Liebe – Quatsch! Wir sind hier alle gute Christen und fleißige Kirchgänger.«

Damit ist die Diskussion erst einmal beendet. Demonstrativ wenden sich die beiden wieder der Spielshow im Fernsehen zu.

Wenigstens lächelt mich Manuula freundlich an. Ich will sie gerade in ein Gespräch verwickeln, da bellt Lemanas Frau sie an: »Manuula, sofort in die Küche! Bereite die Brotfrucht vor!« Manuula springt auf, ohne das Gesicht zu verziehen.

Die 14-jährige Tochter scheint hochbegabt zu sein. Sie wirkt auf mich wie die Aufgeweckteste in der Familie und ist die Einzige, die mir ab und zu einen neugierigen Blick zuwirft. Viele Fragen scheinen in ihr zu schmoren. Leider kommen sie nur selten heraus.

»Stimmt es, dass in Deutschland die Menschen ganz allein leben?«, fragt sie mich irgendwann. Wo hat sie das nur aufgeschnappt?

»Nun ja«, antworte ich, »es gibt viele, die allein leben, aber auch sehr viele, die in Familien leben wie ihr.« Dass Menschen tatsächlich ganz für sich allein leben können, ist für die Bewohner von Samoa und weiten Teilen der Welt immer noch unvorstellbar.

»Manuula, James, sofort in die Küche!«, bellt die Herrin des Hauses wieder. Lemanas schwere Matrone hat auf dem Stuhl am Küchentisch Platz genommen. Einige Schüsseln stehen vor ihr.

»Manuula, bring mir die Brotfrucht«, schnauzt sie unfreundlich die Tochter an. »James, her mit dem Taro!«

James ist schon 45, aber unverheiratet. Als ich Lemana frage, wieso sein Sohn noch ledig ist, antwortet er: »James spielt nur mit den Frauen.«

»James, mir ist heiß«, ruft die Hausherrin. Schon eilt ihr Sohn mit einem Fächer herbei. Während sie sitzend schwitzend schnippelt, steht er da und sorgt für Abkühlung. Was mich am meisten erstaunt, ist die Selbstverständlichkeit dieses Schauspiels. James verzieht keine Miene. Es scheint ihm nicht peinlich zu sein.

Dieser bedingungslose Gehorsam der Kinder gegenüber den Eltern findet sich auch in den Beschreibungen Meads wieder. Auch jedes ältere Kind darf den kleineren Geschwistern Befehle erteilen. Von Kindesbeinen an lernen sie, schwere, unangenehme Arbeiten zu delegieren. Je älter man wird, desto weniger muss man arbeiten. Dieses System scheint nach wie vor intakt zu sein.

Als Gast werde ich bevorzugt behandelt. Ich darf immer zuerst mit Lemana und seiner Frau essen, James, Mutu und Manuula bedienen uns dabei. Sie schenken mir Wasser ein und bieten mir Früchte zum Nachtisch an. Versäumen sie es, rechtzeitig mein leeres Glas zu bemerken, bekommen sie einen Anpfiff von der Mutter. Dass ich mich für ihre Aufmerksamkeit bedanke, scheint sie eher zu irritieren. Dennoch huscht manchmal ein leichtes Lächeln über James' Gesicht, wenn ich Danke sage. Vielleicht freut sich auch ein Südseeinsulaner ab und zu über eine freundliche Geste. Wenn auch nicht sehr ausgeprägt.

Als wir fertig gegessen haben, darf sich James an dem bedienen, was wir übrig gelassen haben, danach Mutu, schließlich Manuula, während Mama und Papa Häuptling schon wieder vor dem Flachbild sitzen und billigen amerikanischen Mist anschauen.

Eine halbe Stunde harre ich mit ihnen aus, bis ich sicher bin, dass kein Gespräch mehr zustande kommt.

»Lemana?«

Der Häuptling schaut müde zu mir herüber. »Was ist los?«

»Können wir morgen ein kleines Interview machen?«

»Über was?«

»Darüber, wie sich die samoanische Kultur verändert in Zeiten der Globalisierung.«

»Okay«, knurrt der Häuptling.

Ich ziehe mich mit Margaret Mead wieder aufs Bett zurück. Ich bin beim Kapitel angelangt, in dem es über die Beziehung zwischen den Geschlechtern geht, sobald sie in die Pubertät kommen.

*Die Mädchen haben nun all ihre Gleichgültigkeit verloren. Sie kichern, werden rot, zieren sich, laufen weg. Die Jungen werden schüchtern, befangen, schweigsam und meiden die Gesellschaft der Mädchen bei Tag und in schimmernden Mondscheinnächten, für die die Mädchen nach Ansicht der jungen Männer eine besondere Vorliebe haben (…). Das Bedürfnis des Jungen nach einem bewährten Vertrauten ist größer als beim Mädchen, denn nur die gewandtesten Don Juans führen ihre Werbungen selbst durch (…). Viel häufiger ist jedoch ein älterer Mann, ein Witwer, oder ein geschiedener Mann der erste Liebhaber eines Mädchens. Dabei wird kein Vermittler gebraucht (…). Das erste spontane Erlebnis halberwachsener Kinder und die amourösen Abenteuer der älteren Männer mit den jungen Mädchen des Dorfes wie auch das erste Erlebnis eines Jungen mit einer älteren Frau stehen am Rande der anerkannten Formen von Beziehungen.*

Ich muss an Lemanas Worte über James denken, der mit den Frauen nur spiele. Ist James, der mit seinen Mitte 40 noch rank und schlank ist, der Don Juan des Dorfes? Der erste Liebhaber von so manch jungem Mädchen? Was passiert, wenn er abends das Haus verlässt, während die anderen vor der Glotze sitzen? Ich lese gespannt weiter:

*Zwischen (…) Unverheirateten gibt es dreierlei Arten von Beziehungen: die heimlichen Zusammenkünfte »unter den Palmen«, die bekanntgegebene Entführung, avaga, und zeremonielle Werbung (…) und am Rande als Viertes die merkwürdige Form der heimlichen Vergewaltigung, moetotolo, »Schlafkriechen« genannt, zu dem Jünglinge Zuflucht nehmen, die bei keinem Mädchen Gegenliebe finden.*

Wie bitte? Schlafkriechen? Heimliche Vergewaltigung? Morgen werde ich Lemana dazu befragen. Jedenfalls scheinen die jungen Samoaner zu Meads Zeiten genügend Wege gefunden zu haben, das Tabu des vorehelichen Geschlechtsverkehrs zu umgehen.

Zum sogenannten »Sex unter den Palmen« schreibt Mead zum Beispiel: *Häufig haben drei oder vier Paare ein gemeinsames Stelldichein, wenn entweder die Jungen oder die Mädchen verwandt und befreundet sind. Sollte das Mädchen schwindlig oder ohnmächtig werden, so ist es die Aufgabe des Jungen, auf die nächste Palme zu klettern und eine frische Kokosnuss herunterzuholen, deren Saft er ihr an Stelle von Kölnisch Wasser übers Gesicht gießt.*

Ich muss den Satz noch einmal lesen. Das hat Margaret Mead wirklich geschrieben? Zumindest steht es so in der deutschen Übersetzung ihres Buches von 1970! Kokosnuss statt Kölnisch Wasser – haha …

Noch immer läuft die Glotze nebenan im großen Wohnzimmer des Häuptlingshauses. Haben amerikanische Spielshows die verbotenen Spiele der jungen Samoaner verdrängt? Wäre die frühreife Manuula vor 100 Jahren aus dem Haus geschlichen, »unter die Palmen«? Oder wird sie es später sogar tun, wenn alle schlafen? Ich lese weiter:

*Das* moetotolo *ist die einzige geschlechtliche Betätigung, die einen ausgesprochen abnormen Charakter hat, (…) bei dem der Mann sich heimlich die Gunst erschleicht, die einem anderen zugedacht ist. Die Angst vor Entdeckung macht eine Unterhaltung unmöglich, und der Schlafkriecher verlässt sich darauf, dass das Mädchen einen Liebhaber erwartet, oder darauf, dass sie jeden Ankömmling ohne Unterschied akzeptiert.*

Ich kann mir das immer noch nicht recht vorstellen: Sind die samoanischen Mädchen so? Akzeptieren sie jeden Ankömmling ohne Unterschied?

Immerhin scheint es nicht immer so gelaufen zu sein: *Wenn das Mädchen Argwohn schöpft und ihn nicht haben will, so erhebt es großes Geschrei, und der ganze Haushalt nimmt die Verfolgung auf. Einen* moetotolo *zu fangen gilt als großer Sport, und die Frauen, die ihre Sicherheit gefährdet sehen, sind bei der Jagd womöglich noch aktiver als die Männer.*

Zu gern würde ich das miterleben, aber ich kann mir beim besten Willen nicht vorstellen, dass heute Nacht in unserem Haus ein *moetotolo* stattfinden wird.

Ich lese weiter: *Zwei Motive werden für diese abstoßende Betätigung genannt: Ärger und Erfolglosigkeit in der Liebe*, schreibt Mead. *Ein samoanisches Mädchen, das die Kokette spielt, riskiert viel. Sie sagt »Ja, ich will dich heute Nacht bei dem alten Kokosnussbaum gleich neben dem Teufelfischstein treffen, sobald der Mond untergeht.« Und der Junge wartet und wartet die ganze Nacht. Es wird ganz dunkel, Eidechsen fallen ihm auf den Kopf (…). Aber er wartet weiter bis zur Dämmerung, bis sein Haar nass ist vom Tau, sein Herz wird sehr böse (…). Aus Rache versucht er dann ein moetotolo. Er wird es besonders dann tun, wenn er hört, dass sie in dieser Nacht einen anderen getroffen hat.*

Na, das kann ich mir vorstellen. Da wäre ich auch sauer. Aber dann gleich ein *moetotolo* versuchen? Das wäre in Deutschland ziemlich riskant. »Die eine hat ihn versetzt, da hat er eben eine andere vergewaltigt« würde dem Strafrichter als Plädoyer des Verteidigers sicher nicht genügen. Nennt man es aber »Schlafkriechen«, hört es sich irgendwie harmloser an. Ich stelle mir die *BILD*-Schlagzeile vor: *Mann wegen Schlafkriechens zu 15 Jahren Haft verurteilt!*

Neben der Rache gibt es laut Mead noch einen weiteren Grund für *moetotolo: Die andere Erklärung ist, dass es einem Jungen nicht gelingt, eine Freundin durch legitime Mittel zu erringen, und es gibt auf Samoa keine andere Form von Prostitution als die der Gastprostitution. Da einige der Jungen, die notorische* moetotolos *waren, zu den nettesten und bestaussehenden Jünglingen des Dorfes gehörten, ist dies etwas schwer zu verstehen.*

Finde ich auch, Frau Mead! Und deshalb krieche ich jetzt wirklich in den Schlaf. In dem Dorf, in dem Sie waren, vor fast 100 Jahren. Auf der entlegenen Insel Tau, mitten im Pazifik. Die Leute hier wollen alle nichts mehr von Ihnen wissen. Warum eigentlich? Die Samoaner fühlen sich missverstanden. Sie, Frau Mead, sind berühmt geworden mit diesem Buch. Bis heute gelten Sie als eine der größten Wissenschaftlerinnen, die Amerika hervorgebracht hat. Ihre Beschreibungen lieferten angeblich den Beweis, dass die Pubertät nicht mit so vielen Problemen behaftet sein muss wie im Amerika der Zwanziger. Weil die Jugendlichen in Samoa frei mit Sexualität experimentieren können, gleiten sie mit großer Leichtigkeit in die Erwachsenenzeit über – so Ihre These. Doch es gibt kein Denkmal für Sie auf Tau. Alle wenden sich ab, wenn man Ihren Namen nennt. Dabei haben Sie die Insel doch auf die ethnologische Landkarte gesetzt. Was also ist schiefgelaufen? Vertragen die Einheimischen die Wahrheit nicht? Wollen sie einfach nicht hören, dass es ziemlich viel Sex vor der Ehe gibt, weil es gegen das christliche Dogma verstößt? Oder haben Sie Ihre Ergebnisse verzerrt, haben Sie sie so hingebogen, um Ihren Doktorvater Franz Boas zu entzücken? Gute Nacht, meine Reisebegleiterin! Gute Nacht, Margaret!

Das Schlafkriechen ist auch am nächsten Morgen nicht aus meinem Kopf verschwunden, so dass ich Lemana und seine Frau beim Frühstück darauf anspreche. Die Reaktion überrascht mich: Die sonst eher sauertöpfisch dreinschauende Herrin des

Hauses wird rot und bricht in ein seltsames Kichern aus, als sie das Wort *moetotolo* aus meinem Mund hört.

Auch Lemana grinst: »*Moetotolo* gibt es nicht mehr. Es ist verschwunden, als wir anfingen, richtige Häuser zu bauen.«

Seit den sechziger Jahren haben die Häuser westlichen Stils die traditionellen offenen Fales abgelöst. Nur noch die repräsentativen Versammlungshäuser sind heutzutage ohne Wände. Ein Beispiel dafür, wie es sogar die Architektur vermag, alte Traditionen auszulöschen. Kein junger Mann kann heute mehr schlafkriechen, schlichtweg, weil unüberwindbare Wände im Weg stehen. Kein Mädchen wird mehr im Schlaf überrascht. Keine Verfolgungsjagden finden mehr statt, um den Missetäter zu fangen.

Aber nach der Reaktion von Lemanas Frau zu urteilen, hat sie das Schlafkriechen als junges Mädchen vielleicht noch am eigenen Leib erfahren, und es scheint kein negatives Erlebnis für sie gewesen zu sein, so wie sie gekichert hat.

Philippa erzählt außerdem, sie sei eine der wenigen, die noch wisse, wie man die traditionellen Matten flicht. »Wenn wir zu Familienclantreffen auf andere Inseln fahren, tauschen wir immer noch Matten als Geschenke aus. Aber damit ist es bald vorbei. Manuula hat kein Interesse daran, das Handwerk zu lernen. Nur in wenigen Familien sitzen sie noch auf dem Boden, auf den schönen Matten!« Die dicke Philippa schaut traurig drein.

Manuula ist erst 14, sieht aber aus wie 16 und entwirft auf dem iMac gerade das neue Häuptlingsheim. Sie hat fast asiatische Gesichtszüge. Ich wundere mich, dass sie sich nie mit Freundinnen trifft. Aber sie darf nur raus, wenn sie in die Schule geht oder wenn sie Kirchenchorproben hat. Sonst sitzt sie vor dem Fernseher und schaut amerikanische Zeichentrickserien, oder sie surft im Internet und pflegt ihre Facebook-Freundschaften. Hier scheint noch zu funktionieren, was mir der Mann im Kultusministerium erzählt hat. Die Kontrolle über die jungen Mädchen – zumindest auf der abgelegenen Insel Tau ist sie noch halbwegs intakt.

Es ist der Samstag vor Ostern, wir gehen in die Kirche – Lemana im feinen Rock. Er erzählt mir, es sei als Matai seine Aufgabe, für das Essen des Priesters zu sorgen. »Wir wechseln uns immer ab. Jede Familie ist einmal dran, um der Familie des Priesters Frühstück, Mittag- und Abendessen zuzubereiten. Als Matai muss ich kontrollieren, dass das reibungslos verläuft. Für das Wohl des Priesters zu sorgen ist heutzutage die zentrale Aufgabe des Häuptlings.«

Vernehme ich ein gewisses Bedauern in Lemanas Stimme? Nicht er, sondern der Pfarrer scheint die wichtigste Person im Dorf zu sein. Der Häuptling ist zum obersten Diener der Kirche degradiert!

Ich bin überrascht, dass niemand in der Kirche Notiz von mir nimmt. Sicher verirren sich nur sehr selten Ausländer hierher. In Indonesien wäre ich überhäuft worden mit neugierigen Fragen, für die Samoaner bin ich Luft. Meine Anwesenheit wird mit einem Schulterzucken aufgenommen – wie ein kurzer Regenschauer, weiter nichts.

Manuula singt voller Inbrunst im Kirchenchor. Endlich erkenne ich ein bisschen Emotion auf den Südseegesichtern. Nach dem Gottesdienst hoffe ich auf neue Bekannte, gute Gespräche. Doch die Gemeinde löst sich schnell auf. Ich kriege niemanden zu fassen. Ich schlendere zum Strand. Auch der liegt einsam und verlassen da. Ein Traumblick nach Ofu und Olosega. Ich fühle mich unendlich allein.

Da kommen zwei junge, samoanische Männer herbeigeschlendert und grüßen freundlich. Sie sind Anfang 20 und gut durchtrainiert. »Hi!«

»Hi! Ganz schön gefährlich, die Brandung hier!«

Die beiden nicken.

»Was macht ihr so?«

»Wir unterrichten in der Dorfschule. Wo kommst du her?«

»Aus Deutschland.«

»Bist du schon mal in Russland gewesen?«

Die Frage überrascht mich. »Ja, in Moskau und Sankt Petersburg. Warum?«

Die beiden schauen sich grinsend an. »Sind die russischen Mädchen wirklich so schön?«

»Natürlich nicht alle. Aber viele schon. Wieso?«

»Wir schauen sie uns immer im Internet an.«

»Aha!«

Der eine lacht und schubst seinen Freund in den Sand. »Dean hier hat eine russische Freundin. Sie heißt Oxana.«

Dean lacht auch. »Sie ist die schönste Frau der Welt.«

»Ihr chattet im Internet?«

»Ja! Sie würde mich gern besuchen. Mal sehen.«

»Ganz schön weit weg. Hast du denn hier keine Freundin?«

»Bloß keine Frau von hier! Die saugen dich aus!« Die beiden lachen wieder laut auf. »Die samoanische Frau hat die Herrschaft über das Geld. Du musst alles bei ihr abliefern. Und sobald sie verheiratet ist, geht sie auseinander wie eine Brotfrucht.«

Hier greift das Internet also auch schon ordentlich in die Lebensläufe ein! Erst einmal ist es nur ein Onlinekontakt. Aber wer weiß … Der Wunsch der beiden, von hier wegzugehen, ist groß. In den USA möchten sie weiterstudieren. Was sollte sie hier halten? Vielleicht kehren sie eines Tages zurück, wegen Häuptlingspflichten und weil sie genug Geld im Ausland verdient haben – so wie Lemana. Dann aber mit einer russischen oder amerikanischen Frau, die sicher keine Matten flicht.

Manuula steht plötzlich hinter uns. Wie lange schon? Ich habe auf einmal das Gefühl, bereits eine ganze Weile beobachtet zu werden. »Essen, Peter!« Sie dreht sich um und geht Richtung Haus. Ich verabschiede mich von den jungen Männern und trotte ihr hinterher.

Nach dem Essen wird sofort wieder die Glotze angeschaltet. Wenigstens läuft mal was Anständiges: BBC World. Eine Doku über Mikrokredite für arme Menschen in Entwicklungsländern. Lemana ist angetan von der Idee. Immer wieder nickt er zustimmend mit dem Kopf. Reden will er offenbar nicht darüber.

Ich ziehe mich mit meiner Begleiterin Margaret wieder aufs Bett zurück und lese:

*Da bei den Samoanern die Hemmungen und die Differenzierung der Erotik fehlen, die Verstandesheiraten so schwierig machen, kann das Eheglück auf andere Weise als mit vorübergehender, leidenschaftlicher Hingabe gestützt werden. Eignung und Zweckmäßigkeit werden zu entscheidenden Faktoren.*

Ich kann mir gut vorstellen, dass das auf Lemana und seine Frau zutrifft. Für die jungen Burschen am Strand aber kommt dieses Liebesmodell sicher nicht mehr in Frage. Sie sind bisher die Einzigen, mit denen ich auf der Insel ins Gespräch gekommen bin. Im Häuptlingshaus hingegen stoße ich auf Mauern des Schweigens. Weder freie Liebe noch freie Rede scheint es hier zu geben. Derart mundfaul sind die Menschen auf Tau, dass ich mich im Südseeparadies so einsam fühle wie noch nie auf meiner langen Reise.

Ich nehme den nächsten Flieger. Lemana schaut auf der Fahrt zur Landepiste besorgt in den Himmel. »Könnte sein, dass es Regen und Sturm gibt. Dann fliegt das Flugzeug nicht.« Der Häuptling beschließt seinen Satz mit einem langen Rülpser. Sicher 20 Sekunden lang dröhnen die Geräusche aus seinem Bauch. Wie das Röhren eines Hirsches.

Ich habe Glück: Der befürchtete Regen bleibt aus. Lemana verabschiedet sich mit der gleichen Regungslosigkeit, mit der er mich begrüßt hatte. Doch zu meiner Überraschung schenkt er mir zum Abschied ein paar wunderschöne Muscheln und Korallen. In der winzigen Propellermaschine lasse ich Tau, Ofu und Olosega hinter mir. Von oben gesehen, ist diese Inselgruppe wirklich paradiesisch.

## *Hello Mr President*

Nach kurzem Zwischenstopp in Pago Pago geht es zurück über die Datumsgrenze nach Apia. Dieses Mal verliere ich einen ganzen Tag: Ich fliege dienstags um 15 Uhr los und komme nach einer halben Stunde Flug mittwochs um 15.30 Uhr an. Mein Gepäck leider nicht – diesmal waren zu viele Übergewichtige an Bord. Mein Koffer soll mit der nächsten Maschine nachkommen.

»Wann wird das sein?«, frage ich am Schalter.

»Wahrscheinlich morgen«, lautet die Antwort.

Das ist ärgerlich, denn ich habe nur ein buntes Hawaiihemd und eine kurze Hose dabei, die ich am Leib trage. Und in diesem bescheidenen Outfit muss ich nun zum Interview mit dem Präsidenten.

An der Rezeption des Pasefika Inn bitte ich um eine Leitung in den Regierungspalast.

»Du führst ein Interview mit Tuilaepa Aiono Sailele Malielegaoi?«, werde ich gefragt.

Irgendwie verwirrt von diesem langen Namen, nicke ich.

Nikita kommt die Treppe herunter, mit einem Staubwedel in der Hand. Sie lächelt mir wieder so geheimnisvoll zu. Nikita! Nikita. Hört sich an wie »Nie Kita«! Ich muss grinsen. Nie Kita! Niemals ein Kind mit dieser Frau aus Samoa. Ich bin sicher, sie will unbedingt eins. Und zwar sofort, so wie sie den Staubwedel in der Hand hält. Nichts wie weg zum mächtigen Inselfürsten!

Eine ganze Stunde lässt man mich im holzvertäfelten Warteraum sitzen. Als ich endlich ins Büro darf, weist mir Tuilaepa Aiono Sailele Malielegaoi recht barsch meinen Platz zu. Ein dicker, unfreundlich blickender Mann.

»Was gibt es?« Er lässt mich spüren, dass ich ein Niemand bin in meinem verschwitzten Hawaiihemd und der kurzen Hose.

»Ich habe gehört, dass Sie ein ausgesprochener Experte für samoanische Kultur sind, und möchte Ihnen dazu gerne ein paar Fragen stellen.«

»Ich bin kein Kulturexperte, aber frag nur.«

Ich werte das erst mal als Bescheidenheit. Vielleicht nimmt er mich aber auch einfach nicht ernst. Die freundliche Museumsdirektorin hatte mir doch ausdrücklich den Präsidenten als Gesprächspartner empfohlen. Moment: Präsident …? Ich war doch gerade durch eine Tür gegangen, auf der Stand: *Büro des Premierministers.* Mist! Tuilaepa Aiono Sailele Malielegaoi ist der Regierungschef, nicht der Präsident. Was tun? Da muss ich jetzt wohl durch. Ich kann ja schlecht sagen: »Herr Premierminister, ich habe Sie mit dem Präsidenten verwechselt, mit Ihnen will ich gar nicht sprechen.« Statt mit dem samoanischen Joachim Gauck rede ich nun also mit dem Pendant zu Angela Merkel über Heiratskultur. Es kann nicht viel dabei herauskommen, und nach drei Fragen ohne ergiebige Antworten schwenke ich daher auf Politik um.

»Wie sehen Sie die Beziehungen zwischen Samoa und Deutschland?«

Da legt der Regierungschef los: »Als ehemalige Kolonialmacht tut Deutschland viel zu wenig für Samoa. Die Deutschen sollten sich ein Beispiel an den Franzosen nehmen.«

Ich will einwenden, dass die deutsche Kolonialzeit ja nur sehr kurz angedauert habe, doch Tuilaepa Aiono Sailele Malielegaoi unterbricht mich. »Ich war zweimal in Berlin, habe zweimal mit Angela Merkel gesprochen. Mein Eindruck ist: Sie interessiert sich nicht wirklich für Samoa.«

Wir nehmen zusammen den Aufzug hinunter zum Ausgang. Der Premier verabschiedet sich kühl.

Ich eile zurück ins Pasefika Inn. »Ich brauche eine Verbindung zum *Präsidenten*«, insistiere ich an der Rezeption.

»Moment bitte.« Die Rezeptionistin lächelt freundlich. Von Nikita ist nichts zu sehen. Hat sie sich aus dem Staub gemacht?

»Der Präsident ist auf Reisen in Tonga. Er kommt erst übermorgen zurück.«

Schade. Mein Flug geht morgen. Auf das Interview muss ich also verzichten. Hätte es mich weitergebracht? Was habe ich in der Südsee eigentlich über die ursprüngliche Liebe hier gelernt? Sie zeigt wenig Widerstandskraft. Die alten Rituale sind nur noch Spektakel für Touristen. Die Jungfräulichkeit, insbesondere die der Taupo, ist ein Mythos. Alles löst sich auf unter dem Einfluss der Globalisierung. Es gibt noch soziale Kontrolle auf den weit abgelegenen Inseln, doch die junge Generation ist durch Schule und Uni, vor allem aber durch die modernen Medien wie Fernsehen und Internet schon unterwegs zu neuen Ufern. Es fehlt auch an einem Regulativ wie dem Islam auf Sumatra oder Sansibar. Die Kirchen in Samoa beschleunigen eher den Verfall alter Traditionen, indem sie Tätowierungen oder Jungfräulichkeitstests bei Hochzeiten verdammen.

Einzig das Matai-System besteht fort. Sogar Samoaner, die im Ausland leben, halten daran fest. Die Zugehörigkeit zur samoanischen Nation kann die Zeiten der Cola und Computers überdauern. Aber nur arg geschwächt. Aber sonst? K.o. durch Zuckerbrühe und Megabytes – die Samoaner sind krank geworden. Die Seuche Diabetes wird auch noch den letzten Rest Widerstandskraft der Südseekultur vernichten. Es sei denn: man besinnt sich auf die alten Stärken. Doch davon ist leider wenig zu spüren.

## *Epilog: Abifeier*

Nach 26 Stunden Flug lande ich wieder in Deutschland. In meinem Briefkasten liegt eine Einladung: 25 Jahre Abitur. Das altehrwürdige Gymnasium lädt auch die Jubilare zur Feier des aktuellen Abiturjahrgangs mit ein.

Ich entschließe mich, hinzufahren. Auch meine Eltern freuen sich, dass ich für ein paar Tage »in der Heimat« bin.

Ein stattliches, hufeisenförmiges Gebäude. Orangefarben gestrichen ist die Schule heute wie früher, ob es nun gerade Mode ist oder nicht. Beim Reingehen bekomme ich einen kleinen Schock: Die alten grünen Kacheln kleben immer noch an den Wänden! Ein anderer Ehemaliger, Hartmut, immer bestens informiert, flüstert mir zu: »Die stehen unter Denkmalschutz.«

Ich sehe Gesichter, die ich sofort erkenne. Bei einigen erinnere ich mich sogar an die Namen. Und ich sehe Gesichter, die mich rätseln lassen – zum Beispiel, weil Annette damals brünett war und heute blond ist.

Mit manchen kann ich aber so gar nichts anfangen. Wer ist der Typ mit dem schwarzen Vollbart? Sagt mir nichts. »Hallo, Peter«, begrüßt er mich freundlich »Jochen Knapp«, ergänzt er noch. Jochen Knapp, Jochen Knapp … Dann fällt es mir wieder ein: der Sportler. Ein Riese, und mittlerweile ziemlich auseinander gegangen. Damals eher schnieke, kommt er heute fast wie ein Öko daher.

»Ich soll dich auch von meiner Frau grüßen. Anja. Erinnerst du dich?«, sagt er.

Ob ich mich erinnere? Anja war das erste Mädchen, in das ich wirklich verliebt war. In der Kleinstadtdisko küssten wir uns, wir waren 14 oder 15. Es lief *Down under* von Men at Work. Ein Fluch, dass der Song bis heute noch immer plötzlich im Radio oder bei einer Feier aufschallt. Denn Anja hat ein kleines Trauma in mir ausgelöst. Wir waren so verliebt, wir waren so glücklich – als ich in eine Kneipe kam und sie dort mit meinem damals besten Freund knutschen sah. Das hat mir einen heftigen Stich versetzt. *The first cut is the deepest.*

»Klar erinnere ich mich«, antworte ich. »Ich war mal in sie verliebt, als ich 14 war.« Ich versuche so zu klingen, als habe es sich damals nur um eine Spielerei gehandelt, nach dem Motto: »Wir waren ja noch so jung.«

»Ich glaube, sie war auch verliebt in dich«, Jochen schaut mich freundlich an.

Es hatte damals einige Zeit gedauert, bis ich die Sache mit Anja einigermaßen verkraftet hatte. Ich flirtete heftig mit anderen Mädchen, ohne dass daraus jemals etwas Ernstes wurde. Erst mit 17 begann ich, mich wieder zu verlieben.

»Hallo, Sara.« Ich wende mich an die Frau neben mir.

»Hallo, Peter.« Sara hat dasselbe Lächeln wie damals, auch denselben Ausdruck in den Augen. Trotz erster Falten ist sie immer noch eine attraktive Frau. Einmal sind wir uns näher gekommen. Ich hatte mich in sie verguckt, sie sich vielleicht auch in mich. Es wurde nichts daraus. Ich vermute, es lag an meinem schlechten Ruf. Ich war in der Schule sitzengeblieben und galt in den Augen vieler Mitschüler als Draufgänger. Sara hingegen kam aus gutem Hause. Sie war Einserschülerin, die Karriere vorgezeichnet. Wenige Monate später erfuhr ich, dass sie mit dem Sohn eines erfolgreichen Unternehmers liiert war – ein paar Jahre älter als sie, eine vorzügliche Partie.

Der Zufall will, dass Sara und ich uns beim Festessen gegenübersitzen. Wir schauen uns an, ziemlich lange, ohne etwas zu sagen. »Liest du noch so viel?«, frage ich sie schließlich.

»Ja. Ich versuche es zumindest. Wenn ich abends im Bett anfange, will ich gar nicht mehr aufhören. Das ist schlecht für den

Job und schlecht fürs Familienleben.« Sara ist Ärztin geworden, sie hat eine Praxis für Kinderheilkunde.

»Ich habe gerade *Die Liebe in den Zeiten der Cholera* auf meiner Weltreise durchgelesen. Weißt du, dass du mich an die Protagonistin erinnerst?«

Sara lächelt. »Und was hast du von deiner Weltreise mitgenommen?«

»Das ist schwer in zwei Sätzen zusammenzufassen.«

Sara schaut neugierig. Ihr Blick ist wirklich genau derselbe wie damals. »Na, versuch es doch wenigstens mal.«

»Die Liebe ist und bleibt ein Rätsel. Überall auf der Welt. Es kann immer nur Annäherungsversuche geben.«

»So wie deine damals bei mir.«

»Wie meinst du das?«

»Na ja, es fühlte sich damals eben so an, als sei deine Annäherung ein Versuch gewesen. Ich war mir nicht sicher, ob du es ernst meintest.«

Ich kippe den Rest meines Rotweins runter und ignoriere ihre Anspielung. Ich habe keine Lust, mich mit der Vergangenheit zu beschäftigen. Was soll das bringen nach so vielen Jahren? »Ich habe die Befürchtung, dass die Liebe weniger wird«, sage ich stattdessen.

»Warum?«

»Weil bis in die entlegensten Winkel der Erde das Diktat der Wirtschaftlichkeit, des Profitdenkens um sich greift. Überall wird den Menschen glauben gemacht, dass sie leben, um zu arbeiten. Als sei das der Sinn unseres Daseins.«

»Ist er es denn nicht?«

»Nein! Wir sind doch nicht nur auf der Welt, um zu arbeiten. Glaubst du das etwa?«

»Manchmal schon«, entgegnet Sara.

»Das ist unsere kranke, westliche Denke, die den gesamten Globus verseucht«, bekräftige ich. »Am Ende hat niemand mehr Zeit für die wichtigen Dinge des Lebens.«

»Was sind denn die wichtigen Dinge?«

»Wir sollten uns darum kümmern, unsere Mitmenschen wahrzunehmen und wieder Herzlichkeit zu üben. Eben die Liebe spüren und erleben – darum geht es. Denn wenn das verlorengeht, was nützt uns dann all unser Geld?«, sage ich. »Liebe können wir uns nicht kaufen. Ja, schlimmer: Sie geht einfach verloren, wenn wir nur noch dem Geld hinterherhetzen. Denn sie basiert auf Herzlichkeit, auf Mitmenschlichkeit. Sie ist das Gegenteil von Habsucht und Gier.«

»So?« Sara lächelt nur.

»Ja! In Deutschland ist nicht mehr viel zu spüren von menschlicher Wärme. Nach einem halben Jahr auf Reisen bin ich erschrocken über die Gesichter hier. Fast alle schauen angestrengt, gestresst. Kaum ein Lächeln, kaum eine Einladung zu einem Gespräch. Man kapselt sich ab, taucht in Parallelwelten ab. Mit Kopfhörer und Laptop verkriecht man sich in seine eigene, beschränkte Welt, statt mit der eigentlichen da draußen zu kommunizieren. Zu Ende gedacht, ist es das Ende der Fähigkeit zur Liebe.«

Sara hebt die Augenbrauen.

»Und das Schlimme: Wir exportieren diese Unfähigkeit mit unserer Technologie in alle Erdteile!«, formuliere ich meine abschließende Erkenntnis.

»Gib mal ein Beispiel!«, fordert sie.

»Aber gerne. In der Südsee saß ich auf einer abgelegenen Insel und hätte gern ursprüngliches Leben kennengelernt. Ursprüngliches Leben, verstehst du? Da steckt eine Menge drin: der Sprung; das Wachsame; der Beginn von etwas. Stattdessen sitzen sie dort alle bewegungslos vor Fernsehern und Computern, verfetten und vergessen, wer sie eigentlich sind.«

»Das hört sich ja furchtbar an.«

»Das ist furchtbar!«, bekräftige ich. »Gott sei Dank gibt es Weltgegenden, die noch eine gewisse Widerstandskraft gegen den Einheitsbrei der Globalisierung zeigen. In Sansibar herrscht zum Beispiel eine weitgehend intakte Gesellschaftsstruktur vor, mit schönen, alten Ritualen. Mit viel Wärme unter den Menschen. Und mit Gastfreundschaft. Auch bei den Minangkabau in Sumatra. Der Islam hat viel Bindekraft und hält den Kulturen noch die schlimmsten Auswirkungen der Globalisierung vom Leib.«

»Ausgerechnet der Islam …« Sara schaut nachdenklich.

Mir gefällt es, ihr über meine Reise zu berichten. So kann ich vieles noch einmal reflektieren. »Man sollte die Religion nicht unterschätzen«, fahre ich fort. »In Georgien habe ich mitbekommen, wie die orthodoxe Kirche ein großes Revival erlebt – gerade unter den jungen Menschen. Und das wirkt sich sehr konkret auf die Liebe aus. Stell dir vor: Nach den Regeln der Religion darf man dort fast 200 Tage im Jahr keinen Sex haben!«

Sara schaut mich groß an. »Es ist eigentlich erstaunlich, wie wenig wir über andere Kulturen wissen«, murmelt sie.

Das stimmt. Und ich kann auch nicht behaupten, dass ich nach einem halben Jahr auf Achse viel mehr über die Liebe weiß als vorher. Und dies, obwohl ich keine Gelegenheit der Recherche ausgelassen habe. Ein Menschenleben genügt nicht, der Liebe auf den Grund zu gehen. Ich könnte Jahrzehnte reisen und hätte wohl immer noch mehr Fragen als Antworten.

»Wo hat es dir am besten gefallen?«, lautet Saras nächste Frage.

»In Sumatra. Da hatte ich mit der ausgeglichensten Gesellschaft zu tun, die ich je erlebt habe. Ich habe mich dort auch sehr wohl gefühlt. Die Frauen besitzen alles, die Männer nichts. Und das in einer islamischen Gesellschaft! Aber auch Kolumbien fand ich großartig. Dort lernen sich die Leute immer noch eher in einer Salsabar kennen als im Internet. Die Lateinamerikaner wissen offenbar noch, worauf es ankommt im Leben. Deshalb findet man dort auch die glücklichsten Menschen.«

Ich mache eine Pause. Sara mustert mich. »Und hast du dich auf deiner Reise nicht verliebt?«

Die Frage musste ja kommen. Ich muss an Salome denken, die mich durch Georgien geführt hat, dem Brautraub auf der Spur. An Tiziana, mit der ich im schlammigen Vulkan lag. An Nafisa und Aisha auf Sansibar. An Mery, Leni und Indah in Sumatra.

»Nein«, sage ich dennoch. »Ich wollte ja vor allem reisen. Immer weiter. Immer mehr herausfinden über die Liebe.«

»Und bist du jetzt satt?«, fragt Sara:

Ich schaue auf meinen leeren Teller. »Gerade ja. Aber der Hunger kommt bestimmt bald wieder.«

Am nächsten Tag gibt es noch eine kleine Führung für die Ehemaligen: der neue Chemiesaal, die renovierte Bibliothek. Ein älterer Lehrer, damals noch ganz frisch an der Schule, zeigt stolz die literarische Sammlung des Gymnasiums. Während die anderen ehemaligen Mitschüler mit ihm Frage und Antwort spielen, entdecke ich im Regal ein blaues Reclam-Heft. *Texte und Materialien für den Unterricht: Liebe.* Ich schlage auf und stoße auf einen Auszug aus Schopenhauers *Die Welt als Wille und Vorstellung*:

*Wenn man nun (…) die wichtige Rolle betrachtet, welche die Geschlechtsliebe in allen ihren Abstufungen und Nüancen, nicht bloß in Schauspielen und Romanen, sondern auch in der wirklichen Welt spielt, wo sie, nächst der Liebe zum Leben, sich als die stärkste und tätigste aller Triebfedern erweist, die Hälfte der Gedanken des jüngeren Theiles der Menschheit fortwährend in Anspruch nimmt, das letzte Ziel fast jedes menschlichen Bestrebens ist, auf die wichtigsten Angelegenheiten nachtheiligen Einfluss erlangt, die ernsthaftesten Beschäftigungen zu jeder Stunde unterbricht, bisweilen selbst die größten Köpfe auf eine Weile in Verwirrung setzt, (…) nicht minder täglich die verworrensten und schlimmsten Händel anzettelt, die wertvollsten Verhältnisse auflöst, die festesten Bande zerreißt, bisweilen Leben oder Gesundheit, bisweilen Reichtum, Rang und Glück zu ihrem Opfer nimmt, ja, den sonst Redlichen gewissenlos, den bisher Treuen zum Verräther macht, demnach im Ganzen auftritt als feindseliger Dämon, der alles zu verkehren, zu verwirren und umzuwerfen bemüht ist; – da wird man veranlasst auszurufen: Wozu der Lärm? Wozu das Drängen, Toben, die Angst und die Not? Es handelt sich ja nur darum, daß jeder Hans seine Grethe finde: Weshalb sollte eine solche Kleinigkeit eine so wichtige Rolle spielen und unaufhörlich Störung und Verwirrung in das wohlgeregelte Menschenleben bringen? – Aber dem ernsten Forscher enthüllt allmälig der Geist der Wahrheit die Antwort: Es ist keine Kleinigkeit, worum es sich hier handelt; vielmehr ist die Wichtigkeit der Sache dem Ernst und Eifer des Treibens vollkommen angemessen. Der Endzweck aller Liebeshändel (…) ist wirklich wichtiger, als alle andern Zwecke im Menschenleben, und daher des tiefen Ernstes, womit Jeder ihn verfolgt, völlig werth. Das nämlich, was dadurch entschieden wird, ist nichts Geringeres, als die Zusammensetzung der nächsten Generation.*

Sara steht plötzlich neben mir. »Na, wieder neue Erkenntnisse?«

»Tja, ich glaube, ich sollte jetzt langsam eine Familie gründen.«

»Überleg es dir gut. Solche Reisen wie zuletzt wirst du dann nicht mehr so einfach unternehmen können.«

»Stimmt auch wieder.« Ich klappe das Heftchen zu und stelle es zurück ins Regal.

## *Danksagung*

Ich danke besonders meinen Freunden Harald Hamm, Alexandra Hartmann, Julia Hurtzig und Claudius Gehr für ihren liebevollen Blick aufs Manuskript und ihre äußerst wertvollen Anregungen. Ebenso Karla Hametner, Olga Dinabourg, Yvonne Richter, Jochen Klug, Claudia Triltsch, Sandra Jeike, Eva Hassel von Pock, Mara Bergmann, Natalia Dischke, Laura Straka und Georg Dannemann, Anna Abuladze, Berit Schulze, Bernhard Schütz, Rolf Twesten und Katrin Pieper fürs geduldige Zuhören und die vielen guten Ratschläge.

Ein großes Dankeschön geht auch an meine Agentin Marion Appelt, die mir den Weg zur Liebesreise geebnet hat, sowie an Nina Schnackenbeck und Christoph Steskal, die das Buch mit großer Sorgfalt lektoriert haben.

Danken möchte ich außerdem allen Interviewpartnern und hilfs- und auskunftbereiten Menschen, die ich in Georgien, Kolumbien, Sansibar, Sumatra und in der Südsee getroffen habe. Es sind zu viele, um sie alle zu nennen.

# *Quellen*


S. 5 – Erich Fromm: *Die Kunst des Liebens.* Berlin, Ullstein 2012 [1956], S. 28 f.

S. 5 – Max Frisch: *Tagebuch 1946–1949.* Frankfurt/M., Suhrkamp 1981 [1972], S. 31 f.

S. 78 – *Der Brockhaus in 15 Bänden.* Leipzig/Mannheim, Brockhaus 1999, Bd. 9.

S. 136 – Andreas Altmann: *Gebrauchsanweisung für die Welt.* München, Piper 2012. S. 132 f.

S. 144 f. – *Die Zeit*, 31. 10. 2012 (»Schöner, als die Natur erlaubt«)

S. 181 f. – *KNA*, 24. 7. 2012 (»Forscher: Beschneidung allein senkt Aids-Risiko nicht«)

S. 212 f.: *dpa*, 15. 6. 2012 (»Indonesier verurteilt wegen Facebook-Geständnis: Atheist«)

S. 232 f. – *dpa*, 23. 7. 2012

S. 250, 295, 298–301, 305 – Margaret Mead: *Jugend und Sexualität in primitiven Gesellschaften*, Bd. 1: Kindheit und Jugend in Samoa. München, dtv 1971 (2. Aufl.), S. 139, 93, 94, 96, 97, 105.

S. 262 – *afp*, 18. 7. 2012 (»Autor Beigbeder beklagt Verlust von Freiheiten in Frankreich«)

S. 315 – Arthur Schopenhauer: *Die Welt als Wille und Vorstellung, Ergänzungen zum vierten Buch;* in ders.: *Werke in zehn Bänden.* Zürich, Diogenes 1977, Bd. 4, S. 625 f.

## JANA THIELE
# Wander Woman
## EINE COUCH-POTATO HAT RÜCKEN UND LERNT LAUFEN

Klappenbroschur
€ 14,99 [D], € 15,50 [A], sFr 20,90
ISBN: 978-3-86493-008-9

**Vom Rückenfrust zu Wanderlust**

Jana Thiele verbringt die meiste Zeit im Sitzen. Und dann das: Rücken. Ein Bandscheibenvorfall legt sie lahm. Erst die verordnete Bewegungslosigkeit weckt in der Couch-Potato den unbändigen Wunsch zu wandern: Sie träumt vom Himalaya. Und reist in den Harz um Laufen zu lernen. Leider ist sie nicht allein mit ihrem Wunsch. Outdoor, also draußen, wimmelt es nur so von hochgerüsteten Wanderern. Aber auch fanatische Hobby-Botaniker, Busladungen von stramm marschierenden Frührentnern oder der legendäre Brocken-Benno können Wander Woman nicht aufhalten. Mit Nordic-Walking-Stöcken und jeder Menge Power-Riegeln bewaffnet, erkämpft sie sich die Kilometer.

Julia Peirano, Sandra Konrad

# Der geheime Code der Liebe

Entdecken Sie Ihr Beziehungs-Ich und finden Sie den richtigen Partner
320 Seiten. Klappenbroschur
ISBN 978-3-471-35052-2

**Wie liebe ich – und wen kann ich lieben?**
**Neue Antworten auf eine alte Frage.**

Ob Mann und Frau in einer Beziehung harmonieren, hat wenig damit zu tun, wie sie sich im Alltag geben. Der selbstbewusste Manager ist in der Partnerschaft eher zurückhaltend, die softe Kollegin hat in Sachen Liebe gern die Zügel in der Hand. Wie bin ich wirklich in einer Beziehung? Und wie finde ich den Partner, der zu mir passt? Darauf geben die Psychologinnen Julia Peirano und Sandra Konrad völlig neue Antworten. Anhand umfassender Untersuchungen zeigen sie, wie man seine Beziehungspersönlichkeit herausfindet und eine glückliche und dauerhafte Partnerschaft erreichen kann.

Mit großem Test: Welcher Beziehungstyp bin ich?

List